Klose

suhrkamp taschenbuch 2001

Erstmals vor fast zwei Jahrzehnten erstellte Werner Hecht einen Materialienband zu Bertolt Brechts *Leben des Galilei.* Diese ältere Sammlung wird durch den vorliegenden Band ersetzt und ergänzt: ergänzt vor allem durch die exemplarische Gegenüberstellung einer Szene aus der »Dänischen« und der »Berliner Fassung«, durch eine Erweiterung der Selbstaussagen um Äußerungen aus Arbeitsjournal und Briefen, durch eine chronologische und mit Illustrationen belegte Dokumentation zur Theaterarbeit an Brechts Drama, durch aktualisiertes Aufführungsverzeichnis und Auswahlbibliographie. Die Transparenz der Gliederung, vorzüglich die Anordnung der Selbstaussagen, soll den neuen Materialienband für den schulischen und universitären Gebrauch gleichermaßen prädestinieren.

Brechts »Leben des Galilei«

Herausgegeben von Werner Hecht

suhrkamp taschenbuch materialien

Suhrkamp

Foto: Ernst Busch als Galilei, Berlin 1956

suhrkamp taschenbuch 2001
Erste Auflage 1981

Satz und Druck: Ebner Ulm
Printed in Germany
Umschlag nach Entwürfen von
Willy Fleckhaus und Rolf Staudt

Inhalt

Leben des Galilei – zwei Fassungen

Beispiel der Arbeit: Szene 1633–1642

Fassung 1938/1939 (»Dänische Fassung«)

1633–1642: ALS GEFANGENER DER INQUISITION SETZT GALILEI BIS ZU SEINEM TODE SEINE WISSENSCHAFTLICHEN ARBEITEN FORT. ES GELINGT IHM, SEINE HAUPTWERKE AUS ITALIEN HERAUSZUSCHMUGGELN.

Landhaus in der Nähe von Florenz, wo Galilei als Gefangener der Inquisition lebt. Ein riesiger Tisch, ein Lederstuhl, ein kleines Bett. Galilei ist nun alt und krank und bewegt sich wie ein Blinder.

VIRGINIA *kommt mit einem Teller, bindet Galilei eine Serviette um und füttert ihn:* So, jetzt essen wir unsere gute Suppe und verschütten nicht den kleinsten Löffel. Denn wir sollen ja ärztliche Visite haben, den guten Doktor Busciate aus Florenz. Und dann dürfen wir nicht vergessen, den Brief zu schreiben und uns beim Pater Inquisitor zu bedanken, daß er uns – ist die Suppe auch nicht zu heiß? – den lieben Doktor haben läßt. *Galilei ißt schweigend und folgsam. Virginia nimmt den Teller und geht zur Tür. Sie öffnet die Tür, aber dann macht sie sie in einem Laut zu und wieder auf, ohne hinauszugehen. Vielmehr bleibt sie stehen und beobachtet ihren Vater.*
Galilei ist aufgestanden und zum Schreibtisch gegangen. Er hat sich gesetzt und will zu kritzeln beginnen, als er plötzlich unruhig den Kopf hebt und mißtrauisch nach der Tür blickt. Er hat die Zugluft gemerkt.

GALILEI Hast du den Hafner bestellt, Virginia? Der Kamin ist immer noch nicht in Ordnung.

Virginia antwortet nicht. Lautlos schlüpft sie hinaus und schließt lautlos hinter sich die Tür. Galilei kritzelt weiter.

DER BEAMTE *im Vorraum:* Nun?

VIRGINIA Es ist, wie ich Ihnen sagte und wie ich auch Pater Anselmo sagte. Er kritzelt, aber das bekomme ich alles zu

Gesicht. *Sie reicht ihm ein Blatt, das sie im Vorbeigehen vom Tisch genommen hat.*

DER BEAMTE *studiert es:* Was soll das? Es ist ja übereinandergekritzelt.

VIRGINIA Weil ich ihm ein schon beschriebenes hingelegt habe. Er sieht doch nichts mehr. Seine »Unterredungen über zwei Wissenschaften« diktiert er mir. Wir sind auf Seite 134. Sie haben Seite 131 und 132 bekommen.

DER BEAMTE Aber es ist nahezu sicher, daß von hier Manuskripte herausgeschmuggelt werden. Schon die »Dialoge über die zwei größten Weltsysteme« sind von hier nach Holland geschmuggelt worden, vergessen Sie das nicht. Und jetzt ist wieder ein Brief nach Straßburg abgefangen worden, in dem ein Manuskript angemeldet wird. Es muß schon draußen sein. Wer hat es hinausgebracht?

Herein ein großer, breiter Mann, der Hafner. Er trägt Werkzeug.

DER HAFNER Hier ist der Passierschein. Wenn ich zum Abendessen in Florenz sein will, muß ich Druck hintersetzen.

VIRGINIA *läßt ihn hinein:* Der Hafner, Vater. *Wieder hinaus.*

DER HAFNER Besser mit den Augen, Herr Galilei? *Leise:* Sie sind hinter uns her. Villagio ist verhaftet.

GALILEI Nicht sehr viel besser. *Leise:* Hatte er das Buch bei sich?

DER HAFNER *leise:* Nein. Ich habe es zurückgebracht. *Laut:* Es wird langsam Winter. Da sollte der Kamin in Ordnung sein.

GALILEI Ja, es zieht sehr. *Leise:* Warum zurück?

DER HAFNER *leise:* Sie wissen, es ist draußen, suchen es also hier nicht. *Laut:* Wir hätten doch, wie ich sagte, nicht nur die paar eingesunkenen Steine, sondern den ganzen oberen Schacht neu mauern sollen, Herr Galilei. *Leise:* Wohin soll ich es legen?

GALILEI Machen Sie, was Sie für nötig halten. Ich kann keine Zugluft aushalten. *Leise:* Geben Sie es mir.

DER HAFNER *gibt ihm ein Buch im blauen Umschlag, leise:* Das ist das dritte Mal, daß ich es Ihnen zurückbringen muß. Ist es sehr schlimm?

Es klopft draußen.

GALILEI *steht, gehetzt, mit den Blättern:* Wohin lege ich es jetzt?

DER HAFNER *leise:* Wo hatten Sie es früher?

Galilei legt es in einen großen Globus, der auf einem Holzfuß steht und halbiert ist.

Draußen wird der Arzt, Herr Busciate, eingelassen.

DER BEAMTE Wir müssen feststellen, ob er nicht doch noch sieht. Er muß wieder geschrieben haben.

DER ARZT Unmöglich.

Er geht hinein mit Virginia.

VIRGINIA Der Doktor Busciate, Vater. *Zum Hafner:* Was fehlt dem Kamin noch?

DER HAFNER Es ist alles faul oben, wie ich gleich sagte. Ich kann gar nichts machen ohne neue Ziegel. Ich komme Donnerstag wieder, wenn ich einen Einlaßschein bekomme. Guten Abend, Herr Galilei, wie gesagt, es liegt nicht an mir.

GALILEI Sicher nicht. Sicher nicht.

DER ARZT Da wollen wir also wieder einmal nach den Augen sehen, Herr Galilei.

GALILEI Sie sind sehr schlecht.

DER ARZT *untersucht, während der Beamte den Hafner hinausläßt:* Haben Sie in der letzten Zeit viel geschrieben?

GALILEI Ich schreibe ab und zu ein paar Notizen auf, die mir meine Tochter vorliest. Meine wissenschaftlichen Arbeiten diktiere ich ihr.

DER ARZT *nimmt ein Blatt vom Tisch und hält es ihm vor:* Können Sie das sehen?

GALILEI Nein, ich sehe nichts.

DER ARZT Dann sind Ihre Augen noch schlechter geworden.

VIRGINIA Den Umriß hast du doch das letzte Mal noch gesehen.

GALILEI Vielleicht war es heller im Zimmer. Es wird Winter.

DER ARZT Haben Sie nicht doch geschrieben?

GALILEI Nein. Dazu sind sie zu schlecht. Werde ich ganz blind?

VIRGINIA Gott ist barmherzig, Vater.

DER ARZT *das Blatt zurücklegend:* Sie dürfen nicht mehr schreiben. Guten Abend.

Er geht mit Virginia hinaus.

Galilei geht schnell an den Globus. Man sieht, daß er nicht gut sehen kann, aber besser, als er vorgibt. Er prüft mit einem Ausdruck der Furcht die Blätter und untersucht, ob der Globus gut schließt.

DER BEAMTE Sieht er oder sieht er nicht?

DER ARZT *zuckt die Achseln:* Ich weiß nicht, ich denke: sehr wenig, aber er ist sehr klug. Ich schicke meinen Rapport ein.

VIRGINIA Man tut ihm unrecht. Ich weiß, daß seine Reue echt ist.

Und daß er nichts tut gegen die Vorschriften. Ich beobachte ihn.
Der Arzt geht, in der Tür trifft er auf einen Bauern, der zwei gerupfte Gänse bringt.

DER BAUER Ich soll die abgeben.

VIRGINIA Von wem? Ich habe keine Gänse bestellt.

DER BAUER Ich soll sagen: von einem Durchreisenden. *Ab. Virginia betrachtet sie erstaunt. Der Beamte nimmt sie ihr aus der Hand und untersucht sie mißtrauisch, gibt sie dann beruhigt zurück, worauf Virginia sie Galilei hineinbringt, sie an den Hälsen fassend.*

VIRGINIA Was ist?

GALILEI *der hastig vom Globus weggetreten ist:* Nichts.

VIRGINIA Ein Durchreisender hat ein Geschenk abgeben lassen.

GALILEI Was ist es?

VIRGINIA Zwei Gänse.

GALILEI Ist der Name dabei?

VIRGINIA Nein.

GALILEI Verstehe ich nicht.

VIRGINIA Warum sollte dir niemand mehr Geschenke schicken? Es kommen doch auch Bücher.

GALILEI *nimmt ihr eine aus der Hand:* Schwer. Wir werden morgen eine essen. Gib Thymian zu und Äpfel.
Sie nimmt sie wieder und trägt sie hinaus, worauf sie zurückkehrt.

VIRGINIA Was denkst du?

GALILEI Nichts Besonderes. Wer mir die Gänse geschickt haben kann.

VIRGINIA Irgend jemand, der dich schätzt. Willst du noch an den Korrekturen arbeiten?

GALILEI Ja. Ich will die Stelle aus der Einleitung hören. Die kleine Erörterung, die der Untersuchung der Frage vorausgeht, warum zu große Maschinen leicht zerbrechen.

VIRGINIA Diese Stelle hast du schon mehrmals gehört.

GALILEI Ich frage mich, ob sie verstehbar ist.

VIRGINIA Sie ist sehr leicht. *Sie liest:* »Nach einiger Überlegung fällt der die Wahrheit verhüllende Schleier, und einfach und nackt erblicken wir ihre schöne Gestalt. Ist es nicht klar, daß ein Pferd, welches drei oder vier Ellen hoch herabfällt, sich die Beine brechen kann, während ein Hund keinen Schaden erlitte, desgleichen eine Katze selbst von acht oder zehn Ellen Höhe, ja eine Grille von einer Turmspitze und eine Ameise, wenn sie vom Monde herabfiele? Und wie kleinere Tiere verhältnismäßig kräftiger und stärker sind als die großen, so halten sich die kleinen Pflanzen besser: und nun glaube ich, verstehen Sie, meine Herren, daß eine zweihundert Ellen hohe Eiche ihre Äste in voller Proportion mit einer kleinen Eiche nicht halten könnte und daß die Natur ein Pferd nicht so groß wie zwanzig Pferde werden lassen kann, noch einen Riesen von zehnfacher Größe, außer durch Veränderungen der Proportionen aller Glieder, besonders der Knochen, die weit über das Maß einer proportionellen Größe verstärkt werden müssen. – Die gemeine Annahme, daß große und kleine Maschinen gleich ausdauernd seien, ist offenbar irrig.«

Pause.

GALILEI Ich frage mich, ob diese Stelle wirklich verstanden wird.

VIRGINIA *wieder wie zu einem Kind:* Sicher, man versteht es. Alles ist ganz klar, auch der Pater Ludovico sagt, es ist alles ganz klar.

Pause. Dann klopft es, und der Beamte läßt Andrea in den Vorraum ein. Er ist jetzt ein Mann in mittleren Jahren.

VIRGINIA Die Tür ist gegangen.

Sie geht hinaus und gibt Andrea fremd die Hand.

ANDREA Ich verlasse Florenz, um in Holland wissenschaftlich zu arbeiten, und bin gebeten worden, ihn aufzusuchen, damit ich von ihm berichten kann.

VIRGINIA Ich weiß nicht, ob er dich sehen will. Du bist nie gekommen.

ANDREA Frag ihn.

GALILEI *hat Andreas Stimme gehört und ist hinausgelaufen:* Bist du das, Andrea?

ANDREA Ja.

GALILEI Du bist willkommen! Du bist willkommen! Laßt mich allein mit ihm.

VIRGINIA *geht mit hinein:* Ich will auch hören, was er erzählt.

ANDREA *kühl:* Wie geht es Ihnen?

GALILEI Setz dich. Was machst du? Erzähle von deiner Arbeit!

ANDREA *setzt sich:* Ich gehe nach Holland. Aber Bernegger in Straßburg hat mir aufgetragen, mich nach Ihrem Befinden zu erkundigen.

Pause.

GALILEI Ich befinde mich gut. Man schenkt mir große Aufmerksamkeit. Und das nicht nur von seiten der Behörden. *Er klopft auf den Busch.* Durchreisende geben Gänse ab.

ANDREA *steif:* Es freut mich, berichten zu können, daß Sie sich wohl befinden.

GALILEI Ja, man schenkt mir große Aufmerksamkeit. – Durch die Tiefe meiner Reue habe ich mir die Gunst meiner Oberen so weit erhalten können, daß mir in bescheidenem Umfang wissenschaftliche Arbeiten unter geistlicher Kontrolle gestattet werden konnten.

ANDREA *verbissen:* Auch wir hörten, daß die Heilige Kirche mit Ihnen zufrieden ist. Ihre völlige Unterwerfung hat die allzu eifrigen und ohne Rücksicht auf die kirchlichen Dogmen der Wissenschaft dienenden Geister darüber belehrt, daß man nicht forschen soll, wenn es von den Oberen nicht gewünscht wird. Es wird versichert, daß die Oberen mit Genugtuung festgestellt haben, daß kein Werk mit neuen Behauptungen mehr veröffentlicht wurde, seit Sie sich unterwarfen.

GALILEI *mühsam:* Leider gibt es Länder, die sich der Obhut der Kirche entziehen. Ich fürchte, daß die irrtümlichen und verurteilten Lehren dort wenigstens weiter gefördert werden.

ANDREA Auch dort trat infolge Ihres Widerrufs ein für die Kirche erfreulicher Rückschlag ein. Ihr Name ist auf den Lippen aller derer, die in dem ungehemmten Fortschritt der Naturwissenschaften eine Bedrohung der allgemeinen Ordnung sehen.

GALILEI Ich verstehe. *Pause.* Ich bin in Sorge einiger wissenschaftlicher Freunde wegen, die ich auf die Bahn des Irrtums geleitet habe. Sind sie durch meinen Widerruf belehrt worden?

ANDREA Ihre Person betreffend wurde eine Zeitlang viel disputiert. Einige Ihrer früheren Freunde bestanden darauf, Sie hätten widerrufen der Dienste wegen, die Sie der Physik, am Leben bleibend, noch erweisen zu können hofften. Solcher Werke wegen, die nur Sie schreiben konnten.

GALILEI *barsch:* Solche Werke gibt es nicht.

ANDREA So war dies nicht Ihr Beweggrund?

GALILEI Kurz nach meinem Prozeß haben mich einige Leute, die mich von früher kannten, mit einer gewissen Nachsicht behandelt, indem sie mir allerlei hochgesinnte Absichten unterschoben. Ich habe das abgelehnt. Ich sah darin lediglich vermindertes Urteilsvermögen, hervorgerufen dadurch, daß sie mich physisch stark verändert fanden. Nach sorgfältiger Erwägung

aller Umstände, der entschuldigenden wie der anderen, kann man nicht der Meinung sein, daß jemand aus irgendeinem andern Grunde zu einem solchen – Gehorsam finden könnte, als aus einer zu großen Furcht vor dem Tode.
Pause. Damit leugne ich nicht *zu Virginia hin* die tiefe Reue, die ich als Sohn der Kirche verspürte, als die Oberen mich durch die gewichtigsten aller Argumente von meinem Irrweg überzeugten. Nicht weniger als die Bedrohung mit dem Tode ist für gewöhnlich nötig, einen Menschen von dem abzubringen, zu was ihn sein Verstand gebracht hat, diese gefährlichste aller Gaben des Allmächtigen. Ich begriff übrigens durchaus, daß nur noch die Hölle auf mich wartete, die ja, wie der Dichter berichtet, von jenem Volk bewohnt wird, das die Gabe des Intellekts verspielt hat und das also ohne Hoffnung ist.

ANDREA Viele erinnern sich auch jetzt noch, daß Sie damals, einiger Notierungen wegen, zur Pestzeit in der Stadt geblieben sind.

GALILEI Oh, die Pest ist nicht so tödlich. Die Lebewesen, die sie verursachen, begehen Fehlgriffe. Aber sprechen wir von anderem. Sicher, die Physik und die Astronomie vermögen über meinen Fall zur Tagesordnung überzugehen.

ANDREA Bestimmt, nach einer Weile.

GALILEI Freilich, bis dahin, wer sollte noch für diese kühnen neuen Lehren sprechen, nachdem ich, eine ihrer Autoritäten, sie der Lüge geziehen habe? Sie scheinen ganz aus der Welt. Nichts mehr spricht für sie, ausgenommen einige Fakten. *Er hat angefangen, mit einem kleinen, aus der Tasche gezogenen Stein zu spielen.* Ich kann ihn nicht mehr sehen. *Er läßt ihn auf den Boden fallen und bückt sich danach.* Jedoch höre ich ihn noch beim Niederfallen. Das Phänomen der Autorität ist ein schwieriges. Ich frage mich, wann die Wissenschaft ohne Autorität auskommen wird können. In der Frage der schwimmenden Körper dauerte die Autorität des Archimedes zum Beispiel sehr kurz, obwohl er die Wahrheit gelehrt hat. Aber die des Aristoteles, der die Unwahrheit lehrte, dauerte zweitausend Jahre. Autorität und keine Wahrheit gehören wohl zusammen und ebenso gehören zusammen: Wahrheit und keine Autorität.

ANDREA Wie Sie andeuteten, mag die Physik sich weiter behelfen. Aber viele sahen auf Ihre astronomischen Bemühungen, die ihren täglichen Geschäften so fern lagen, mit Eifer, weil man glaubte, Sie kämpften dafür, daß die Autorität von Menschen auf Meinungen und von Meinungen auf Fakten übertragen würde. Sie sagen, daß es Ihnen lange, während Sie dies und das lehrten, weniger darauf angekommen sei, wie nun gerade diese Weltkugeln und welche von ihnen sich drehten . . .

VIRGINIA Davon darf nicht gesprochen werden.

ANDREA . . . sondern darauf, daß davon gesprochen werden durfte. Auch, ob nicht Zweifel gut sei und ob nicht verfochten werden sollte, was Gründe und Beweise für sich hat. So daß viele Ihnen allenthalben mit Auge und Ohr folgten, in dieser Meinung, Sie ständen nicht nur für eine bestimmte Lehre von der Bewegung der Gestirne, sondern, und mehr noch, für die Freiheit des Lehrens und für diese auf allen Gebieten. Nicht also nur für irgendwelche Gedanken, sondern für das Recht zu denken überhaupt. Welches bestritten wird. Als diese Sie nun widerrufen hörten, was Sie gesagt hatten, schienen ihnen nicht nur bestimmte Gedanken über Gestirnbewegungen in Verruf gebracht, sondern das Denken selber, welches für unheilig angesehen wird, da es mit Gründen und Beweisen operiert.

VIRGINIA Aber es ist nicht wahr, daß die Oberen die Wissenschaften verboten haben, wie man jetzt sagt. Pater Philippo sagt, daß die Kirche die großen Erfindungen und Entdeckungen meines Vaters sogar in die Lehrbücher aufnehmen wird. Nur die Theologie, welche eine ganz andere Wissenschaft ist, soll er nicht in ihren Meinungen angreifen.

GALILEI Ich habe mir in freien Stunden, deren ich viele habe, überlegt, wie in den Augen der wissenschaftlichen Welt, der ich ja nicht mehr angehöre, wenn ich auch noch einige ihrer Gedankengänge kenne, mein Verhalten erscheinen muß. *Akademisch sprechend, die Hände über dem Bauch gefaltet:* Sie wird zu erwägen haben, ob sie sich damit begnügen kann, daß ihre Mitglieder an sie eine bestimmte Anzahl von Sätzen abliefern, sagen wir über die Tendenzen fallender Körper oder die Bewegungen gewisser Gestirne. Ich habe mich, wie erwähnt, von der Denkweise der Wissenschaft ausgeschlossen, jedoch nehme ich an, daß sie bei Gefahr der Vernichtung nicht imstande sein wird, ihren Mitgliedern alle weiter gehenden Verpflichtungen zu erlassen. Zum Beispiel die Verpflichtung, an der Aufrechterhaltung ihrer selbst als Wissenschaft mitzuarbeiten. Selbst ein Wollhändler muß, außer billig einzukaufen und solide Wolle zu liefern, auch noch darum besorgt sein, daß der Handel mit Wolle überhaupt erlaubt ist und vor sich gehen kann. Demzufolge kann ein Mitglied der wissenschaftlichen Welt logischerweise nicht auf seine etwaigen Verdienste als Forscher verweisen, wenn er versäumt hat, seinen Beruf als solchen zu ehren und zu verteidigen gegen alle Gewalt. Dies ist aber ein umfangreiches Geschäft. Denn die Wissenschaft beruht darauf, daß man die Fakten nicht den Meinungen unterwerfen darf, sondern die Meinungen den Fakten unterwerfen muß. Sie ist nicht in der Lage, diese Sätze einschränken zu lassen und sie nur für »einige Meinungen« und »die und die Fakten« aufzustellen. Um sicher zu sein, daß diese Sätze allzeit uneingeschränkt von ihr vollzogen werden können, muß die Wissenschaft dafür kämpfen, daß sie auf allen Gebieten geachtet werden. Die Wissenschaft befindet sich nämlich mit der gesamten Menschheit in einem Boot. So kann sie nicht etwa sagen: Was geht es mich an, wenn am andern Ende des Bootes ein Leck ist! Die Wissenschaft kann Menschen, die es versäumen, für die Vernunft einzutreten, nicht brauchen. Sie muß sie mit Schande davonjagen. Denn sie mag so viele Wahrheiten wie immer wissen, in einer Welt der Lüge hätte sie keinen Bestand. Wenn die Hand, die sie füttert, ihr gelegentlich und ohne Warnung an die Gurgel greift, wird die Menschheit sie abhauen müssen. Das ist der Grund, warum die Wissenschaft einen Menschen wie mich nicht in ihren Reihen dulden kann.

VIRGINIA *leidenschaftlich:* Aber in die Reihen der Gläubigen bist du aufgenommen!

GALILEI So ist es. Ich bin der Meinung, daß ich alles zerstört habe – was es an Versuchen gab, die dem blinden Glauben schädlich sind. Nur meine eingefleischte Gewohnheit, auch das Unwahrscheinliche einzukalkulieren, könnte mich veranlassen zu sagen: fast alles. Es ist klar, daß nur die unwiderstehlichsten Argumente der Inquisition mich von der Verderblichkeit meines Forschens überzeugen konnten.

ANDREA *mit erstickter Stimme:* Ja.

Virginia geht hinaus.

VIRGINIA *zu dem Beamten:* Er war sein Schüler und ist jetzt sein Feind geworden.

GALILEI *der gewartet hat, bis er die Tür hinter ihr hat zufallen hören:* Leider muß ich gestehen, daß ich Rückfälle erlitten habe.

ANDREA Was meinen Sie damit?

GALILEI Als ich die erwähnten gewichtigen Argumente der Inquisition kennenlernte, war ich in der Mathematik und Astronomie eine alte Hand, und es war schwer für mich, alle Irrtümer auf einmal aus mir auszureißen. Ich geriet bei dem Versuch, die absolute Richtigkeit der kirchlichen Meinungen mit unumstößlichen Beweisen und Gründen zu versehen, wieder ins Forschen, denn mein Fleisch ist schwach. Ich gestehe, daß ich noch ein Buch geschrieben habe.

ANDREA *immer aufmerksamer:* Die Welt weiß aber nichts davon.

GALILEI Nein. Aber ich habe es also geschrieben.

ANDREA *mit ungeheurer Aufregung:* Nicht die »Diskussionen über zwei neue Wissenschaften«, die Sie vor Jahren begonnen haben?

GALILEI *nickt:* Es wird allerdings niemals in einem Buchladen liegen. Ich schreibe es für mich. Auch was ich darüber dachte, daß es nötig sei, nicht nur in seinem eigenen Kopf, sondern auch in den Köpfen anderer zu denken, war ja, wie ich höre, ein völliger Irrtum, ungefähr diesem kopernikanischen Irrtum vergleichbar, den die Kirche widerlegt hat. Ein gefährlicher Irrtum! Gott sei Dank kann ich sicher sein, daß meine Schreibübungen, an sich vielleicht verzeihliche Abirrungen eines Menschen, der zu alt ist, noch anderes zu tun, als sein Gewerbe weiterzutreiben, von meinen Oberen, deren Interesse für mich ich nicht genug hervorheben kann, den Augen der Menschen verborgen werden. Jedes Blatt geht an die Behörde; es geht an mich zurück, aber nur, solange ich es zum Arbeiten brauche. Danach, wenn alles fertig ist, wird es bestimmt an einem sicheren Ort verwahrt werden als ein Beispiel für die Torheit der Menschen. Leider habe ich aber da auch noch die vollständigen Notizen zu diesem Werk, die ich während der Arbeit, um das Diktat vorzubereiten, niedergekritzelt habe. Sie liegen in meinem Globus, niemand beachtet ihn.

ANDREA *unsicher:* Es muß schwierig sein, unter solchen Umständen zu arbeiten.

GALILEI Ich erliege immerfort der Versuchung. Ich sollte es nicht, aber ich tue es. Ich bin ein Sklave meiner Gewohnheiten, und meine Strafe wird einmal hart sein.

ANDREA *weint.*

GALILEI Sagtest du etwas?

Pause.

GALILEI Ich lebe nun in ständiger Furcht, in ständiger Furcht, daß diese Schrift irgendwie in unrechte Hände kommen und im Ausland gelesen werden könnte, wo man die außerordentlich gewichtigen Argumente der Inquisition nicht so kennt wie ich und also aus meinen Ausführungen völlig irrige Schlußfolgerungen ziehen könnte.

ANDREA Aber sicher wäre so etwas nicht möglich ohne Sie.

GALILEI Gegen meinen Willen, mein Lieber, gegen meinen Willen. Ich bin ein alter Mann, und es ist leicht, mir alles wegzunehmen, in der Tat, ich sehe kaum dich, der mir doch nahe genug gegenübersitzt.

ANDREA Aber man bewacht Sie doch wohl genügend, so daß Sie sich nicht solche Sorgen machen müßten?

Er ist aufgestanden und zum Globus getreten. Er hat versucht, seiner Stimme Festigkeit zu verleihen. Aber die Art, wie er nach dem Manuskript greift, zeigt die Begierde nach der neuen Arbeit seines Lehrers, des größten Physikers der Zeit.

GALILEI Das ist leider nicht der Fall. Man weiß an höherer Stelle, daß hier nichts mehr ist. Man ist sicher. Nur noch einige Außenstehende wie du könnten auf den Gedanken kommen, in einem solchen Schutthaufen nachzugraben, ob sie nicht doch etwas Brauchbares herausfischen könnten. Warum sollte übrigens sonst noch hier und da einer zu mir kommen? Denn an mir selber ist nichts mehr, da ich mich selber zerstört habe. Tatsächlich würde mich solch ein Mann enteignen. Diese Anfänge einer neuen Physik, würde er sagen, aus trüber Quelle stammend, habe ich irgendwo gefunden. Der Name des Verfassers hatte einmal einige Bedeutung in der wissenschaftlichen Welt. Aber er hat sich als Lügner entpuppt. So müssen diese Blätter mit äußerster Vorsicht geprüft werden, denn sie stehen auf nichts als sich selber.

Andrea steht in das Manuskript vertieft.

GALILEI Ich muß allerdings etwas sagen: solch ein Mann möchte eine große Gefahr laufen.

ANDREA Er möchte sie nicht allzusehr fürchten.

GALILEI Nein. Er möchte sich nicht mich zum Vorbild nehmen. *Pause.* Aber vielleicht willst du nun gehen? *Er steht auf.*

ANDREA *der das Manuskript eingesteckt hat:* Ja, nun gehe ich. Ich sehe, es ist, als ob ein Turm einstürzte, von ungeheurer Höhe und für unerschütterlich gehalten. Der Lärm des Einsturzes war weit lauter als das Lärmen der Bauleute und der Maschinen während der ganzen Zeit seines Aufbaus und die Staubsäule, die sein Einsturz erzeugte, höher als er selber gewesen war. Aber möglicherweise zeigt es sich, wenn sich der Staub verzieht, daß die zwölf oberen Stockwerke gefallen sind, aber die dreißig unteren noch stehen. Der Bau könnte dann weitergeführt werden. Ist es das, was Sie meinen? Dafür spräche, daß ja die Unstimmigkeiten in unserer Wissenschaft alle noch vorhanden sind, und sie wurden gesichtet. Die Schwierigkeit scheint gewachsen, aber die Notwendigkeit ist ebenfalls größer geworden. Ich bin froh, daß ich hergekommen bin. *Er streckt Galilei die Hand hin.*

GALILEI *nimmt sie nicht, unsicher:* Mein Augenlicht ist schlecht, Andrea. Ich sehe nicht mehr, ich glotze nur noch. Geh jetzt. *Er geht langsam zum Globus und untersucht ihn, ob er geschlossen ist.*

GALILEI Ich bin nicht unempfindlich gegen die Freundlichkeiten, die mir immer noch erwiesen werden. Durchreisende erinnern sich meiner usw. Ich mißverstehe solche Dinge nicht. Ich bin froh, daß ich dich so gefunden habe, wie du bist. Einige Erlebnisse hätten dich zu einer ganz falschen Ansicht bringen können über das, was wir immer die Zukunft der Vernunft genannt haben. Aber natürlich, ein einzelner Mann kann sie weder zur Geltung noch in Verruf bringen. Sie ist eine zu große Sache. Die Vernunft ist eine Sache, in welche die Menschen sich teilen. Sie ist nämlich die Selbstsucht der gesamten Menschheit. Diese Selbstsucht ist zu schwach, aber selbst ein Mensch wie ich kann ja noch sehen, daß die Vernunft nicht am Ende ist, sondern am Anfang. Ich bleibe auch dabei, daß dies eine neue Zeit ist. Sollte sie aussehen wie eine blutbeschmierte alte Vettel, dann sähe eben eine neue Zeit so aus! Der Einbruch des Lichts erfolgt in die allertiefste Dunkelheit. Während an einigen Orten die größten Entdeckungen gemacht werden, welche die Glücksgüter der Menschen unermeßlich vermehren müssen, liegen sehr große Teile dieser Welt ganz im Dunkel. Die Finsternis hat dort sogar noch zugenommen. Nimm dich in acht, wenn du durch Deutschland fährst und die Wahrheit unter dem Rock trägst.

ANDREA *geht hinaus.*

VIRGINIA Ich sehe nicht gern Besuche von früher. Sie regen ihn auf. *Sie läßt ihn hinaus. Dann geht sie mit dem Beamten ins Zimmer.*

DER BEAMTE Es wird schon sehr kalt. Sie müssen ja frieren, Herr Galilei. *Er geht nach kurzer Inspektion hinaus.*

VIRGINIA *das Bett bereitend:* Ich hoffe, du fühlst dich nicht allzusehr geschwächt. Diese Gespräche sind nichts für dich, und sie führen zu nichts.

GALILEI Vielleicht nicht.

VIRGINIA So, und jetzt legen wir uns nieder und schlafen recht tief.

GALILEI *fängt an, sich zu entkleiden:* Ich frage mich, wer die Gänse geschickt hat.

VIRGINIA Andrea nicht.

GALILEI Ja, vielleicht nicht. Übrigens, ich fühle mich heute sogar etwas besser. Den Rotschädel sehe ich immer noch als Jungen. Seinen ersten Unterricht bekam er an einem Apfel. Als er mir die Hand reichte, dachte ich daran, daß er jetzt ja selber lehrt. Wie ist die Nacht?

VIRGINIA Hell.

GALILEI Das ist gut. Da kann er seinen Weg sehen.

Fassung 1954 (»Berliner Fassung«)

1633–1642. GALILEO GALILEI LEBT IN EINEM LANDHAUS IN DER NÄHE VON FLORENZ, BIS ZU SEINEM TOD EIN GEFANGENER DER INQUISITION. DIE »DISCORSI«.

Sechzehnhundertdreiunddreißig bis
sechzehnhundertzweiundvierzig
Galileo Galilei ist ein Gefangener der Kirche
bis zu seinem Tode.

Ein großer Raum mit Tisch, Lederstuhl und Globus. Galilei, nun alt und halbblind, experimentiert sorgfältig mit einem kleinen Holzball auf einer gekrümmten Holzschiene, im Vorraum sitzt ein Mönch auf Wache. Es wird ans Tor geklopft. Der Mönch öffnet, und ein Bauer tritt ein, zwei gerupfte Gänse tragend. Virginia kommt aus der Küche. Sie ist jetzt etwa 40 Jahre alt.

DER BAUER Ich soll die abgeben.

VIRGINIA Von wem? Ich habe keine Gänse bestellt.

DER BAUER Ich soll sagen: von jemand auf der Durchreise. *Ab. Virginia betrachtet die Gänse erstaunt. Der Mönch nimmt sie ihr aus der Hand und untersucht sie mißtrauisch. Dann gibt er sie ihr beruhigt zurück, und sie trägt sie an den Hälsen zu Galilei in den großen Raum.*

VIRGINIA Jemand auf der Durchreise hat ein Geschenk abgeben lassen.

GALILEI Was ist es?

VIRGINIA Kannst du es nicht sehen?

GALILEI Nein. *Er geht hin.* Gänse. Ist ein Name dabei?

VIRGINIA Nein.

GALILEI *nimmt ihr eine Gans aus der Hand:* Schwer. Ich könnte noch etwas davon essen.

VIRGINIA Du kannst doch nicht schon wieder hungrig sein, du hast eben zu Abend gegessen. Und was ist wieder mit deinen Augen los? Die müßtest du sehen vom Tisch aus.

GALILEI Du stehst im Schatten.

VIRGINIA Ich stehe nicht im Schatten. *Sie trägt die Gänse hinaus.*

GALILEI Gib Thymian zu und Äpfel.

VIRGINIA *zu dem Mönch:* Wir müssen nach dem Augendoktor schicken. Vater konnte die Gänse vom Tisch aus nicht sehen.

DER MÖNCH Ich brauche erst die Erlaubnis vom Monsignore Carpula. – Hat er wieder selber geschrieben?

VIRGINIA Nein. Er hat sein Buch mir diktiert, das wissen Sie ja. Sie haben die Seiten 131 und 132, und das waren die letzten.

DER MÖNCH Er ist ein alter Fuchs.

VIRGINIA Er tut nichts gegen die Vorschriften. Seine Reue ist echt. Ich passe auf ihn auf. *Sie gibt ihm die Gänse.* Sagen Sie in der Küche, sie sollen die Leber rösten, mit einem Apfel und einer Zwiebel. *Sie geht in den großen Raum zurück.* Und jetzt denken wir an unsere Augen und hören schnell auf mit dem Ball und diktieren ein Stückchen weiter an unserem wöchentlichen Brief an den Erzbischof.

GALILEI Ich fühle mich nicht wohl genug. Lies mir etwas Horaz.

VIRGINIA Erst vorige Woche sagte mir Monsignore Carpula, dem wir so viel verdanken – erst neulich wieder das Gemüse –, daß der Erzbischof ihn jedesmal fragt, wie dir die Fragen und Zitate gefallen, die er dir schickt. *Sie hat sich zum Diktat niedergesetzt.*

GALILEI Wie weit war ich?

VIRGINIA Abschnitt vier: Anlangend die Stellungnahme der Heiligen Kirche zu den Unruhen im Arsenal von Venedig stimme ich überein mit der Haltung Kardinal Spolettis gegenüber den aufrührerischen Seilern ...

GALILEI Ja. *Diktiert:* ... stimme ich überein mit der Haltung Kardinal Spolettis gegenüber den aufrührerischen Seilern, nämlich, daß es besser ist, an sie Suppen zu verteilen im Namen der christlichen Nächstenliebe, als ihnen mehr für ihre Schiffs- und Glockenseile zu zahlen. Sintemalen es weiser erscheint, an Stelle ihrer Habgier ihren Glauben zu stärken. Der Apostel Paulus sagt: Wohltätigkeit versaget niemals. – Wie ist das?

VIRGINIA Es ist wunderbar, Vater.

GALILEI Du meinst nicht, daß eine Ironie hineingelesen werden könnte?

VIRGINIA Nein, der Erzbischof wird selig sein. Er ist so praktisch.

GALILEI Ich verlasse mich auf dein Urteil. Was kommt als nächstes?

VIRGINIA Ein wunderschöner Spruch: »Wenn ich schwach bin, da bin ich stark.«

GALILEI Keine Auslegung.

VIRGINIA Aber warum nicht?

GALILEI Was kommt als nächstes?

VIRGINIA »Auf daß ihr begreifen möget, daß Christum liebhaben viel besser ist denn alles Wissen.« Paulus an die Epheser III, 19.

GALILEI Besonders danke ich Eurer Eminenz für das herrliche Zitat aus den Epheser-Briefen. Angeregt dadurch, fand ich in unserer unnachahmbaren Imitatio noch folgendes. *Zitiert auswendig:* »Er, zu dem das ewige Wort spricht, ist frei von vielem Gefrage.« Darf ich bei dieser Gelegenheit in eigener Sache sprechen? Noch immer wird mir vorgeworfen, daß ich einmal über die Himmelskörper ein Buch in der Sprache des Marktes verfaßt habe. Es war damit nicht meine Absicht, vorzuschlagen oder gutzuheißen, daß Bücher über so viel wichtigere Gegenstände, wie zum Beispiel Theologie, in dem Jargon der Teigwarenverkäufer verfaßt würden. Das Argument für den lateinischen Gottesdienst, daß durch die Universalität dieser Sprache alle Völker die Heilige Messe in gleicher Weise hören, scheint mir wenig glücklich, da von den niemals verlegenen Spöttern eingewendet werden könnte, keines der Völker verstünde so den Text. Ich verzichte gern auf billige Verständlichkeit heiliger Dinge. Das Latein der Kanzel, das die ewige Wahrheit der Kirche gegen die Neugier der Unwissenden schützt, erweckt Vertrauen, wenn gesprochen von den priesterlichen Söhnen der unteren Klassen mit den Betonungen des ortsansässigen Dialekts. – Nein, streich das aus.

VIRGINIA Das Ganze?

GALILEI Alles nach den Teigwarenverkäufern.

Es wird am Tor geklopft. Virginia geht in den Vorraum. Der Mönch öffnet. Es ist Andrea Sarti. Er ist jetzt ein Mann in den mittleren Jahren.

ANDREA Guten Abend. Ich bin im Begriff, Italien zu verlassen, um in Holland wissenschaftlich zu arbeiten, und bin gebeten worden, ihn auf der Durchreise aufzusuchen, damit ich über ihn berichten kann.

VIRGINIA Ich weiß nicht, ob er dich sehen will. Du bist nie gekommen.

ANDREA Frag ihn. *Galilei hat die Stimme erkannt. Er sitzt unbeweglich. Virginia geht hinein zu ihm.*

GALILEI Ist es Andrea?

VIRGINIA Ja. Soll ich ihn wegschicken?

GALILEI *nach einer Pause:* Führ ihn herein.

Virginia führt Andrea herein.

VIRGINIA *zum Mönch:* Er ist harmlos. Er war sein Schüler. So ist er jetzt sein Feind.

GALILEI Laß mich allein mit ihm, Virginia.

VIRGINIA Ich will hören, was er erzählt. *Sie setzt sich.*

ANDREA *kühl:* Wie geht es Ihnen?

GALILEI Tritt näher. Was machst du? Erzähl von deiner Arbeit. Ich höre, es ist über Hydraulik.

ANDREA Fabrizius in Amsterdam hat mir aufgetragen, mich nach Ihrem Befinden zu erkundigen.

Pause.

GALILEI Ich befinde mich wohl. Man schenkt mir große Aufmerksamkeit.

ANDREA Es freut mich, berichten zu können, daß Sie sich wohl befinden.

GALILEI Fabrizius wird erfreut sein, es zu hören. Und du kannst ihn informieren, daß ich in angemessenem Komfort lebe. Durch die Tiefe meiner Reue habe ich mir die Gunst meiner Oberen so weit erhalten können, daß mir in bescheidenem Umfang wissenschaftliche Studien unter geistlicher Kontrolle gestattet werden konnten.

ANDREA Jawohl. Auch wir hörten, daß die Kirche mit Ihnen zufrieden ist. Ihre völlige Unterwerfung hat gewirkt. Es wird versichert, die Oberen hätten mit Genugtuung festgestellt, daß in Italien kein Werk mit neuen Behauptungen mehr veröffentlicht wurde, seit Sie sich unterwarfen.

GALILEI *horchend:* Leider gibt es Länder, die sich der Obhut der Kirche entziehen. Ich fürchte, daß die verurteilten Lehren dort weitergefördert werden.

ANDREA Auch dort trat infolge Ihres Widerrufs ein für die Kirche erfreulicher Rückschlag ein.

GALILEI Wirklich? *Pause.* Nichts von Descartes? Nichts aus Paris?

ANDREA Doch. Auf die Nachricht von Ihrem Widerruf stopfte er seinen Traktat über die Natur des Lichts in die Lade.

Lange Pause.

GALILEI Ich bin in Sorge einiger wissenschaftlicher Freunde wegen, die ich auf die Bahn des Irrtums geleitet habe. Sind sie durch meinen Widerruf belehrt worden?

ANDREA Um wissenschaftlich arbeiten zu können, habe ich vor, nach Holland zu gehen. Man gestattet nicht dem Ochsen, was Jupiter sich nicht gestattet.

GALILEI Ich verstehe.

ANDREA Federzoni schleift wieder Linsen, in irgendeinem Mailänder Laden.

GALILEI *lacht:* Er kann nicht Latein.

Pause.

ANDREA Fulganzio, unser kleiner Mönch, hat die Forschung aufgegeben und ist in den Schoß der Kirche zurückgekehrt.

GALILEI Ja. *Pause.*

GALILEI Meine Oberen sehen auch m e i n e r seelischen Wiedergesundung entgegen. Ich mache bessere Fortschritte, als zu erwarten war.

ANDREA So.

VIRGINIA Der Herr sei gelobt.

GALILEI *barsch:* Sieh nach den Gänsen, Virginia.

Virginia geht zornig hinaus. Im Vorbeigehen wird sie vom Mönch angesprochen.

DER MÖNCH Der Mensch mißfällt mir.

VIRGINIA Er ist harmlos. Sie hören doch. *Im Weggehen:* Wir haben frischen Ziegenkäse bekommen.

Der Mönch folgt ihr hinaus.

ANDREA Ich werde die Nacht durch fahren, um die Grenze morgen früh überschreiten zu können. Kann ich gehen?

GALILEI Ich weiß nicht, warum du gekommen bist, Sarti. Um mich aufzustören? Ich lebe vorsichtig und ich denke vorsichtig, seit ich hier bin. Ich habe ohnedies meine Rückfälle.

ANDREA Ich möchte Sie lieber nicht aufregen, Herr Galilei.

GALILEI Barberini nannte es die Krätze. Er war selber nicht gänzlich frei davon. Ich habe wieder geschrieben.

ANDREA So.

GALILEI Ich schrieb die »Discorsi« fertig.

ANDREA Was? Die »Gespräche, betreffend zwei neue Wissenszweige: Mechanik und Fallgesetze«? Hier?

GALILEI Oh, man gibt mir Papier und Feder. Meine Oberen sind keine Dummköpfe. Sie wissen, daß eingewurzelte Laster nicht von heute auf morgen abgebrochen werden können. Sie schützen mich vor mißlichen Folgen, indem sie Seite für Seite wegschließen.

ANDREA O Gott!

GALILEI Sagtest du etwas?

ANDREA Man läßt Sie Wasser pflügen! Man gibt Ihnen Papier und Feder, damit Sie sich beruhigen! Wie konnten Sie überhaupt schreiben mit diesem Ziel vor Augen?

GALILEI Oh, ich bin ein Sklave meiner Gewohnheiten.

ANDREA Die »Discorsi« in der Hand der Mönche! Und Amsterdam und London und Prag hungern danach!

GALILEI Ich kann Fabrizius jammern hören, pochend auf sein Pfund Fleisch, selber in Sicherheit sitzend, in Amsterdam.

ANDREA Zwei neue Wissenszweige so gut wie verloren!

GALILEI Es wird ihn und einige andre ohne Zweifel erheben zu hören, daß ich die letzten kümmerlichen Reste meiner Bequemlichkeit aufs Spiel gesetzt habe, eine Abschrift zu machen, hinter meinem Rücken sozusagen, aufbrauchend die letzte Unze Licht der helleren Nächte von sechs Monaten.

ANDREA Sie haben eine Abschrift?

GALILEI Meine Eitelkeit hat mich bisher davon zurückgehalten, sie zu vernichten.

ANDREA Wo ist sie?

GALILEI »Wenn dich dein Auge ärgert, reiß es aus.« Wer immer das schrieb, wußte mehr über Komfort als ich. Ich nehme an, es ist die Höhe der Torheit, sie auszuhändigen. Da ich es nicht fertiggebracht habe, mich von wissenschaftlichen Arbeiten fernzuhalten, könnt ihr sie ebensogut haben. Die Abschrift liegt im Globus. Solltest du erwägen, sie nach Holland mitzunehmen, würdest du natürlich die gesamte Verantwortung zu schultern haben. Du hättest sie in diesem Fall von jemandem gekauft, der Zutritt zum Original im Heiligen Offizium hat.

Andrea ist zum Globus gegangen. Er holt die Abschrift heraus.

ANDREA Die »Discorsi«! *Er blättert in dem Manuskript. Liest:* »Mein Vorsatz ist es, eine sehr neue Wissenschaft aufzustellen, handelnd von einem sehr alten Gegenstand, der Bewegung. Ich habe durch Experimente einige ihrer Eigenschaften entdeckt, die wissenswert sind.«

GALILEI Etwas mußte ich anfangen mit meiner Zeit.

ANDREA Das wird eine neue Physik begründen.

GALILEI Stopf es untern Rock.

ANDREA Und wir dachten, Sie wären übergelaufen! Meine Stimme war die lauteste gegen Sie!

GALILEI Das gehörte sich. Ich lehrte dich Wissenschaft, und ich verneinte die Wahrheit.

ANDREA Dies ändert alles. Alles.

GALILEI Ja?

ANDREA Sie versteckten die Wahrheit. Vor dem Feind. Auch auf dem Felde der Ethik waren Sie uns um Jahrhunderte voraus.

GALILEI Erläutere das, Andrea.

ANDREA Mit dem Mann auf der Straße sagten wir: Er wird sterben, aber er wird nie widerrufen. – Sie kamen zurück: Ich habe widerrufen, aber ich werde leben. – Ihre Hände sind befleckt, sagten wir. – Sie sagen: Besser befleckt als leer.

GALILEI Besser befleckt als leer. Klingt realistisch. Klingt nach mir. Neue Wissenschaft, neue Ethik.

ANDREA Ich vor allen andern hätte es wissen müssen! Ich war elf, als Sie eines andern Mannes Fernrohr an den Senat von Venedig verkauften. Und ich sah Sie von diesem Instrument unsterblichen Gebrauch machen. Ihre Freunde schüttelten die Köpfe, als Sie sich vor dem Kind in Florenz beugten: die Wissenschaft gewann Publikum. Sie lachten immer schon über die Helden.

»Leute, welche leiden, langweilen mich«, sagten Sie. »Unglück stammt von mangelhaften Berechnungen.« Und: »Angesichts von Hindernissen mag die kürzeste Linie zwischen zwei Punkten die krumme sein.«

GALILEI Ich entsinne mich.

ANDREA Als es Ihnen dann 33 gefiel, einen volkstümlichen Punkt Ihrer Lehren zu widerrufen, hätte ich wissen müssen, daß Sie sich lediglich aus einer hoffnungslosen politischen Schlägerei zurückzogen, um das eigentliche Geschäft der Wissenschaft weiter zu betreiben.

GALILEI Welches besteht in ...

ANDREA ... dem Studium der Eigenschaften der Bewegung, Mutter der Maschinen, die allein die Erde so bewohnbar machen werden, daß der Himmel abgetragen werden kann.

GALILEI Aha.

ANDREA Sie gewannen die Muße, ein wissenschaftliches Werk zu schreiben, das nur Sie schreiben konnten. Hätten Sie in einer Gloriole von Feuer auf dem Scheiterhaufen geendet, wären die andern die Sieger gewesen.

GALILEI Sie sind die Sieger. Und es gibt kein wissenschaftliches Werk, das nur ein Mann schreiben kann.

ANDREA Warum dann haben Sie widerrufen?

GALILEI Ich habe widerrufen, weil ich den körperlichen Schmerz fürchtete.

ANDREA Nein!

GALILEI Man zeigte mir die Instrumente.

ANDREA So war es kein Plan?

GALILEI Es war keiner.

Pause.

ANDREA *laut:* Die Wissenschaft kennt nur ein Gebot: den wissenschaftlichen Beitrag.

GALILEI Und den habe ich geliefert. Willkommen in der Gosse, Bruder in der Wissenschaft und Vetter im Verrat! Ißt du Fisch? Ich habe Fisch. Was stinkt, ist nicht mein Fisch, sondern ich. Ich verkaufe aus, du bist ein Käufer. O unwiderstehlicher Anblick des Buches, der geheiligten Ware! Das Wasser läuft im Mund zusammen, und die Flüche ersaufen. Die Große Babylonische, das mörderische Vieh, die Scharlachene, öffnet die Schenkel, und alles ist anders! Geheiliget sei unsre schachernde, weißwaschende, todfürchtende Gemeinschaft!

ANDREA Todesfurcht ist menschlich! Menschliche Schwächen gehen die Wissenschaft nichts an.

GALILEI Nein?! – Mein lieber Sarti, auch in meinem gegenwärtigen Zustand fühle ich mich noch fähig, Ihnen ein paar Hinweise darüber zu geben, was die Wissenschaft alles angeht, der Sie sich verschrieben haben.

Eine kleine Pause.

GALILEI *akademisch, die Hände über dem Bauch gefaltet:* In meinen freien Stunden, deren ich viele habe, bin ich meinen Fall durchgegangen und habe darüber nachgedacht, wie die Welt der Wissenschaft, zu der ich mich selber nicht mehr zähle, ihn zu beurteilen haben wird. Selbst ein Wollhändler muß, außer billig einkaufen und teuer verkaufen, auch noch darum besorgt sein, daß der Handel mit Wolle unbehindert vor sich gehen kann. Der Verfolg der Wissenschaft scheint mir diesbezüglich besondere Tapferkeit zu erheischen. Sie handelt mit Wissen, gewonnen durch Zweifel. Wissen verschaffend über alles für alle, trachtet sie, Zweifler zu machen aus allen. Nun wird der Großteil der Bevölkerung von ihren Fürsten, Grundbesitzern und Geistlichen in einem perlmutternen Dunst von Aberglauben und alten Wörtern gehalten, welcher die Machinationen dieser Leute verdeckt. Das Elend der Vielen ist alt wie das Gebirge und wird von Kanzel und Katheder herab für unzerstörbar erklärt wie das Gebirge. Unsere neue Kunst des Zweifelns entzückte das große Publikum. Es riß uns das Teleskop aus der Hand und richtete es auf seine Peiniger, Fürsten, Grundbesitzer, Pfaffen. Diese selbstischen und gewalttätigen Männer, die sich die Früchte der Wissenschaft gierig zunutze gemacht haben, fühlten zugleich das kalte Auge der Wissenschaft auf ein tausendjähriges, aber künstliches Elend gerichtet, das deutlich beseitigt werden konnte, indem sie beseitigt wurden. Sie überschütteten uns mit Drohungen und Bestechungen, unwiderstehlich für schwache Seelen. Aber können wir uns der Menge verweigern und doch Wissenschaftler bleiben? Die Bewegungen der Himmelskörper sind übersichtlicher geworden; immer noch unberechenbar sind den Völkern die Bewegungen ihrer Herrscher. Der Kampf um die Meßbarkeit des Himmels ist gewonnen durch Zweifel; durch Gläubigkeit muß der Kampf der römischen Hausfrau um Milch immer aufs neue verlorengehen. Die Wissenschaft, Sarti, hat mit beiden Kämpfen zu tun. Eine Menschheit, stolpernd in einem Perlmutterdunst von Aberglauben und alten Wörtern, zu unwissend, ihre eigenen Kräfte voll zu entfalten, wird nicht fähig sein, die Kräfte der Natur zu entfalten, die ihr enthüllt. Wofür arbeitet ihr? Ich halte dafür, daß das einzige Ziel der Wissenschaft darin besteht, die Mühseligkeit der menschlichen Existenz zu erleichtern. Wenn Wissenschaftler, eingeschüchtert durch selbstsüchtige Machthaber, sich damit begnügen, Wissen um des Wissens willen aufzuhäufen, kann die Wissenschaft zum Krüppel gemacht werden, und eure neuen Maschinen mögen nur neue Drangsale bedeuten. Ihr mögt mit der Zeit alles entdecken, was es zu entdecken gibt, und euer Fortschritt wird doch nur ein Fortschreiten von der Menschheit weg sein. Die Kluft zwischen euch und ihr kann eines Tages so groß werden, daß euer Jubelschrei über irgendeine neue Errungenschaft von einem universalen Entsetzensschrei beantwortet werden könnte. – Ich hatte als Wissenschaftler eine einzigartige Möglichkeit. In meiner Zeit erreichte die Astronomie die Marktplätze. Unter diesen ganz besonderen Umständen hätte die Standhaftigkeit e i n e s Mannes große Erschütterungen hervorrufen können. Hätte ich widerstanden, hätten die Naturwissenschaftler etwas wie den hippokratischen Eid der Ärzte entwikkeln können, das Gelöbnis, ihr Wissen einzig zum Wohle der Menschheit anzuwenden! Wie es nun steht, ist das Höchste, was man erhoffen kann, ein Geschlecht erfinderischer Zwerge, die für alles gemietet werden können. Ich habe zudem die Überzeugung gewonnen, Sarti, daß ich niemals in wirklicher Gefahr schwebte. Einige Jahre lang war ich ebenso stark wie die Obrigkeit. Und ich überlieferte mein Wissen den Machthabern, es zu gebrauchen, es nicht zu gebrauchen, es zu mißbrauchen, ganz wie es ihren Zwecken diente.

Virginia ist mit einer Schüssel hereingekommen und bleibt stehen.

GALILEI Ich habe meinen Beruf verraten. Ein Mensch, der das tut, was ich getan habe, kann in den Reihen der Wissenschaft nicht geduldet werden.

VIRGINIA Du bist aufgenommen in den Reihen der Gläubigen. *Sie geht und stellt die Schüssel auf den Tisch.*

GALILEI Richtig. – Ich muß jetzt essen.

Andrea hält ihm die Hand hin. Galilei sieht die Hand, ohne sie zu nehmen.

GALILEI Du lehrst jetzt selber. Kannst du es dir leisten, eine Hand wie die meine zu nehmen? *Er geht zum Tisch.* Jemand, der hier durch kam, hat mir Gänse geschickt. Ich esse immer noch gern.

ANDREA So sind Sie nicht mehr der Meinung, daß ein neues Zeitalter angebrochen ist?

GALILEI Doch. – Gib acht auf dich, wenn du durch Deutschland kommst, die Wahrheit unter dem Rock.

ANDREA *außerstande zu gehen:* Hinsichtlich Ihrer Einschätzung des Verfassers, von dem wir sprachen, weiß ich Ihnen keine Antwort. Aber ich kann mir nicht denken, daß Ihre mörderische Analyse das letzte Wort sein wird.

GALILEI Besten Dank, Herr. *Er fängt an zu essen.*

VIRGINIA *Andrea hinausgeleitend:* Wir haben Besucher aus der Vergangenheit nicht gern. Sie regen ihn auf.

Andrea geht. Virginia kommt zurück.

GALILEI Hast du eine Ahnung, wer die Gänse geschickt haben kann?

VIRGINIA Nicht Andrea.

GALILEI Vielleicht nicht. Wie ist die Nacht?

VIRGINIA *am Fenster:* Hell.

Selbstaussagen

Notizen zur Entstehung

Aus dem *Arbeitsjournal*

23. 11. 38 – DAS LEBEN DES GALILEI abgeschlossen. brauchte dazu drei wochen. die einzigen schwierigkeiten bereitete die letzte szene. ähnlich wie in der JOHANNA brauchte ich am schluß einen kunstgriff, um auf jeden fall dem zuschauer den nötigen abstand zu sichern. selbst der unbedenklich sich einfühlende muß zumindest jetzt, auf dem weg der einfühlung selber in den galilei, den v-effekt verspüren. Bei streng epischer darstellung kommt eine einfühlung erlaubter art zustande.

12. 2. 39 – [...] viel theorie in dialogform DER MESSINGKAUF (angestiftet zu dieser form von galileis DIALOGEN). vier nächte. der philosoph besteht auf dem p-typ (planetariumtyp, statt k-typ, karusselltyp), theater nur für lehrzwecke, einfach die bewegungen der menschen (auch der gemüter der menschen) zum studium modelliert, das funktionieren der gesellschaftlichen beziehungen gezeigt, damit die gesellschaft eingreifen kann. seine wünsche lösen sich auf in theater, da sie vom theater verwirklicht werden. aus einer kritik des theaters wird neues theater. das ganze einstudierbar gedacht, mit experiment und exerzitium. in der mitte der v-effekt.

25. 2. 39 – [...] LEBEN DES GALILEI ist technisch ein großer rückschritt, wie FRAU CARRARS GEWEHRE allzu opportunistisch. man müßte das stück vollständig neu schreiben, wenn man diese »brise, die von neuen küsten kommt«, diese rosige morgenröte der wissenschaft, haben will. alles mehr direkt, ohne die interieurs, die »atmosphäre«, die einfühlung. und alles auf planetarische demonstrationen gestellt. die einteilung könnte bleiben, die charakteristik des galilei ebenfalls. aber die arbeit, eine lustige arbeit, könnte nur in einem praktikum gemacht werden, im kontakt mit einer bühne. es wäre zuerst das FATZERfragment und das BROTLADENfragment zu studieren, diese beiden fragmente sind der höchste standard technisch.

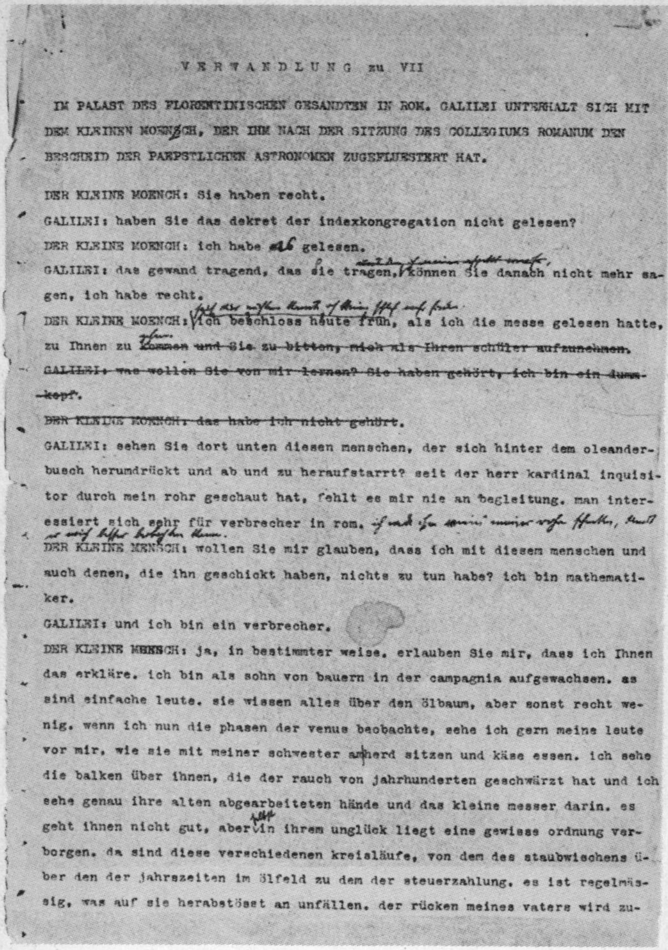

V E R W A N D L U N G zu VII

IM PALAST DES FLORENTINISCHEN GESANDTEN IN ROM. GALILEI UNTERHALT SICH MIT DEM KLEINEN MOENCH, DER IHM NACH DER SITZUNG DES COLLEGIUMS ROMANUM DEN BESCHEID DER PAEPSTLICHEN ASTRONOMEN ZUGEFLUESTERT HAT.

DER KLEINE MOENCH: Sie haben recht.

GALILEI: haben Sie das dekret der indexkongregation nicht gelesen?

DER KLEINE MOENCH: ich habe es gelesen.

GALILEI: das gewand tragend, das sie tragen, können Sie danach nicht mehr sagen, ich habe recht.

DER KLEINE MOENCH: ~~ich beschloss heute früh~~, als ich die messe gelesen hatte, zu Ihnen zu ~~kommen und Sie zu bitten, mich als Ihren schüler aufzunehmen~~.

~~GALILEI: was wollen Sie von mir lernen? Sie haben gehört, ich bin ein dummkopf~~.

~~DER KLEINE MOENCH: das habe ich nicht gehört~~.

GALILEI: sehen Sie dort unten diesen menschen, der sich hinter dem oleanderbusch herumdrückt und ab und zu heraufstarrt? seit der herr kardinal inquisitor durch mein rohr geschaut hat, fehlt es mir nie an begleitung. man interessiert sich sehr für verbrecher in rom.

DER KLEINE MENSCH: wollen Sie mir glauben, dass ich mit diesem menschen und auch denen, die ihn geschickt haben, nichts zu tun habe? ich bin mathematiker.

GALILEI: und ich bin ein verbrecher.

DER KLEINE MENSCH: ja, in bestimmter weise. erlauben Sie mir, dass ich Ihnen das erkläre. ich bin als sohn von bauern in der campagnia aufgewachsen. es sind einfache leute. sie wissen alles über den ölbaum, aber sonst recht wenig. wenn ich nun die phasen der venus beobachte, sehe ich gern meine leute vor mir, wie sie mit meiner schwester am herd sitzen und käse essen. ich sehe die balken über ihnen, die der rauch von jahrhunderten geschwärzt hat und ich sehe genau ihre alten abgearbeiteten hände und das kleine messer darin. es geht ihnen nicht gut, aber in ihrem unglück liegt eine gewisse ordnung verborgen. da sind diese verschiedenen kreisläufe, von dem des staubwischens über den der jahrszeiten im ölfeld zu dem der steuerzahlung. es ist regelmässig, was auf sie herabstösst an unfällen. der rücken meines vaters wird zu-

Leben des Galilei. Typoskript der ersten Niederschrift (*Die Erde bewegt sich*), 1938.

25. 9. 40 – tombrock schickt seine radierungen zum LEBEN DES GALILEI. es sind schöne stücke darunter, obgleich er im ganzen noch keinen stil durchhalten kann. er erscheint geradezu als sammler von stilen oder effekten. der galilei selber ist ziemlich falsch, da viel zu ätherisch, das, was man sich gemeinhin unter einem sterngucker vorstellt, er müßte dick, sokratisch häßlich, auf festen beinen stehend, ein physiker sein.

26. 10. 41 – nachmittag bei dem physiker REICHENBACH, der hier an der kalifornischen universität philosophie liest, empiriker, logistiker, einstein-schüler. er macht mir komplimente über den physikalischen teil des GALILEI und das historische daran, aber dann kommen ein paar psychoanalytiker, und ich lenke das gespräch auf astrologie. und aus dem glauben an die astrologie wird sogleich ein mutterkomplex – der glaube an hitler ist auch nur so was; dann ist da narzißmus darin, daß man die gestirne mit sich beschäftigt usw usw. r[eichenbach] spricht von wishful selection bei den aussagen, aber auch er verschont die totemisten mit seiner neuen logik. ich selber nehme kaum noch an einer diskussion teil, die ich nicht sogleich in eine diskussion über logik verwandeln möchte.

6. 4. 44 – JED HARRIS, der regisseur-produzent, der TH[ORNTON] WILDERS OUR TOWN sehr gut aufgeführt hat, interessiert sich für den GALILEI. so prüfte ich die moral noch einmal nach, die mich immer leise beunruhigt hat; gerade weil ich hier der geschichte zu folgen versuchte und keine moralischen interessen hatte, ergibt sich eine moral, und ich bin nicht glücklich damit. g[alilei] kann dem aussprechen der wahrheit so wenig widerstehen wie dem verschlingen eines lockenden gerichts, es ist ihm ein sinnlicher genuß. und er baut seine persönlichkeit so leidenschaftlich und weise auf wie sein weltbild. eigentlich fällt er zweimal. das erste mal, wenn er der lebensgefahr wegen die wahrheit verschweigt oder widerruft, das zweite mal, wenn er sie trotz der lebensgefahr wieder sucht und verbreitet. seine produktion zerstört ihn. nun höre ich mit unwillen, ich hätte es für richtig gehalten, daß er öffentlich widerrufen hat, um insgeheim seine arbeit fortsetzen zu können. das ist zu flach und zu billig. g[alilei] zerstörte schließlich nicht nur sich als person, sondern auch den wertvollsten teil seiner wissenschaftlichen arbeit. die kirche (dh die obrigkeit) verteidigte

die bibellehre ausschließlich, um sich, ihre autorität, ihre möglichkeit zu unterdrücken und auszubeuten, zu verteidigen. das volk interessierte sich für g[alileis] gestirnlehre ausschließlich, weil es unter der herrschaft der kirche litt. g[alilei] gab den eigentlichen fortschritt preis, als er widerrief, er ließ das volk im stich, die astronomie wurde wieder ein fach, domäne der gelehrten, unpolitisch, isoliert. die kirche trennte diese ›probleme‹ des himmels von denen der erde, festigte ihre herrschaft und erkannte danach die neuen lösungen bereitwillig an.

10. 12. 44 – arbeite mit laughton nun systematisch an der übersetzung und bühnenversion des LEBEN DES PHYSIKERS GALILEI. – merkwürdig, wie schwierig es ist, selbst die winzigsten probleme (eines neuen übergangs etwa) zu lösen, wenn sie sich einzeln vorstellen. bei fortschreitendem schreiben weicht man gerade dem problematischen aus; darin besteht die geschicklichkeit des denkens, dieses sich-nicht-verwickeln-wollen bedeutet keinen entschluß zur kapitulation, im gegenteil. man taucht lediglich die ruder nicht zu tief ein, noch zu flach ein, denn weiterkommen ist alles. rein ›äußerlich‹, wenn ich spüre, daß die konzentration einen bestimmten grad erreicht hat, greife ich zu meinem kriminalroman, da ich meinem denken nicht mehr traue.

dezember 44 – arbeite systematisch mit laughton an der galileiversion. er überträgt satz für satz, zunächst mit der hand meine schwerfällige übersetzung niederschreibend, dann die seine, vielmehr die seinen. zugleich nehmen wir änderungen vor. die größte schwierigkeit macht galileis rede über die epoche in der 1. szene, besonders der satz ›da es so ist, bleibt es nicht so‹. das englische assoziieren ist so sehr anders, ebenso das argumentieren und der humor. die biblische qualität von ›denn wo der glaube 1000 jahre gesessen hat, ebenda sitzt jetzt der zweifel‹ versuchen wir durch einen blankvers zu ersetzen ›blind placed faith deposed by healthy doubt!‹ – was zumindest eine scholastische qualität gibt. natürlich, das blasphemische fällt doch aus.

16. 1. 45 – [im] GALILEI mit seinen interieurs und stimmungen wirkt die dem epischen theater entnommene bauart der szenen merkwürdig theatralisch.

30. 7. 45 – winge liest THE DUCHESS OF MALFI und greift die introduktion des inzestmotivs an. warum nicht einfach den feudalen besitzhunger als katastrophenmotiv nehmen? ich verteidige die poetische idee: die malfi, für ihre liebe mit dem verlust ihrer lieben und dann dem tode bestraft, erkennt an und exkulpiert die (blutschänderische, ihr fremde und schreckliche) liebe des bruders als naturrecht. –
noch einmal auf den GALILEI kommend, den er ebenfalls für ein wenig sagendes nebenwerk hält (im formalen verteidige ich dieses stück nicht besonders kräftig), berichte ich ihm, wie das stück ohne jede absicht, etwas zu beweisen, geschrieben wurde, der überlieferten geschichte folgend, und wie jetzt, bei der durcharbeitung einer theaterfassung zusammen mit dem politisch gedankenlosen schauspieler laughton, außer dem thema, daß in dieser gesellschaftsform wissensdurst zu einer lebensgefährlichen eigenschaft wird, da ihn die gesellschaft hervorbringt und bestraft, noch ein anderes erscheint, nämlich der entscheidende unterschied zwischen dem ›reinen fortschritt einer wissenschaft‹ und ihrem sozial revolutionären fortschritt (G[ALILEI] beraubt die astronomie des jungen bürgertums ihrer sozial revolutionären bedeutung, macht sie zu einem ›fach‹, sterilisiert sie.) auch zeigt sich, zumindest als fakt, wie die herrschende klasse sich der totalität ihrer ideologie bewußt ist: sie weiß, die kette, mit der sie die unterdrückten fesselt, ist nicht stärker als ihr schwächstes glied. so ist der GALILEI in meiner produktion immerhin interessant als gegenbeispiel zu den parabeln. dort werden ideen verkörpert, hier eine materie gewisser ideen entbunden.

10. 9. 45 – die atombombe, mit der die atomarische energie sich zeitgemäß vorstellt, berührt die ›einfachen leute‹ als lediglich furchtbar. der sieg in japan scheint denen, die ungeduldig ihre männer und söhne zurückerwarten, vergällt. dieser superfurz übertönt alle siegesglocken.
(für einen augenblick befürchtet LAUGHTON ganz naiv, die wissenschaft könne dadurch so diskreditiert werden, daß ihre geburt – im GALILEI – alle sympathie verlöre. ›the wrong kind of publicity, old man.‹)

20. 9. 45 – wir arbeiten die meiste zeit immer noch am GALILEI, der bei laughtons hörern im lazarett völlig ungewöhnliches interesse

findet. die atombombe hat tatsächlich die beziehungen zwischen gesellschaft und wissenschaft zu einem leben-und-tod-problem gemacht. [...]

10. 10. 45 – getrieben von seinem theatralischen instinkt arbeitet LAUGHTON im GALILEI auch die politischen elemente ruhelos heraus. die neue ›ludovico-linie‹ habe ich auf sein betreiben etabliert, ebenso ist es mit den umstellungen in der letzten galilei-szene (ablieferung des buchs zuerst, dann belehrung, daß das buch nichts ändern darf an der sozialen verurteilung des verfassers). laughton ist vollkommen bereit, seine figur vor die wölfe zu werfen. er hat eine art von luzifer im kopf, bei dem die selbstverachtung in einen leeren stolz übergegangen ist – stolz auf die *größe* seines verbrechens usw. er besteht auf die volle darstellung der verkommenheit, resultierend aus dem verbrechen, das g[alileis] negative züge zur entfaltung gebracht hat. erhalten bleibt nur das exzellente gehirn, das leer funktioniert, unhaltbar durch den besitzer, der sich sinken lassen möchte.
diese konzeption bringt er am klarsten heraus an einem abend, als er, eine streikpostenlinie vor dem studio durchschreitend, ›scab‹ geheißen wurde, was ihn tief verletzte – er fand hier keinen beifall.

1. 12. 45 – GALILEO (amerikanische fassung) abgeschlossen (bis auf ballade). LAUGHTON liest sie vor helli, eisler, reichenbach, h[ans] viertel, salka viertel, steff, seinem freund, dem jungen physiker wirtele, feuchtwanger, brush.

vorwort
geehrtes publikum der Breiten Straße
wir laden Sie heut in die welt der kurven und maße
zu entschleiern vor ihrem kennerblick
die geburtsstunde der physik.
Sie sehen das leben des großen Galileo Galilei,
den kampf des fallgesetzes mit dem gratias dei,
der wissenschaft mit der obrigkeit
an der schwelle einer Neuen Zeit.
Sie sehen die wissenschaft jung, geil und drall
und Sie sehen ihren sündenfall.
sie muß essen und ihr wird gewalt getan
und so kommt sie auf die schiefe bahn

und wird, die meisterin der natur
billige gesellschaftshur.
noch ist das wahre nicht die ware
doch hat es schon dies sonderbare
daß es die vielen nicht erreicht
und macht ihr leben schwer statt leicht.
solches wissen ist aktuell
die Neue Zeit läuft ab besonders schnell.
wir hoffen, Sie leihen Ihr geneigtes ohr
wenn nicht uns, so doch unserm thema, bevor
infolge der nicht gelernten lektion
auftritt die atombombe in person.

10. 12. 45 – die zusammenarbeit mit LAUGHTON war die klassische in der profession, stückschreiber und schauspieler. an gewissen stellen sah er das stück abfallen, und dann baute er sich auf wie ein nicht aus dem weg zu schaufelnder fleischberg, bis die änderung gefunden und gemacht war. diese hartnäckige feinfühligkeit erwies sich als noch produktiver als die faktischen vorschläge (die immer mit äußerster vorsicht vorgebracht wurden), etwa die ersetzung doppones, des schülers in der ersten szene, durch ludovico, oder der hexenschatten in der letzten szene. er erzwang die umstellungen in der ersten szene, die unterbrechung in der dritten, das schwanken g[alileis] in der szene mit dem kleinen mönch, die kontroverse g[alilei] – ludovico in der sonnenfleckszene, das positive auftreten mattis in der szene am hof, die große umstellung in der letzten g[alilei]-szene. häufig führte die aus ästhetischen gründen vorgenommene änderung zu einer politischen verschärfung, und l[aughton] war jedesmal sehr zufrieden hiermit. oft stritt sich l[aughtons] befürchtung, das publikum zu verletzen (meist auf religiösem gebiet) mit seinem wunsch, falsche vorstellung des publikums zu korrigieren – für gewöhnlich siegte der letztere wunsch. l[aughton] hatte das stück kennengelernt aus sehr unzulänglichen übersetzungen, die wir weglegten. nun übersetzte ich selbst satz für satz ins englische (l[aughton] kennt kein einziges deutsches wort), und er schrieb das wörtlich nieder. dann machte er vorschläge und spielte alles vor, bis es stimmte, dh bis der gestus da war.
l[aughton] liest das stück ORSON WELLES vor, der sofort die regie zusagt. seine haltung ist angenehm, seine bemerkungen sind intelligent. zumindest wird er nicht das publikum fürchten. er

versteht, wenn ich ihm sage: das meiste von dem, was man ›in new york nicht machen kann‹, kann man auch ›in berlin nicht machen‹ (und sollte es).

22. 12. 47 – die *new yorker presse* beschwert sich übellaunig über die zumutung, über den GALILEI nachzudenken, da sie ihr auch gar nicht entsprechen kann. das bürgertum ist überhaupt nicht mehr zu diesem allgemeinen, unspezialisierten denken bereit, das stücke verlangen, die sich mit ihm beschäftigen. das denken bringt es zu nichts; was sollen da diese faseleien der existenzialisten schlechter gestellter nationen über ›entscheidungen, die getroffen werden müssen‹ – was anderes könnte das sein als der faschismus, der, es ist nicht zu leugnen, eine pleite war. kurz, das denken ist zu schwer und gehört schon deshalb nicht zu den vergnügungen.

23. 12. 47 – im GALILEI ist die moral natürlich in keiner weise absolut. wäre die gesellschaftliche bürgerliche bewegung, die sich seiner bedient, als absteigend dargestellt, könnte er ruhig widerrufen und damit etwas recht vernünftiges besorgen. (siehe JASAGER und NEINSAGER!)
in der ANTIGONEBEARBEITUNG wird der sittliche verfall abgeleitet von einem unternehmen, für das der staat nicht stark genug ist. es könnten etwa schlechte bewaffnung oder eine stockung der verpflegung infolge eines zu kleinen wagenparks oder strategische fehler sein, was den unmittelbaren anlaß für die brutalisierung abgäbe; für den kriegerischen ausweg wird allerdings noch mißwirtschaft angegeben; aber das bedeutet ebenfalls schwächung.

15. 3. 48 – die new yorker presse scheint am GALILEO genau das zu vermissen, was schon laughtons katholischer freund vermißt hat: die mitfühlbare agonie des wissenschaftlers, der dem zwang ausgesetzt wird. nun ist zwar das schlechte gewissen des galilei im stück in der gehörigen proportion gezeigt, das ist aber der bourgeoisie nicht annähernd genug: zur herrschaft gekommen, wünscht sie die höheren seelischen regungen derer, die sie zwingt, gegen ihr gewissen zu handeln, zur verschönerung des gesamtbilds ihrer welt überlebensgroß ausgestellt zu sehen.

Aus Briefen

2. 11. 1938 – [...] Mit dem »Galilei«-Plan ging es merkwürdig. Nach Svendborg zurückgekehrt, ging ich sogleich daran, das Stück zu schreiben. Es war fertig in 3 Wochen. Ich schicke Ihnen also anstatt eines Filmexposés zunächst einmal das Stück. Es enthält eine Riesenrolle, und wenn man an einen einflußreichen großen Schauspieler damit käme, würde er vielleicht etwas für eine Aufführung tun. Aber vielleicht hängen Aufführungen in Amerika nicht wie in Europa von Schauspielern ab? Ich wage kaum, Sie damit zu belästigen, aber wenn Sie ohne Mühe mir einen Weg angeben könnten für das Stück, wäre ich Ihnen natürlich zu riesigem Danke verpflichtet. Freilich, es ist ja nicht einmal übersetzt. (Ich glaube übrigens, daß man nur in »Theatre Guild« meinen Namen kennt.)
Ich weiß nicht, ob Sie für die Verfilmung aus dem Stück etwas herauslesen können. Wenn Sie eine Chance sehen, will ich gerne auch für die Verfilmung noch etwas skizzieren. Das Schöne ist, daß man die Hauptentdeckungen des Galilei im Film sehr wirkungsvoll zeigen kann (den Mond mit seinen Gebirgen, die wechselnden Phasen der Venus und die Bahnen der vier Monde um den Fixstern Jupiter). Das Problem einer nicht anstößigen Darstellung der Kirche ist nicht so schwierig zu lösen. Tatsächlich verstößt ja Galilei in seinem Eifer, die Wahrheit, die er entdeckt hat, so schnell wie möglich aller Welt mitzuteilen, gegen das ausdrückliche Verbot der Kirche, der er angehört und die seine Lehre als bloße Hypothese für Wissenschaftler nicht abgelehnt hätte. Der Papst kann tatsächlich als ein müder Mann geschildert werden, der der allgemeinen Meinung der Schulwissenschaft und der Theologen seiner Zeit nicht Trotz bieten kann. Durch eine solche Darstellung verliert der Film keineswegs seine ethische Wirkung. [...]
An Ferdinand Reyher

1940/41 – [...] Leider kann ich Dir von hier aus keine Literatur über *Galilei* angeben. Die Bibliotheken hier haben nicht so sehr viel darüber. Am besten, Du wendest Dich an Ljungdal. Er ist vielleicht auf dem Land, aber wenn Du ihm schreibst, kann er Dir vielleicht jemand in der Bibliothek nennen, der Dir behilflich ist. Wichtig,

daß Du den Galilei nicht idealisierst. (Du weißt, Sterngucker, bleicher, vergeistigter Idealistentyp!) Natürlich neigst Du gar nicht dazu, aber die Bilder, die Du in den Büchern sehen wirst, sind schon idealisiert. Bei mir ist es ein kräftiger Physiker mit Embonpoint, Sokratesgesicht, ein lärmender, vollsaftiger Mann mit Humor, der neue Physikertyp, irdisch, ein großer Lehrer. Lieblingshaltung: Bauch vorgestreckt, beide Hände auf beiden Arschbacken, Kopf zurück, mit der einen, fleischigen Hand dann immer gestikulierend, aber knapp, Kostüm nicht das Parade-Kostüm (außer bei Repräsentation), bequeme Hose bei der Arbeit, Hemdsärmel, oder (besonders am Schluß) lange weißgelbe Kutte mit weiten Ärmeln, über dem Bauch mit einem Strick gegürtelt. Du verstehst, diese Figur dann möglichst in einer Radierung oder einer Art Stahlstich oder einer Art Holzschnitt, so daß das Historische gewahrt ist, eben realistisch. Aber es können auch Tintenzeichnungen sein, die frei auf der Seite stehen. Hab aber keine Angst vor Humoristischem. Historie ohne Humor ist abscheulich. [...]
An Hans Tombrock

1945/Anfang 1946 – [...] Der Wiederaufbau des deutschen Theaters kann nicht improvisiert werden. Sie wissen außerdem, daß ich auch schon vor der Hitlerzeit es nötig fand, angesichts des experimentellen Charakters meiner Stücke mich sehr in die Uraufführungen hineinzumischen. Was den »Galilei« betrifft, kann die einzige Fassung, die vorliegen kann, nämlich die in der Schweiz gespielte, unter keinen Umständen aufgeführt werden, da ich eben für Charles Laughton eine völlige Umarbeitung beendet habe, die in deutscher Sprache noch nicht vervielfältigt ist. [...]
An Peter Suhrkamp

September/Oktober 1946 – [...] Dank für die Luther-Zitate, welche die Jämmerlichkeit der frühbürgerlichen Opposition gut demonstrieren (und an den Sozialdemokratismus und den Fabianismus der proletarischen erinnern). Es scheint mir richtig, daß ich die Galileische Fortschrittlichkeit hätte mehr spezifizieren sollen. Er ist aber nicht »für die Bauern«, wenn er dem Mönchphysiker und dem Gutsbesitzer widerspricht, er ist nur gegen den untermenschlichen Zustand, in dem sie gehalten werden. (Den Schluß der achten Szene habe ich in der letzten Fassung – hoffentlich – gegen Irrtümer gesichert.) Eigentlich ist G. einfach nur für die ungehinderte Aus-

übung seiner Wissenschaft (welche er als ein Glied in der ideologischen Kette vorfindet, die Bürgertum und Bauerntum niederhält, welches Glied er anzusägen hat). Er sägt recht vorsichtig. Zunächst, in Padua, schweigt er sich aus über den Kopernikus, dann findet er Beweise und beschließt, damit Karriere zu machen, geht nach Florenz, buckelt vor dem Fürsten, unterwirft die Beweise den päpstlichen Astronomen. Man erkennt sie an und verbietet ihm, aus den Beweisen Schlüsse zu ziehen. Beinahe ein Jahrzehnt lang fügt er sich und schweigt wieder. Dann verläßt er sich auf den liberalen Papst (nicht etwa auf das Volk oder das Bürgertum) und, von diesem im Stich gelassen, unterwirft er sich völlig und öffentlich. In der Gefangenschaft kollaboriert er schamlos (im Stück) und läßt sich sein Hauptwerk stehlen – unter heftigsten Bauchschmerzen. Ich glaube wirklich, das »Sympathische«, das Dich ärgert, ist seine Vitalität.
An Stefan S. Brecht

Dezember 1946 – [...] In den Parabeln (wie »Kreidekreis«, »Sezuan«-Stück, »Spitzköpfe und Rundköpfe«) möchte ich im Artistischen sehr weit gehen, die Dessausche Musik zur »Mutter Courage« ist wirklich kunstvoll, solch ein Stück muß man in der edelsten asiatischen Form aufführen, dünn und wie auf Goldplatten graviert. Für den »Galilei« dachte ich ebenfalls an eine Ausstattungsbühne. (Sagen wir, vorn rechts und links hohe schlanke Messing-Meßgeräte, im Hintergrund die Prospekte mit der Wiedergabe alter Stiche, die Vorgänge ganz plastisch und gestisch, in zeichenbaren Szenen; etwa die erste Szene aufgespalten in 5 Unterszenen. 1. »Der Knabe Andrea Sarti, späterer Lieblingsschüler, erlistet sich eine kostenlose Lektion bei dem großen Galilei durch das Zeigen von Interesse.« 2. »Während der Schüler ihm den Rücken frottiert, kündet Galilei ein neues Zeitalter an.« 3. »Wegen Geldmangel muß der große Physiker einen wohlhabenden Schüler annehmen, anstatt eines intelligenten.« 4. »Galilei verlangt Muße, seine Hypothesen zu beweisen, die Universitätsbehörden verlangen gewinnbringende Erfindungen.« 5. »Um Geld zu bekommen, baut Galilei nach dem Bericht eines Reisenden von einem neuen holländischen Instrument sein Teleskop.«) So etwas können wir mit Homolka z. B. ganz gut machen, denke ich. [...]
An Caspar Neher

August–Oktober 1947 – [...] You wanted Czinner's address: 1545 Broadway (Circle 5-7620-1). Private telephone: Butterfield 88966. In order to keep me busy now I am translating back »Galileo« into German, a »helluva job«! It is especially difficult to remember that sort of twilight (lack of clarity) which my poor country is so fond of. [...]
An Charles Laughton

Mitte Dezember 1947 – [...] Wenn Du L[aughton] noch siehst, sag ihm doch, ich schriebe an einem Brief. Den Notizen (und Deinem Bericht) entnahm ich, daß die Aufführung glänzend gewesen sein muß und alle Elemente der Originalaufführung enthielt. Gehässig fand ich nur Atkinsons Kritik. Dessen Kritik konnte zwar einen Broadwaylauf und damit eine echte Befragung des breiten Publikums verhindern, aber nach der Vorführung dieses neuen Theaters für die Fachleute wird das ernsthaftere Drama in den Staaten kaum je wieder dasselbe sein wie vorher. Mit dieser negativen Wirkung müssen und können wir uns begnügen – 1947. Im ganzen hat Laughton sich seiner selbstgestellten Aufgabe meisterhaft und in jeder Hinsicht exemplarisch entledigt; er ist *die* Säule, auf der das englischsprechende Theater jetzt ruht. Ich bin stolz auf unsere Zusammenarbeit und hoffe, er ist es ebenfalls. [...]
An Ruth Berlau

14. 12. 1955 – [...] Mit Busch habe ich eine »Galilei«-Probe gehabt, das ist interessant. Ich probiere nur 2 Stunden, von 10–12 Uhr. Für den »Galilei«-Film müssen wir eine ältere Projektionsmaschine besorgen, sonst hüpft er wie die alten Chaplin-Films, und er ist so wichtig. Wunderbar helfen die farbigen kleinen Aufnahmen in den Papprähmchen für die Kostüme. [...]
An Ruth Berlau

31. 12. 1955 – [...] Ich arbeite langsam am »Galilei« weiter, Cas hat, glaube ich, schöne Gedanken für die Dekorationen, Busch belehrt die Bühnenarbeiter ausgiebig über Astronomie usw. [...]
An Ruth Berlau

31. 3. 1956 – [...] Ich danke Ihnen sehr für die Übernahme der Proben. Ohne Sie wäre die ganze Arbeit vermutlich jetzt einfach

zusammengefallen. Es ist angenehm, wieder mit Ihnen zusammenzuarbeiten. [...]
An Erich Engel

30. 4. 1956 – [...] Die »Galilei«-Proben müssen also jetzt doch ausgesetzt werden, da meine Gesundung sich verzögert; ich werde dieses Frühjahr noch nicht wieder anfangen können, und Engel will nicht allein fertigmachen. Ich muß trotz aller Besorgnisse zugeben, daß ich *sehr* bedauert hätte, nicht bei der Endgestaltung Ihres Galilei hätte teilnehmen können. Besonders nach der letzten Probe der letzten Szene sah ich, wie ich glaube, deutlich, wie sich eine herrliche Gestalt bildete! Für Sie ist die Verschiebung natürlich am schlimmsten, besonders das Loch Mai-Juni, das bekümmert mich wirklich, ich fange an zu schwitzen, wenn ich daran denke.
Aber die Pause mit der Erholungsmöglichkeit für mich *und für* Sie kann auch ein wenig nützen. Ich bin jetzt so sicher, daß wir eine gute Arbeit abliefern werden. [...]
An Ernst Busch

17. 5. 1956 – [...] Meine Erkrankung hat mich gezwungen, die Inszenierung von »Leben des Galilei« zu unterbrechen. Ich kann sie erst im Herbst wieder aufnehmen. Dadurch ist für das Erscheinen des Modellbuches »Aufbau einer Rolle – Galilei« eine schwierige Situation entstanden. Das Buch schildert den Aufbau der Galilei-Rolle durch den großen amerikanischen Schauspieler Charles Laughton und umfaßt neben Beschreibungen etwa 60 Fotos dieses großen Charakterdarstellers. Es war geplant, das Modellbuch zu ergänzen mit Beschreibungen und Fotos des Galilei von Ernst Busch. Das Buch würde zweifellos dadurch sehr viel wertvoller werden. Man wird sehen, wie zwei bedeutende Schauspieler dieselbe Rolle ganz individuell aufbauen. Jetzt, wo die Proben abgebrochen werden mußten, können wir diesen zweiten Teil erst im Herbst fertigstellen. Ich muß Sie also bitten, so ungern ich das tue, mit der Herausgabe des Buches noch zu warten, obwohl der 1. Teil bereits im Druck befindlich ist. Ich verstehe die finanziellen und organisatorischen Schwierigkeiten, bin aber gezwungen, Sie zu bitten, in dieser Sache auf meine ernste Erkrankung Rücksicht zu nehmen. [...]
An Bruno Henschel

Anmerkungen zur dänischen Fassung

Vorwort

Es ist bekannt, wie vorteilhaft die Überzeugung, an der Schwelle einer neuen Zeit zu stehen, die Menschen beeinflussen kann. Ihre Umgebung erscheint ihnen da als noch ganz unfertig, erfreulichster Verbesserungen fähig, voll von ungeahnten und geahnten Möglichkeiten, als fügsamer Rohstoff in ihrer Hand. Sie selbst kommen sich vor wie am Morgen, ausgeruht, kräftig, erfindungsreich. Bisheriger Glaube wird als Aberglaube behandelt, was gestern noch als selbstverständlich erschien, wird neuem Studium unterworfen. Wir sind beherrscht worden, sagen die Menschen, aber nun werden wir herrschen.

Keine andere Zeile eines Liedes begeisterte die Arbeiter um die Jahrhundertwende stärker als die Zeile »Mit uns zieht die neue Zeit«; die Alten und Jungen marschierten unter ihr, die Ärmsten und Ausgemergeltsten und die sich schon etwas von der Zivilisation erkämpft hatten; sie schienen sich alle jung. Unter dem Anstreicher wurde die unerhörte Verführungskraft dieser Worte ebenfalls erprobt, auch er verhieß eine neue Zeit. Die Worte zeigten da ihre Vagheit und Leere. Ihre Unbestimmtheit, die nun von den Verführern der Massen ausgenutzt wurde, hatte lange die Stärke ausgemacht. Die neue Zeit, das war etwas und ist etwas, was alles betrifft, nichts unverändert läßt, aber doch eben ihren Charakter erst entfalten wird, etwas, in dem alle Phantasie Raum hat, was durch allzu bestimmte Aussagen nur eingeschränkt werden kann. Geliebt wird das Anfangsgefühl, die Pioniersituation, begeisternd wirkt die Haltung des Beginners. Geliebt wird das Glücksgefühl derer, die eine neue Maschine ölen, bevor sie ihre Kraft zeigen soll, derer, die in eine alte Landkarte einen weißen Fleck ausfüllen, derer, die den Grund eines neuen Hauses ausheben, ihres Hauses.

Dieses Gefühl kennt der Forscher, der eine Entdeckung macht, die alles verändern, der Redner, der eine Rede vorbereitet, die eine neue Situation schaffen wird. Furchtbar die Enttäuschung, wenn die Menschen erkennen oder zu erkennen glauben, daß sie einer

Illusion zum Opfer gefallen sind, daß das Alte stärker ist als das Neue, daß die »Tatsachen« gegen sie und nicht für sie sind, daß ihre Zeit, die neue, noch nicht gekommen ist. Es ist dann nicht nur so schlecht wie vorher, sondern viel schlechter; denn sie haben allerhand geopfert für ihre Pläne, was ihnen jetzt fehlt, sie haben sich vorgewagt und werden jetzt überfallen, das Alte rächt sich an ihnen. Der Forscher oder Entdecker, ein unbekannter, aber auch unverfolgter Mann, bevor er seine Entdeckung veröffentlicht hat, ist nun, wo sie widerlegt oder diffamiert ist, ein Schwindler und Scharlatan, ach, allzusehr bekannt, der Unterdrückte und Ausgebeutete nun, nachdem sein Aufstand niedergeschlagen wurde, ein Aufrührer, der besonderer Unterdrückung und Bestrafung unterzogen wird. Der Anstrengung folgt die Erschöpfung, der vielleicht übertriebenen Hoffnung die vielleicht übertriebene Hoffnungslosigkeit. Die nicht in Stumpfheit und Teilnahmslosigkeit zurückfallen, fallen in Schlimmeres; die die Aktivität für ihre Ideale nicht eingebüßt haben, verwenden sie nun gegen dieselben! Kein Reaktionär ist unerbittlicher als der gescheiterte Neuerer, kein Elefant ein grausamerer Feind der wilden Elefanten als der gezähmte Elefant.

Und doch mögen diese Enttäuschten immer noch in einer neuen Zeit, Zeit des großen Umsturzes, leben. Sie wissen nur nichts von neuen Zeiten.

In diesen Zeiten wird der Begriff des Neuen selber verfälscht. Das Alte und Uralte, neuerdings auf den Plan tretend, proklamiert sich als neu, oder es wird als neu verkündet, wenn das Alte oder Uralte auf eine neue Art durchgesetzt wird. Das wirklich Neue aber wird, da heute abgesetzt, als das Gestrige erklärt, zu einer flüchtigen Mode heruntergemacht, deren Zeit vorbei ist. Das Neue ist z. B. die Art, wie Kriege geführt werden, und alt soll sein eine Art der Wirtschaft, angedeutet, noch niemals ausgeführt, welche Kriege überflüssig machen will. Auf eine neue Art wird die Gesellschaftsordnung in Klassen befestigt, und alt soll sein, die Klassen beseitigen zu wollen. Die Hoffnungen der Menschen werden nicht etwa entmutigt in solchen Zeiten. Jedoch werden sie umgelenkt. Man hat gehofft, da würde einmal Brot sein zu essen. Nun darf man hoffen, da würden einmal Steine sein zu essen.

Inmitten der schnell wachsenden Finsternis über einer fiebernden

Welt, umgeben von blutigen Taten und nicht weniger blutigen Gedanken, der zunehmenden Barbarei, die unhemmbar in den vielleicht größten und furchtbarsten Krieg aller Zeiten zu führen scheint, ist es schwer, eine Haltung einzunehmen, die sich für Leute an der Schwelle einer neuen und glücklichen Zeit schicken mag. Deutet nicht alles darauf hin, daß es Nacht wird, und nichts, daß eine neue Zeit beginnt? Soll man also nicht eine Haltung einnehmen, die sich für Leute schickt, die der Nacht entgegengehen?

Was ist das für ein Gerede: »Neue Zeit«? Ist nicht selbst dieser Ausdruck veraltet? Wo es uns entgegengerufen wird, wird es aus heiseren Kehlen gebrüllt. Es ist eben jetzt die Barbarei, die sich als die neue Zeit gebärdet. Sie sagt von sich, sie hoffe, 1000 Jahre zu dauern.

Soll man sich also an die alte Zeit halten? Soll man von dem versunkenen Atlantis reden?

Liege ich schon auf meinem Nachtlager und denke, an den Morgen denkend, an den, der vergangen ist, um nicht an den zu denken, der kommt? Beschäftige ich mich darum mit jener Epoche der Blüte der Künste und Wissenschaften vor 300 Jahren? Ich hoffe nicht.

Die Bilder vom Morgen und von der Nacht sind irreführend. Die glücklichen Zeiten kommen nicht, wie der Morgen nach durchschlafener Nacht kommt.

Das *Leben des Galilei* ist keine Tragödie

Es wird sich so für die Theater die Frage erheben, ob sie »Leben des Galilei« als eine Tragödie oder als ein optimistisches Stück aufführen sollen. Sollen sie sich, was den Grundton betrifft, an die »Begrüßung der neuen Zeit« durch Galilei in der ersten Szene oder an gewisse Partien der vierzehnten Szene halten? Nach den herrschenden Regeln des Stückebaus muß der Schluß eines Stückes schwerer gewogen werden. Aber das Stück ist nicht nach diesen Regeln gebaut. Das Stück zeigt den Anbruch einer neuen Zeit und versucht, einige Vorurteile über den Anbruch einer neuen Zeit zu revidieren.

Darstellung der Kirche

Es ist für die Theater wichtig, zu wissen, daß dieses Stück einen großen Teil seiner Wirkung verlieren muß, wenn seine Aufführung hauptsächlich gegen die *katholische Kirche* gerichtet ist.

Von den auftretenden Personen tragen viele das Kleid der Kirche. Schauspieler, welche sie deshalb gehässig darstellen wollten, täten unrecht. Andrerseits hat natürlich auch die Kirche kein Recht, die menschlichen Schwächen ihrer Mitglieder überschminkt zu bekommen. Sie hat allzuoft diese Schwächen ermutigt und ihre Aufdeckung unterdrückt. Aber es handelt sich auch nicht darum in diesem Stück, daß der Kirche zugerufen werden soll: »Hände weg von der Wissenschaft!« Die moderne Wissenschaft ist eine legitime Tochter der Kirche, sie hat sich emanzipiert und gegen ihre Mutter gewandt.

In dem vorliegenden Stück fungiert die Kirche, auch wo sie der freien Forschung entgegentritt, einfach als Obrigkeit.

Da die Wissenschaft ein Zweig der Theologie war, ist sie geistliche Obrigkeit, letzte wissenschaftliche Instanz. Aber sie ist auch weltliche Obrigkeit, letzte politische Instanz. Das Stück zeigt den vorläufigen Sieg der Obrigkeit, nicht den der Geistlichkeit. Es entspricht der historischen Wahrheit, wenn der Galilei des Stückes sich niemals direkt gegen die Kirche wendet. Es gibt keinen Satz Galileis in dieser Richtung. Hätte es einen gegeben, so hätte eine so gründliche Untersuchungskommission wie die Inquisition ihn zweifellos zu Tage gefördert. Und es entspricht ebenfalls der historischen Wahrheit, daß der größte Astronom des päpstlichen römischen Kollegs, Christopher Clavius, Galileis Entdeckungen bestätigte (6. Szene). Ebenso stimmt es, daß unter seinen Schülern Geistliche waren (8., 9. und 13. Szene).

Die weltlichen Interessen hoher Würdenträger satirisch aufs Korn zu nehmen, scheint mir billig (es wäre in der 7. Szene möglich). Aber die beiläufige Art, in der diese hohen Beamten den Forscher behandeln, soll hier nur zeigen, daß sie auf Grund ihrer bisherigen Erfahrungen mit einer schnellen Willfährigkeit auch Galileis rechnen zu können glauben. Sie täuschen sich nicht.

An unsere bürgerlichen Politiker denkend, müßte man die geistlichen (und wissenschaftlichen) Interessen dieser damaligen Politiker rühmen.

Das Stück verzichtet denn auch darauf, die von der neueren Geschichtswissenschaft unter Führung des deutschen Gelehrten Emil Wohlwill festgestellten Fälschungen in dem Protokoll von 1616 durch die Inquisitionsbehörde von 1633 zu berücksichtigen. Der Urteilsspruch von 1633 wurde zweifellos durch sie juristisch ermöglicht. Wer den oben skizzierten Standpunkt versteht, wird begreifen, daß es dem Verfasser auf diese juristische Seite des Prozesses nicht ankam.

Es besteht kein Zweifel darüber, daß Urban der Achte dem Galilei gegenüber persönlich verärgert war und in gehässigster Weise die Aktion gegen ihn zu seiner eigenen Sache gemacht hat. Das Stück geht daran vorüber.

Wer den Standpunkt des Verfassers versteht, wird begreifen, daß diese Haltung keine Verbeugung vor der Kirche des 17. oder gar des 20. Jahrhunderts bedeutet.

Die Behandlung der Kirche als Obrigkeit verhilft der Kirche in dem theatralischen Prozeß, den das Stück der Verfolgung der Verfechter der freien Forschung macht, allerdings zu keinem Freispruch. Es wäre nur höchst bedenklich, gerade heute eine Angelegenheit wie die des Kampfes Galileis um die Freiheit der Forschung zu einer religiösen zu stempeln. Dadurch würde das Augenmerk in unglücklichster Weise von heutigen reaktionären Obrigkeiten ganz und gar unkirchlicher Art abgelenkt.

[Bedrohung der Menschheit durch Erfindungen und Entdeckungen]

Der heutige Mensch weiß wenig über die Gesetzlichkeiten, die sein Leben beherrschen. Er reagiert als gesellschaftliches Wesen meist gefühlsmäßig, aber diese gefühlsmäßig Reaktion ist verschwommen, unscharf, uneffektiv. Die Quellen seiner Gefühle und Leidenschaften sind ebenso verschlammt und verunreinigt wie die Quellen seiner Erkenntnisse. Der heutige Mensch, lebend in einer sich rapid ändernden Welt und sich selber rapid ändernd, hat kein Bild dieser Welt, das stimmt und auf Grund dessen er mit Aussicht auf Erfolg handeln könnte. Seine Vorstellungen vom Zusammenleben der Menschen sind schief, ungenau und widersprechend, sein Bild ist, was man unpraktikabel nennen könnte, d. h. mit seinem Bild von der Welt, der Menschenwelt, vor Augen kann der Mensch diese Welt nicht beherrschen. Er weiß nicht, wovon er abhängt, er kennt nicht den Griff in die soziale Maschinerie, der nötig ist, der den gewünschten Effekt hervorbringt. Die Kenntnis der Natur der Dinge, so sehr und so ingeniös vertieft und erweitert, ist ohne die Kenntnis der Natur des Menschen, der menschlichen Gesellschaft in ihrer Gesamtheit nicht imstande, die Beherrschung der Natur zu einer Quelle des Glücks für die Menschheit zu machen. Weit eher wird sie zu einer Quelle des Unglücks. So kommt es, daß die großen Erfindungen und Entdekkungen nur eine immer schrecklichere Bedrohung der Menschheit geworden sind, so daß heute beinahe jede neue Erfindung nur mit einem Triumphschrei empfangen wird, der in einen Angstschrei übergeht.

Vor dem Krieg erlebte ich vor dem Radioapparat eine wahrhaft historische Szene: das Institut des Physikers Niels Bohr in Kopenhagen wurde interviewt über eine umwälzende Entdeckung auf dem Gebiet der Atomzertrümmerung. Die Physiker berichteten, daß eine neue, ungeheure Kraftquelle entdeckt sei. Als der Interviewer fragte, ob eine praktische Ausnutzung der Versuche schon möglich sei, bekam er die Antwort: »Nein, noch nicht.« Im Tone der größten Erleichterung sagte der Interviewer: »Gott sei Dank! Ich glaube wirklich, daß die Menschheit für die Übernahme einer solchen Kraftquelle noch absolut nicht reif ist!« Es war klar, daß er sofort nur an die Kriegsindustrie gedacht hatte. Der Physiker Albert Einstein geht nicht ganz so weit, aber er geht immerhin weit genug, wenn er in ein paar wenigen Sätzen, die bei der Weltausstellung in New York in einer Kapsel eingegraben werden sollen, als einen Bericht an künftige Geschlechter über unsere Zeit, folgendes schreibt: »Unsere Zeit ist reich an erfinderischen Geistern, deren Erfindungen unser Leben beträchtlich erleichtern könnten. Wir überqueren vermittels maschineller Kraft die Meere und benutzen auch maschinelle Kraft, um die Menschheit von aller ermüdenden Muskelarbeit zu befreien. Wir haben fliegen gelernt und sind fähig, Mitteilungen und Neuigkeiten durch elektrische Wellen über die ganze Welt zu verbreiten. Die Produktion und Verteilung der Waren ist jedoch ganz und gar nicht organisiert, so daß jedermann in Furcht leben muß, aus dem ökonomischen Kreislauf ausgeschieden zu werden. Außerdem morden die Menschen, die in verschiedenen Ländern leben, einander in unregelmäßigen zeitlichen Abständen, so daß jeder, der über die Zukunft nachdenkt, in Furcht leben muß. Dies kommt von der Tatsache, daß Intelligenz und Charakter der Massen unvergleichlich niedriger sind als Intelligenz und Charakter der wenigen, die für die Gemeinschaft Wertvolles hervorbringen.«

Einstein begründet also das Faktum, daß die Beherrschung der Natur, in der wir es so weit gebracht haben, so wenig zu einem glücklichen Leben der Menschen beiträgt, damit, daß es den Menschen im allgemeinen an Belehrungen mangelt, wie sie die Entdeckungen und Erfindungen nützlich verwenden können.* Sie wissen zu wenig über ihre eigene Natur. Daß die Menschen so wenig über sich selber wissen, ist schuld daran, daß ihr Wissen über die Natur ihnen so wenig hilft. In der Tat, die ungeheuerliche Unterdrückung und Ausbeutung, von Menschen durch Menschen, die kriegerischen Schlächtereien und friedlichen Entwürdigungen aller Art über den ganzen Planeten hin haben zwar schon beinahe etwas Natürliches bekommen, aber diesen natürlichen Erscheinungen gegenüber ist der Mensch leider keineswegs so erfinderisch und tüchtig wie gegenüber anderen natürlichen Erscheinungen. Die großen Kriege z. B. scheinen unzähligen wie Erdbeben, also wie Naturgewalten, aber während sie mit den Erdbeben schon fertig werden, werden sie mit sich selber nicht fertig. Es ist klar, wieviel gewonnen wäre, wenn z. B. das Theater, wenn überhaupt die Kunst imstande wäre, ein praktikables Weltbild zu geben. Eine Kunst, die das könnte, würde in die gesellschaftliche Entwicklung tief eingreifen können, sie würde nicht nur mehr oder weniger dumpfe Impulse verleihen, sondern dem fühlenden und denkenden Menschen die Welt, die Menschenwelt, für seine Praxis ausliefern.

1940

* Wir brauchen hier nicht in eine sorgfältige Kritik des technokratischen Standpunkts des großen Gelehrten einzutreten. Natürlich wird das für die Gemeinschaft Nützliche durchaus von den Massen hervorgebracht, und die wenigen erfinderischen Geister sind sehr hilflos gegenüber dem ökonomischen Kreislauf der Waren. Es genügt uns hier, daß Einstein das Nichtwissen um gesellschaftliche Belange konstatiert, direkt und indirekt.

Anmerkungen zur amerikanischen Fassung

Ungeschminktes Bild einer neuen Zeit

(Vorrede zur amerikanischen Fassung)

Als ich in den ersten Jahren des Exils in Dänemark das Stück »Leben des Galilei« schrieb, halfen mir bei der Rekonstruktion des ptolemäischen Weltbilds Assistenten Niels Bohrs, arbeitend an dem Problem der Zertrümmerung des Atoms. Meine Absicht war unter anderem, das ungeschminkte Bild einer neuen Zeit zu geben – ein anstrengendes Unternehmen, da jedermann ringsum überzeugt war, daß unserer eigenen alles zu einer neuen Zeit fehlte. Nichts an diesem Aspekt hatte sich geändert, als ich, Jahre danach, daran ging, zusammen mit Charles Laughton eine amerikanische Fassung des Stückes herzustellen. Das »atomarische Zeitalter« machte sein Debüt in Hiroshima in der Mitte unserer Arbeit. Von heute auf morgen las sich die Biographie des Begründers der neuen Physik anders. Der infernalische Effekt der Großen Bombe stellte den Konflikt des Galilei mit der Obrigkeit seiner Zeit in ein neues, schärferes Licht. Wir hatten nur wenige Änderungen zu machen, keine einzige in der Struktur. Schon im Original war die Kirche als weltliche Obrigkeit dargestellt, ihre Ideologie als im Grunde austauschbar mit mancher anderen. Von Anfang an war als Schlüsselpunkt der riesigen Figur des Galilei dessen Vorstellung von einer volksverbundenen Wissenschaft benutzt. Für Jahrhunderte und ganz über Europa erwies ihm das Volk in der Galilei-Legende die Ehre, nicht an seinen Widerruf zu glauben, als es schon lange die Wissenschaftler als einseitige, unpraktische und eunuchenhafte Käuze verlachte. [...]

Preis oder Verdammung des Galilei?

Es wäre eine große Schwäche des Werkes, wenn die Physiker recht hätten, die mir – im Ton der Billigung – sagten, Galileis Widerruf seiner Lehre sei trotz einiger »Schwankungen« als vernünftig dargestellt mit der Begründung, dieser Widerruf habe ihm ermöglicht, seine wissenschaftlichen Arbeiten fortzuführen und der Nachwelt zu überliefern. In Wirklichkeit hat Galilei die Astronomie und die Physik bereichert, indem er diese Wissenschaften zugleich eines Großteils ihrer gesellschaftlichen Bedeutung beraubte. Mit ihrer Diskreditierung der Bibel und der Kirche standen sie eine Zeitlang auf der Barrikade für *allen* Fortschritt. Es ist wahr, der Umschwung vollzog sich trotzdem in den folgenden Jahrhunderten, und sie waren daran beteiligt, aber es war eben ein Umschwung anstatt einer Revolution, der Skandal artete sozusagen in einen Disput aus, unter Fachleuten. Die Kirche und mit ihr die gesamte Reaktion konnte einen geordneten Rückzug vollziehen und ihre Macht mehr oder weniger behaupten. Was diese Wissenschaften selber betrifft, erklommen sie nie mehr die damalige große Stellung in der Gesellschaft, kamen nie mehr in solche Nähe zum Volk.

Galileis Verbrechen kann als die »Erbsünde« der modernen Naturwissenschaften betrachtet werden. Aus der neuen Astronomie, die eine neue Klasse, das Bürgertum, zutiefst interessierte, da sie den revolutionären sozialen Strömungen der Zeit Vorschub leistete, machte er eine scharf begrenzte Spezialwissenschaft, die sich freilich gerade durch ihre »Reinheit«, d. h. ihre Indifferenz zu der Produktionsweise, verhältnismäßig ungestört entwickeln konnte.

Die Atombombe ist sowohl als technisches als auch soziales Phänomen das klassische Endprodukt seiner wissenschaftlichen Leistung und seines sozialen Versagens.

Der »Held« des Werks ist so nicht Galilei, sondern das Volk, wie Walter Benjamin gesagt hat. Es ist etwas zu knapp ausgedrückt, wie mir scheint. Ich hoffe, das Werk zeigt, wie die Gesellschaft von ihren Individuen erpreßt, was sie von ihnen braucht. Der Forschungstrieb, ein soziales Phänomen, nicht weniger lustvoll oder diktatorisch wie der Zeugungstrieb, dirigiert Galilei auf das so gefährliche Gebiet, treibt ihn in den peinvollen Konflikt mit seinen heftigen Wünschen nach anderen Vergnügungen. Er erhebt das Fernrohr zu den Gestirnen und liefert sich der Folter aus. Am Ende betreibt er seine Wissenschaft wie ein Laster, heimlich, wahrscheinlich mit Gewissensbissen. Angesichts einer solchen Lage kann man kaum darauf erpicht sein, Galilei entweder nur zu loben oder nur zu verdammen.

[Entwürfe für ein Vorwort]

Das »Leben des Galilei« wurde in jenen finsteren letzten Monaten des Jahres 1938 geschrieben, als viele den Vormarsch des Faschismus für unaufhaltsam und den endgültigen Zusammenbruch der westlichen Zivilisation für gekommen hielten. In der Tat stand die große Epoche vor dem Abschluß, die der Welt den Aufschwung der Naturwissenschaften und die neuen Künste der Musik und des Theaters gebracht hatte. Die Erwartung einer barbarischen und »geschichtslosen« Epoche war beinahe allgemein. Nur wenige sahen die neuen Kräfte sich bilden und spürten die Vitalität der neuen Ideen. Selbst die Bedeutung der Begriffe »alt« und »neu« war verdunkelt. Die Lehren der sozialistischen Klassiker hatten den Reiz des Neuen eingebüßt und schienen einer abgelebten Zeit anzugehören.

Die Bourgeoisie isoliert im Bewußtsein des Wissenschaftlers die Wissenschaft, stellt sie als autarke Insel hin, um sie praktisch mit *ihrer* Politik, *ihrer* Wirtschaft, *ihrer* Ideologie verflechten zu können. Das Ziel des Forschers ist »reine« Forschung, das Produkt der Forschung ist weniger rein. Die Formel $E = mc^2$ ist ewig gedacht, an nichts gebunden. So können andere die Bindungen vornehmen: die Stadt Hiroshima ist plötzlich sehr kurzlebig geworden. Die Wissenschaftler nehmen für sich in Anspruch die Unverantwortlichkeit der Maschinen.

Denken wir zurück an den Erzvater der experimentellen Naturwissenschaften, Francis Bacon, der seinen Satz, man solle der Natur gehorchen, um ihr zu befehlen, nicht umsonst schrieb. Seine Zeitgenossen gehorchten seiner Natur, indem sie ihm Geld zusteckten, und so konnten sie ihm, dem obersten Richter, so viel befehlen, daß das Parlament ihn am Ende einsperren mußte. Macaulay, der Puritaner, trennte Bacon, den Politiker, den er mißbilligte, von Bacon, dem Wissenschaftler, den er bewunderte. Sollen wir das mit den deutschen Ärzten der Nazizeit auch tun?

Unter anderem fördert der Krieg die Wissenschaften. Welch eine Gelegenheit! Sie macht Entdecker, nicht nur Diebe. Die höhere Verantwortung (die der Höheren) ersetzt die niedere (die für die Niedern). Der Gehorsam entbindet die Willkür. Alles ist in Ordnung mit der Unordnung. Die Ärzte, die das gelbe Fieber bekämpften, mußten noch an sich selber experimentieren; die faschistischen Ärzte bekamen Material geliefert. Die Gerechtigkeit mischte sich auch da ein: Sie brauchten nur »Verbrecher«, d. h. Andersdenkende, zu vereisen. Für die Enteisungsexperimente vermittels »animalischer« Wärme bekamen sie Prostituierte, Weiber, die sich gegen das Gebot der Keuschheit vergangen hatten. Diese hatten dem Laster gedient, nun durften sie der Wissenschaft dienen. Übrigens stellte es sich heraus, daß heißes Wasser mehr belebt als ein Frauenkörper, es kann mehr tun für das Vaterland, an seinem kleinen Platz. (Im Krieg müssen wir nie die Ethik vergessen.) Fortschritte ringsum. Im Anfang des Jahrhunderts waren die Politiker des niederen Volkes gezwungen, als ihre Universitäten die Gefängnisse anzusehen. Nun wurden Gefängnisse Universitäten für die Wärter (und Ärzte). Natürlich wäre, auch wenn der Staat nicht in der Lage gewesen wäre, innerhalb der ethischen Grenzen zu bleiben, mit den Experimenten alles in Ordnung gewesen, nämlich »vom wissenschaftlichen Standpunkt aus«. Trotzdem hat die bürgerliche Welt immer noch einiges Recht, empört zu sein. Auch wenn es sich nur um Grade handelt, handelt es sich um Grade. In dem Prozeß gegen die Generäle von Mackensen und Mältzer in Rom, behandelnd die Erschießung von Geiseln, gab der englische Vertreter der Anklage, ein Colonel Halse, zu, daß »reprisal killings« im Kriege nicht ungesetzlich seien, wenn die Opfer vom Schauplatz des Vorfalls genommen werden, die Hinrichtungen nicht zu zahlreich sind und wenn ein Versuch gemacht wird, die Personen ausfindig zu machen, die für die Vorfälle verantwortlich waren. Die deutschen Generäle taten jedoch des Schlechten zuviel. Sie nahmen je zehn Italiener für jeden getöteten deutschen Soldaten (übrigens nicht zwanzig, wie Hitler verlangt hatte) und machten alles zu schnell ab, in ungefähr 24 Stunden. Die italienische Polizei lieferte einige Italiener zuviel, aus Versehen, und aus Versehen erschossen die Deutschen sie mit, sich zu sehr auf die Italiener verlassend. Aber auch hier hatte man die Gefängnisse um Geiseln geplündert und Sträflinge oder Verdächtige, die auf ihren Prozeß warteten, genommen und die Lücken mit Juden aufgefüllt. Eine gewisse Menschlichkeit kam so nicht nur in dem numerischen Irrtum zur Entfaltung. Trotzdem wurden hier Grenzen überschritten, und die Überschreitung wurde geahndet.

Immerhin kann in dieser Zeit der tiefsten Verlumptheit der Bourgoisie gezeigt werden, daß die Lumpen aus dem gleichen Stoff sind, wie die einst sauberen Gewänder waren.

So bekommen die Wissenschaftler endlich, was sie brauchen: die Staatsmittel, die Planung im Großen, das Kommando über die Industrie; so kommt ihr Goldenes Zeitalter. Und ihre große Produktion beginnt als eine Produktion von Zerstörungsmitteln, ihre Planung führt zur äußersten Anarchie, denn sie bewaffnen den Staat gegen andere Staaten. Die Verachtung, vom Volk dem weltfremden Professor gezollt, kehrt sich in nackte Furcht, jetzt, wo er die Welt so sehr bedroht. Und im Augenblick, wo er als der absolute Spezialist sich vom Volk ganz und gar getrennt hat, sieht er sich, entsetzt, wieder als einen vom Volk, denn die Bedrohung gilt auch ihm selber; er hat zu fürchten für sein eigenes Leben, und er weiß am besten von allen, wie sehr. Seine Proteste, deren wir nicht wenige gehört haben, wenden sich nicht nur gegen die Anschläge auf seine Wissenschaft, die aufgehalten, sterilisiert, mißleitet werden soll, sondern auch gegen die Bedrohung der Welt durch sein Wissen und gegen die eigene Bedrohung.

Eben nun hatten die Deutschen eines dieser Erlebnisse, die nur sehr schwer in verwertbare Erkenntnisse umzusetzen sind. Die Führung des Staates war einem unwissenden Menschen zugefallen, der zusammen mit einer Bande gewalttätiger und »ungebildeter« Politiker einen ungeheuren Krieg anzettelte und das Land vollständig ruinierte. Kurz vor der Katastrophe und für eine geraume Zeit nach ihr wurde die Schuld diesen Leuten aufgebürdet. Sie hatten eine beinahe totale Mobilmachung der Intelligenz durchgeführt, d. h. alle Fachgebiete mit geschulten Kräften versehen, und wenn sie auch hier und da tölpelhaft eingriffen, ist es doch nicht möglich, dieses tölpelhafte Eingreifen allein für die Katastrophe verantwortlich zu machen. Nicht einmal die politische und militärische Strategie scheint schlechthin falsch gewesen zu sein, und die Tapferkeit des Heeres und der Zivilbevölkerung ist unbezweifelbar. Am Ende siegte die Übermacht der Feinde an Menschen und Technik, ins Spiel gebracht durch eine Reihe schwer vorauszusagender Vorkommnisse.

Viele, welche die Unzulänglichkeiten des Kapitalismus sehen oder zumindest ahnen, sind bereit, sie zu dulden der persönlichen Freiheit wegen, die er ihnen zu bieten scheint. Sie glauben an diese Freiheit hauptsächlich deswegen, weil sie kaum je Gebrauch von ihr machen. Unter der Hitlerfuchtel sahen sie diese Freiheit allerdings mehr oder minder kassiert; sie war vergleichbar einem kleinen Kapital auf der Sparkasse, das in normalen Zeiten jederzeit greifbar, freilich besser nicht anzugreifen war, jetzt sozusagen eingefroren, d. h. zwar nicht mehr greifbar, aber doch noch vorhanden war. Sie betrachteten die Hitlerzeit als anormal; es handelte sich da für sie um Auswüchse des Kapitalismus oder gar um eine antikapitalistische Bewegung. Um das letztere zu glauben, mußte man allerdings die Definition benutzen, welche die Nationalsozialisten dem Kapitalismus gaben, und was die Theorie der Auswüchse betrifft, hatte man immerhin im Kapitalismus ein System vor sich, das Auswüchse hervorbrachte, die sicherlich nicht von den Intellektuellen verhindert oder zum Verschwinden gebracht werden konnten. In jedem Fall konnte nur die Katastrophe die Freiheit wiederherstellen. Als die Katastrophe eintrat, stellte sie – nicht einmal sie – die Freiheit nicht wieder her.

Unter den so mannigfachen Beschreibungen des Elends, das in dem enthitlerten Deutschland herrschte, war auch die des geistigen Elends. »Was sie brauchen, worauf sie warten, ist eine Botschaft«, hieß es. »Haben sie nicht eine gehabt?« sagte ich. »Sieh das Elend«, hieß es, »und da ist keine Führung.« »Haben sie nicht genug Führung gehabt?« sagte ich und wies auf das Elend. »Aber sie brauchen eine Aussicht«, hieß es. »Sind sie nicht dieser Aussichten satt?« sagte ich. »Ich höre, sie lebten lang genug von der Aussicht, daß sie ihren Führer loswürden oder daß er ihnen die Welt zum Ausrauben vor die Füße legte.«

Eben die Zeit, wo man am schwersten ohne Wissen auskommt, ist die Zeit, wo es am schwersten zu beschaffen ist. Es ist der Zustand des untersten Elends, wo es scheint, daß man ohne Wissen auskommt. Nichts mehr ist kalkulierbar, die Maßstäbe sind mitverbrannt, die nahen Ziele verdecken die fernen; da entscheidet das Glück.

Das Sinnliche in Galilei

Galilei ist natürlich kein Falstaff: als überzeugter Materialist besteht er auf physischen Freuden. Bei der Arbeit würde er zwar nicht trinken; wichtig ist, daß er auf sinnliche Weise *arbeitet*. Es bereitet ihm Genuß, seine Instrumente mit Eleganz zu handhaben. Ein großer Teil seiner Sinnlichkeit ist geistiger Natur. Da gibt es das »schöne Experiment«, die kleine theatralische Darbietung, zu der er jede Lektion gestaltet; die häufig rohe Art, wie er einen Menschen mit der Wahrheit konfrontiert; dann gibt es in seinen Reden Stellen (in 1, 7, 13), wo er gute Wörter auswählt und sie abschmeckt wie Gewürze. (Das hat nichts zu tun mit dem »Gesang« des Schauspielers, der vielleicht mit Genuß seine Arien hinlegt, aber den Genuß der Person, die er darstellt, nicht zeigt.)

Über die Rolle des Galilei

Die Fremdheit, Neuartigkeit, Auffälligkeit dieser neuen Figur in der Geschichte wird dadurch zustande gebracht, daß er selber, Galilei, auf seine Umwelt von 1600 wie ein Fremder blickt. Er studiert diese Welt: sie ist merkwürdig, veraltet, sie ist der Erklärung bedürftig. Er studiert: in 1) Ludovico Marsili und Priuli; in 2) die Art, wie die Senatoren durch das Fernrohr schauen (Wann kann ich eines dieser Dinger kaufen?); in 3) Sagredo (der Prinz ist ein Kind von neun Jahren); in 4) die Hofgelehrten; in 5) die Mönche; in 7) den jungen Mönch; in 8) Federzoni und Ludovico; in [11] (eine Sekunde lang) Virginia; in [13] seine Schüler; in [14] Andrea und Virginia.

[Bemerkungen aus dem *Kleinen Organon*]

44. Das lange nicht Geänderte nämlich scheint unänderbar. Allenthalben treffen wir auf etwas, das zu selbstverständlich ist, als daß wir uns bemühen müßten, es zu verstehen. Was sie miteinander erleben, scheint den Menschen das gegebene menschliche Erleben. Das Kind, lebend in der Welt der Greise, lernt, wie es dort zugeht. Wie die Dinge eben laufen, so werden sie ihm geläufig. Ist einer kühn genug, etwas nebenhinaus zu wünschen, wünschte er es sich nur als Ausnahme. Selbst wenn er, was die »Vorsehung« über ihn verhängt, als das erkennte, was die Gesellschaft für ihn vorgesehen hat, müßte ihm die Gesellschaft, diese mächtige Sammlung von Wesen seinesgleichen, wie ein Ganzes, das größer ist als die Summe seiner Teile, ganz unbeeinflußbar vorkommen – und dennoch wäre das Unbeeinflußbare ihm vertraut, und wer mißtraut dem, was ihm vertraut ist? Damit all dies viele Gegebene ihm als ebensoviel Zweifelhaftes erscheinen könnte, müßte er jenen fremden Blick entwickeln, mit dem der große Galilei einen ins Pendeln gekommenen Kronleuchter betrachtete. Den verwunderten diese Schwingungen, als hätte er sie so nicht erwartet und verstünde es nicht von ihnen, wodurch er dann auf die Gesetzmäßigkeit kam. Diesen Blick, so schwierig wie produktiv, muß das Theater mit seinen Abbildungen des menschlichen Zusammenlebens provozieren. Es muß sein Publikum wundern machen, und dies geschieht vermittels einer Technik der Verfremdungen des Vertrauten.

49. Dies, daß der Schauspieler in zweifacher Gestalt auf der Bühne steht, als Laughton und als Galilei, daß der zeigende Laughton nicht verschwindet in dem gezeigten Galilei, was dieser Spielweise auch den Namen »die epische« gegeben hat, bedeutet schließlich nicht mehr, als daß der wirkliche, der profane Vorgang nicht mehr verschleiert wird – steht doch auf der Bühne tatsächlich Laughton und zeigt, wie er sich den Galilei denkt. Schon indem es ihn bewunderte, vergäße das Publikum natürlich Laughton nicht, auch wenn er die restlose Verwandlung versuchte, aber es ginge dann doch seiner Meinungen und Empfindungen verlustig, welche vollkommen in der Figur aufgegangen wären. Er hätte ihre Meinungen und Empfindungen zu seinen eigenen gemacht, so daß also tatsächlich nur ein einziges Muster derselben herauskäme: er würde es zu dem unsrigen machen. Um diese Verkümmerung zu verhüten, muß er auch den Akt des Zeigens zu einem künstlerischen machen. Um eine Hilfsvorstellung zu benutzen: wir können die eine Hälfte der Haltung, die des Zeigens, um sie selbständig zu machen, mit einer Geste ausstatten, indem wir den Schauspieler rauchen lassen und ihn uns vorstellen, wie er jeweils die Zigarre weglegt, um uns eine weitere Verhaltungsart der erdichteten Figur zu demonstrieren. Wenn man aus dem Bild alles Hastige herausnimmt und sich das Lässige nicht nachlässig denkt, haben wir einen Schauspieler vor uns, der uns sehr wohl unsern oder seinen Gedanken überlassen könnte.

63. Gehen wir, um zum gestischen Gehalt zu kommen, die Anfangsszenen eines neueren Stückes durch, meines »Leben des Galilei«. Da wir auch nachsehen wollen, wie die verschiedenen Äußerungen Licht aufeinander werfen, wollen wir annehmen, es handle sich nicht um die erste Annäherung an das Stück. Es beginnt mit den morgendlichen Waschungen des Sechsundvierzigjährigen, unterbrochen durch Stöbern in Büchern und eine Lektion für den Knaben Andrea Sarti über das neue Sonnensystem. Mußt du nicht wissen, wenn du das machen sollst, daß wir schließen werden mit dem Nachtmahl des Achtundsiebzigjährigen, den eben derselbe Schüler für immer verlassen hat? Er ist dann schrecklicher verändert, als diese Zeitspanne es hätte zuwege bringen können. Er frißt mit haltloser Gier, nichts anderes mehr im Kopf, er ist seinen Lehrauftrag auf schimpfliche Weise losgeworden wie eine Bürde, er, der einst seine Morgenmilch achtlos getrunken hat, gierig, den Knaben zu belehren. Aber trinkt er sie wirklich ganz achtlos? Ist sein Genuß an dem Getränk und der Waschung nicht eins mit dem an den neuen Gedanken? Vergiß nicht: er denkt der Wollust wegen! Ist dies etwas Gutes oder etwas Schlechtes? Ich rate dir, da du im ganzen Stück darüber nichts der Gesellschaft Nachteiliges finden wirst, und besonders, da du doch selber, wie ich hoffe, ein tapferes Kind des wissenschaftlichen Zeitalters bist, es als etwas Gutes darzustellen. Aber notiere es deutlich, viel Schreckliches wird in dieser Sache passieren. Daß der Mann, der hier das neue Zeitalter begrüßt, am Ende gezwungen sein wird, dieses Zeitalter aufzufordern, daß es ihn mit Verachtung von sich stoße, wenn auch enteigne, wird damit zu tun haben. Was die Lektion anlangt, magst du übrigens entscheiden, ob bloß dem das Herz voll ist das Maul überläuft, so daß er zu jedem davon reden würde, selbst zu einem Kinde, oder ob das Kind ihm das Wissen erst entlocken muß, indem es, ihn kennend, Interesse zeigt. Es können auch zwei sein, die sich nicht enthalten können, der eine zu fragen, der andere zu antworten; solch eine Brüderschaft wäre interessant, denn sie wird einmal böse gestört werden. Freilich wirst du die Demonstration des Erdumlaufs mit einer Hast vornehmen wollen, da sie nicht bezahlt wird, denn nun tritt der fremde, wohlhabende Schüler auf und verleiht der Zeit des Gelehrten Goldwert. Er zeigt sich nicht interessiert, aber er muß bedient werden, ist Galilei doch mittellos, und so wird er zwischen dem wohlhabenden Schüler und dem intelligenten stehen und seufzend wählen. Er kann den Neuen nicht viel lehren, so läßt er sich von ihm belehren; er erfährt vom Teleskop, das in Holland erfunden worden ist: in seiner Weise verwendet er die Störung des Morgenwerks. Der Kurator der Universität kommt. Galileis Eingabe um Erhöhung des Gehalts ist abgeschlagen worden, die Universität zahlt nicht gern für physikalische Theorien, was sie für theologische bezahlt, sie wünscht von ihm, der sich schließlich auf einer niedrig angesetzten Ebene der Forschung bewegt, Nützliches für den Tag. Du wirst an der Art, wie er seinen Traktat anbietet, bemerken, daß er die Zurück- und Zurechtweisungen gewohnt ist. Der Kurator verweist ihn darauf, daß die Republik die Freiheit der Forschung gewährt, wenn auch schlecht bezahlt; er erwidert, daß er mit dieser Freiheit wenig anfangen kann, wenn er nicht die Muße hat, die gute Bezahlung verschafft. Da wirst du gut tun, seine Ungeduld nicht allzu herrisch zu finden, sonst kommt seine Armut zu kurz. Denn du triffst ihn kurz darauf bei Gedanken, die einiger Erklärung bedürfen: der Verkünder eines neuen Zeitalters der wissenschaftlichen Wahrheiten erwägt, wie er die Republik um Geld betrügen kann, indem er ihr das Teleskop als eine Erfindung anbietet. Nichts als ein paar Skudi, wirst du erstaunt sehen, sieht er in der neuen Erfindung, die er lediglich untersucht, um sie sich anzueignen. Gehst du aber weiter, zur zweiten Szene, wirst du entdecken, daß er, die Erfindung an die Signoria von Venedig mit einer durch ihre Lügen entwürdigenden Rede verkaufend, dieses Geld schon beinahe vergessen hat, weil er neben der militärischen noch eine astronomische Bedeutung des Instruments ausgefunden hat. Die Ware, die herzustellen man ihn erpreßt hat – nennen wir es doch jetzt so –, zeigt eine hohe Qualität für eben die Forschung, die er unterbrechen mußte, um sie herzustellen. Wenn er während der Zeremonie, die unverdienten Ehrungen geschmeichelt entgegennehmend, dem gelehrten Freund die wunderbaren Entdeckungen andeutet – überspring da nicht, wie theatralisch er das tut –, wirst du einer viel tieferen Erregung bei ihm begegnen, als die Aussicht auf den geldlichen Gewinn bei ihm auslöste. Wenn jedoch, so betrachtet, seine Scharlatanerei nicht sehr viel bedeutet, zeigt sie doch an, wie entschlossen dieser Mann ist, den leichten Weg zu gehen und seine Vernunft in niedriger wie in hoher Weise zu verwenden. Eine bedeutsamere Prüfung steht bevor, und macht nicht jedes Versagen ein weiteres Versagen leichter?

69. Alle Vormärsche nämlich, jede Emanzipation von der Natur in der Produktion, führend zu einer Umgestaltung der Gesellschaft, alle jene Versuche in neuer Richtung, welche die Menschheit unternommen hat, ihr Los zu bessern, verleihen uns, ob in den Literaturen als geglückt oder mißglückt geschildert, ein Gefühl des Triumphs und des Zutrauens und verschaffen uns Genuß an den Möglichkeiten des Wandels aller Dinge. Dies drückt Galilei aus, wenn er sagt: »Es ist meine Ansicht, daß die Erde sehr nobel und bewundernswert ist, angesichts so vieler und verschiedener Änderungen und Generationen, welche unaufhörlich auf ihr vorkommen.«

71. Den allgemeinen Gestus des Zeigens, der immer den besonderen gezeigten begleitet, betonen die musikalischen Adressen an das Publikum in den Liedern. Deshalb sollten die Schauspieler nicht in den Gesang »übergehen«, sondern ihn deutlich vom übrigen absetzen, was am besten auch noch durch eigene theatralische Maßnahmen, wie Beleuchtungswechsel oder Betitelung, unterstützt wird. Die Musik muß sich ihrerseits durchaus der Gleichschaltung widersetzen, die ihr gemeinhin zugemutet wird und die sie zur gedankenlosen Dienerin herabwürdigt. Sie »begleite« nicht, es sei denn mit Komment. Sie begnüge sich nicht damit, sich »auszudrücken«, indem sie sich einfach der Stimmung entleert, die sie bei den Vorgängen befällt. So hat etwa Eisler vorbildlich die Verknüpfung der Vorgänge besorgt, indem er zu der Fastnachtsszene des »Galilei«, dem Maskenzug der Gilden, eine triumphierende und bedrohliche Musik machte, welche die aufrührerische

Wendung anzeigt, die das niedere Volk den astronomischen Theorien des Gelehrten gab. Ähnlicherweise entblößt im »Kaukasischen Kreidekreis« eine kalte und unbewegte Singweise des Sängers, der die auf der Bühne pantomimisch dargestellte Rettung des Kindes durch die Magd beschreibt, die Schrecken einer Zeit, in der Mütterlichkeit zu selbstmörderischer Schwäche werden kann. So kann sich die Musik auf viele Arten und durchaus selbständig etablieren und in ihrer Weise zu den Themen Stellung nehmen, jedoch kann sie auch lediglich für die Abwechslung in der Unterhaltung sorgen.

72. Wie der Musiker seine Freiheit zurückbekommt, indem er nicht mehr Stimmungen schaffen muß, die es dem Publikum erleichtern, sich haltlos den Vorgängen auf der Bühne hinzugeben, so bekommt der Bühnenbildner viel Freiheit, wenn er beim Aufbau der Schauplätze nicht mehr die Illusion eines Raumes oder einer Gegend erzielen muß. Da genügen Andeutungen, jedoch müssen sie mehr geschichtlich oder gesellschaftlich Interessantes aussagen, als es die aktuale Umgebung tut. Im Moskauer Jüdischen Theater verfremdete ein an ein mittelalterliches Tabernakel erinnernder Bau den »König Lear«; Neher stellte den »Galilei« vor Projektionen von Landkarten, Dokumenten und Kunstwerken der Renaissance; im Piscator-Theater verwendete Heartfield im »Tai Yang erwacht« einen Hintergrund von drehbaren beschrifteten Fahnen, welche den Wandel der politischen Situation notierten, der den Menschen auf der Bühne mitunter nicht bekannt war.
1948

Zu einzelnen Szenen

Dänische Fassung

[Zur 4. Szene]

In der 4. Szene kann man die Phasen der Venus zeigen und zugleich den Unterschied zwischen der Annahme des ptolemäischen und der des kopernikanischen Systems, die Bewegung dieses Sterns betreffend. Man kann dazu Galilei hören. Er kann, was gezeigt wird, in der Art beschreiben, wie Sagredo zu Beginn der 3. Szene, was er sieht, beschreibt. In der 7. Szene können auf dem Schirm, den Galileis Schüler aufgebaut haben, die Sonnenflecken wandernd gezeigt werden, und zwar bevor Andrea sagt: »Wenn wir eine Rotation der Sonne nachweisen können...« Auch hier kann, am besten durch Andrea, beschrieben werden, was gesehen wird.
1938

Spätere Fassungen

[Zur 1. Szene]

In der ersten Szene entwickelt Galilei Gedanken über eine neue Zeit. Im alten Theater ermöglichte der Stückeschreiber dem Schauspieler die realistische Darstellung von Monologen dadurch, daß er ihm dafür bestimmte Handlungen oder eine bestimmte Situation, die die Handlung ermöglichte, gab. Selbst ein großer Schauspieler ist nicht in der Lage, das Verfahren des neuen Stückschreibers zu erkennen. Er wird nach vier Sätzen, bei denen ihm der Rücken gerieben wird, ungeduldig und verlangt andere Tätigkeiten, etwa Schuheanziehen. Er setzt die neuen Gedanken nicht in Beziehung zu dem Wohlbefinden, das der Gelehrte empfindet. Galilei müßte aufhören zu denken, wenn Andrea ihm nicht mehr den Rücken reibt.

Die Abhängigkeit der Produktion für die Gesellschaft von dem Wohlbefinden des einzelnen, das ihm die Gesellschaft bietet, ist für das Stück von außerordentlicher Wichtigkeit. Sieht das Publikum das nicht, so wird der Umfall Galileis rein idealistisch. Wenn die Gesellschaft ihm nicht Wohlbehagen ermöglicht, warum soll er sie nicht verraten? Obwohl er »an sich nicht schlecht sein darf«.

Ausgerechnet den kleinen Andrea unterrichtet Galilei über seine revolutionierenden und revolutionären Gedanken. Hier zeigt sich eine ganz neue – der kapitalistischen Entmenschlichung der »Ware Arbeitskraft« entgegengesetzte – Verhaltensweise: die Lust am Produzieren und das Vermitteln von Wissen an jeden, der wissen will. Galilei überfordert seinen Schüler dafür sogar.

Gleich darauf bricht er die Unterrichtung des Interessierten ab, um einen Desinteressierten zu unterrichten, der zahlen kann. Seine Begründung an Andrea ist die gröbste, aber die für Andrea verständliche.

[Zur 7. Szene]

Galilei versteht nichts von der Kunst der Fingerzeige. Bellarmin ist berechtigt, von ihm zu erwarten, daß er, zart, instruiert, sein Lebenswerk fallenläßt und dem Gastgeber graziös zustimmt, eventuell ihn noch mit einigen nur ihm, dem Fachmann, bekannten Argumenten beschenkt. Der Kardinal beginnt ernstlich ungeduldig zu werden.

[Zur 11. Szene]

Konnte Galilei anders handeln?

Die Szene gibt hinreichend Gründe für Galileis Zögern, aus Florenz zu fliehen und sich in den Schutz der oberitalienischen Städte zu stellen. Trotzdem mag das Publikum sich ausmalen, daß er sich dem Eisengießer Matti anvertraute und auch hierfür so manche Tendenzen im Charakter und in der Situation Galileis ausfinden.

Der Darsteller Laughton zeigte, daß Galilei bei seinem Gespräch mit dem Eisengießer unter großer seelischer Erregung steht. Er spielte einen Moment der Entscheidung, und sie ist falsch. (Kenner der Dialektik werden in der folgenden Szene »Der Papst« eine weitere Aufhellung der Möglichkeiten Galileis finden, wenn der Inquisitor verlangt, daß Galilei zur Abschwörung seiner Theorie gezwungen werde, weil die italienischen Seestädte seine astronomischen Karten benötigten, die auf ihr beruhen und die man ihnen nicht verweigern könne!)

Es darf hier eben nicht objektivistisch verfahren werden.*

[Zur 14. Szene]

Galilei nach dem Widerruf

Das Verbrechen hat ihn zum Verbrecher gemacht. Er gefällt sich in Gedanken an die *Größe* seines Verbrechens. Er wehrt sich gegen die unverschämten Zumutungen der Außenwelt an ihre Genies. Was hat Andrea getan gegen die Inquisition? Galilei wirft seinen Intellekt in die Lösung der klerikalen Probleme, übersehen bei den Holzköpfen. Sein Intellekt funktioniert routinemäßig, als leere Kraft. Seinen Wissensdurst empfindet er als den Ausschlag, der ihn juckt. Wissenschaftliche Betätigung ist ihm ein Laster, lebensgefährlich, jedoch unentbehrlich. Er haßt die Menschheit fanatisch. Andreas Bereitwilligkeit, sein Verdammungsurteil zu revidieren angesichts des Buchs, ist Korruption. Galilei wirft ihm, wie einem ausgehungerten und lahmen Wolf einen Brocken, die logische wissenschaftliche Analyse des Galilei-Phänomens hin. Dahinter steckt noch die Ablehnung der moralischen Zumutungen einer Menschheit, die nichts tut, die Tödlichkeit dieser Zumutungen und dieser Moral aufzuheben.

Galilei hat für eine geraume Zeit mit der Kirche laboriert, wenn sein Lieblingsschüler Andrea ihn überraschend besucht. Der Besuch schreckt ihn auf. Er kann es nicht lassen, Information über die allgemeine Lage der Wissenschaften einzuholen. Er bekommt von Andrea, der eine feindselige und kalte Haltung einnimmt, lediglich bestätigt, was er weiß: Sein Widerruf hat die Wissenschaften nahezu zum Stillstand gebracht.

Wenn Andrea sich nach dem kurzen und pausenreichen Gespräch

* Der Objektivist läuft, wenn er die Notwendigkeit einer gegebenen Reihe von Tatsachen beweist, stets Gefahr, auf den Standpunkt eines Apologeten dieser Tatsachen zu geraten. (Lenin)

verabschieden will – er beabsichtigt, nach Holland zu reisen –, hält Galilei ihn zurück, zugleich jedoch ihn beschuldigend, mit der Absicht gekommen zu sein, seinen teuer erkauften Seelenfrieden zu stören. Er erwähnt, daß er sowieso »Rückfälle« erleide, d. h. tatsächlich wieder in Forschungsarbeiten zurückgeglitten sei. Er beklagt dies, da es den Rest von Komfort bedroht, den die Kirche, die er »sehr geduldig« nennt, ihm gestattet. Die kirchlichen Behörden tun alles, ihn aus Ungelegenheiten zu halten; seine Manuskripte werden einbehalten. Andreas Feindseligkeit beginnt zu schmelzen angesichts des offenbaren Elends einer solchen Existenz. Der größte Physiker der Zeit pflügt Wasser. Die mildere Stimmung weicht, wenn Galilei, der bisher nur von »kleineren Arbeiten« gesprochen hat, damit herauskommt, es handle sich um das beendete Manuskript der »Discorsi«. Andrea ist entsetzt. Niemand in der Gelehrtenwelt wagte noch auf dieses Buch zu warten. Jetzt liegt es vor – nur um von der Inquisition vernichtet zu werden! Galilei zieht sich in eine luziferische Selbstzerstörungspose zurück, gibt jedoch plötzlich zu, er habe heimlich eine Kopie des Buchs angefertigt – »hinter dem eigenen Rücken«. Es ist in einem Globus versteckt. Andrea hält die »Discorsi« in den Händen. Er erkennt an, daß das Buch verlorengegeben werden muß, da jeder Versuch einer Veröffentlichung Galilei aufs äußerste gefährden muß; es kann nicht ohne seine Mithilfe ins Ausland gebracht worden sein. Galilei bestätigt dies, jedoch in einem sehr zweideutigen Satz. Es wird klar, daß seine Ängstlichkeit mehr und mehr überkommen wird von seinem Wunsch, die »Discorsi« veröffentlicht zu wissen. Er selbst ist es, der dem Andrea nahelegt, das Buch »zu stehlen«. Der Dieb würde die Verantwortung zu schultern haben.

Andrea verbirgt die »Discorsi« in seinem Wams.

Das Buch auf seinem Weg in die Öffentlichkeit wissend, verändert Galilei noch einmal seine Haltung. Er schlägt vor, dem Buch solle eine Einleitung beigegeben werden, die das Renegatentum des Autors aufs schärfste verurteile. Andrea weigert sich leidenschaftlich, solch einen Wunsch weiterzugeben. Er weist darauf hin, daß nunmehr alles verändert sei, Galilei habe sich durch seinen Widerruf die Möglichkeit verschafft, das allbedeutende Werk zu vollenden. Die landläufigen Vorstellungen von Helden, ethischen Formeln usw. wären zu ändern. Nur die Kontribution zur Wissenschaft entscheide usw.

Galilei hört sich Andreas Rede, die ihm eine goldene Brücke

zurück in die Achtung der Wissenschaftler baut, zunächst schweigend an, widerspricht aber dann mit schneidendem Hohn, Andrea eines verlumpten Widerrufs aller wissenschaftlicher Prinzipien beschuldigend. Beginnend mit einer Verurteilung »schlechten Denkens«, gleichsam nur um brillant zu demonstrieren, wie ein wissenschaftlich Geschulter einen Fall wie den seinen zu analysieren habe, beweist er Andrea, daß das wertvollste Werk niemals den Schaden aufwiegen kann, der durch einen Verrat an der Menschheit entstehen muß.

Darstellung des Galilei in der 14. Szene

Der dem und jenem bekannte Umstand, daß der Verfasser ein Gegner der Kirche ist, könnte ein Theater veranlassen, der Aufführung des Stückes eine hauptsächlich antiklerikale Tendenz zu verleihen. Die Kirche ist in diesem Stück aber vornehmlich als weltliche Obrigkeit behandelt. Die spezifische kirchliche Ideologie ist von der Seite aus gesehen, wo sie als eine Stütze praktischer Herrschaft erscheint. Der alte Kardinal (in der 4. Szene) kann mit wenigen Änderungen in einen Tory oder einen Demokraten des Staates Louisiana verwandelt werden. Galileis Illusion über den »Wissenschaftler im Stuhl St. Peters« fände mehr als eine Entsprechung in der Zeitgeschichte, die wenig mit der Kirche zu tun hätte. Galilei kehrt (in der 14. Szene) nicht »in den Schoß der Kirche« zurück – er hat sich, wie bekannt, niemals daraus entfernt. Er versucht lediglich seinen Frieden mit den Herrschenden zu machen. Seine Verkommenheit zeigt sich in seiner sozialen Haltung; er erkauft sich seinen Komfort (selbst seine wissenschaftliche Betätigung ist nun zu einem Komfort herabgesunken) mit Handlangerdiensten, so seinen Intellekt schamlos prostituierend. (Seine Verwertung klerikaler Zitate ist dementsprechend rein blasphemisch.) Seine Selbstanalyse darf unter keinen Umständen von dem Darsteller dazu mißbraucht werden, mit Hilfe von Selbstvorwürfen den Helden dem Publikum sympathisch zu machen. Sie zeigt einfach sein Gehirn unzerstört – gerichtet auf welches Feld immer. Andrea Sartis Schlußbemerkung gibt keineswegs die Ansicht des Stückschreibers über Galilei wieder, sondern nur seine Ansicht über Andrea Sarti. Der Stückschreiber wünschte nicht das letzte Wort zu haben.

Galilei markiert den Standard der italienischen Intellektuellen im ersten Drittel des 17. Jahrhunderts, die von der Feudalität besiegt wurden. Die nördlichen Länder Holland und England entwickelten die Produktivkräfte weiter in der sogenannten »Industriellen Revolution«. Galilei ist in gewissem Sinn ihr technischer Schöpfer und sozialer Verräter.

[List und Verbrechen]

In der ersten Fassung des Stücks war die letzte Szene anders. Galilei hatte in großer Heimlichkeit die »Discorsi« geschrieben. Er veranlaßt anläßlich eines Besuchs seinen Lieblingsschüler Andrea, das Buch über die Grenze ins Ausland zu schmuggeln. Sein Widerruf hatte ihm die Möglichkeit verschafft, ein entscheidendes Werk zu schaffen. Er war weise gewesen.

In der kalifornischen Fassung [...] bricht Galilei die Lobeshymnen seines Schülers ab und beweist ihm, daß der Widerruf ein Verbrechen war und durch das Werk, so wichtig es sein mochte, nicht aufgewogen.

Wenn es jemanden interessieren sollte: Dies ist auch das Urteil des Stückschreibers.

[Fabel der ersten drei Szenen]

Erstes Kapitel

1. Galilei beobachtet die Beklemmung, mit der der Sohn seiner Haushälterin das uralte Weltsystem des Ptolemäus betrachtet. In diesem Modell ist die Erde von »kristallenen Sphärenschalen« eingekapselt, und das Kind nennt es einen »Käfig«.

2. Der kleine Andrea reibt Galilei den Rücken trocken. Dafür wird er mit einer Schilderung des neuen kopernikanischen Weltmodells erfreut, in dem die Sonne stillsteht, die Erde sich aber in großer Bewegung befindet.

3. In kümmerlichen Verhältnissen lebend, muß der große Physiker anstelle begabter, aber armer Schüler dumme wohlhabende unterrichten.

4. Galilei bietet dem Schatzmeister der Universität einen wissenschaftlichen Traktat an. Dieser belehrt ihn, daß die Behörden der Republik Geld nur für kommerzielle Erfindungen auswerfen. Der große Gelehrte braucht jedoch Muße, um Beweise für das noch

unbewiesene Weltmodell der neuen Astronomen beischaffen zu können.

5. Galilei hat von einem leicht verkäuflichen Spielzeug gehört, das in Holland konstruiert wurde, einem Fernrohr. Er vertröstet den Gerichtsvollzieher mit den finanziellen Versprechungen, welche die Universitätsbehörden ihm für eine kommerzielle Erfindung gemacht haben.

Zweites Kapitel

1. Im Großen Arsenal von Venedig überreicht Galilei dem Rat ein neues Instrument, das Fernrohr, für kommerzielle Verwertung. Unberechtigterweise gibt er es als seine eigene Erfindung aus.

2. Während einer Zeremonie, in welcher der Rat von Venedig das Fernrohr seiner kommerziellen und militärischen Bedeutung wegen begrüßt, gesteht Galilei einem befreundeten Wissenschaftler, daß er das neue Instrument einem anderen Zweck zugeführt hat: er verkündet astronomische Entdeckungen.

Drittes Kapitel

1. Die Hafenbehörden von Venedig stellen fest, daß ein holländisches Kauffahrteischiff Kisten von Fernrohren auslädt.

2. Der Schatzmeister der Universität unterbricht eine wichtige Sternbeobachtung, um dem Wissenschaftler zu eröffnen, daß die Behörden seine Moral beklagen. Galilei entschuldigt sich damit, daß er für seine wissenschaftliche Arbeit Geld benötigt.

3. Galilei zieht revolutionäre weltanschauliche Folgerungen aus den bislang unbekannten Bahnen von vier Monden des Planeten Jupiter. Ein befreundeter Wissenschaftler beklagt die Entdeckung, weil die Verkünder neuer Wahrheiten oft der Verfolgung ausgesetzt sind.

4. Galilei äußert seinen festen Glauben an die Macht des Beweises.

5. Galilei verspricht seiner Tochter ein komfortableres Leben am Hof von Florenz, wo er um die Stellung eines großherzoglichen Mathematikers nachgesucht hat. Seine Freunde warnen ihn, die Republik zu verlassen und an einen Hof unter dem Einfluß des Klerus zu gehen, wo die Wissenschaft unter der Theologie rangiert.

Theaterarbeit

Beverly Hills 1947

Bertolt Brecht
Aufbau einer Rolle/Laughtons Galilei

Vorwort

Mit der Beschreibung des Laughtonschen Galileo Galilei versucht der Stückschreiber nicht so sehr, einem der flüchtigen Kunstwerke, wie sie die Schauspieler machen, ein wenig mehr Dauer zu geben, als vielmehr die Mühe zu preisen, welche ein großer Schauspieler auf solch ein flüchtiges Kunstwerk zu verwenden imstande ist. Sie ist nicht mehr üblich. Es ist nicht nur die kurze Probenzeit unserer hoffnungslos kommerzialisierten Theater, die an den geistlosen und schablonenhaften Porträts schuld ist – die meisten Schauspieler könnten mit mehr Zeit gar nicht viel anfangen. Es ist auch nicht nur, daß die repräsentativen Einzelpersönlichkeiten mit reichen Zügen und großen Konturen in diesem Jahrhundert recht selten geworden sind – man könnte dann die Sorgfalt auf die Porträtierung der »Kleinen« verwenden. Verlorengegangen scheint vor allem die Kenntnis und Schätzung dessen, was man einen *theatralischen Gedanken* nennen kann: das, was Garrick gemacht hat, wenn er als Hamlet dem Geist des Vaters begegnete; die Sorel, wenn sie als Phädra wußte, daß sie sterben würde; Bassermann, wenn er als Philipp den Posa angehört hatte. Es handelte sich dabei um Erfindungen. Diese theatralischen Gedanken waren für den Zuschauer isolierbar und abzuheben, jedoch schlossen sie sich auch zusammen zu einer ganzen reichen Textur.

Einzelne Einblicke in die Natur der Menschen, Ausblicke auf ihr besonderes Zusammenleben wurden bewerkstelligt durch wohlersonnene Veranstaltungen der Schauspieler.

Mehr noch als bei den philosophischen Systemen wird es bei den Kunstwerken verborgen, wie sie gemacht werden. Die Hersteller tun viel, den Anschein zu erwecken, daß alles einfach stattfindet, sozusagen von sich selber, als bilde sich in einem reinen Spiegel, der untätig ist, ein Abbild. Es ist dies natürlich eine Täuschung,

Brecht und Laughton, 1945.

und man scheint zu vermuten, daß sie, geglückt, den Genuß des Beschauers steigert, aber dies ist nicht der Fall. Der Zuschauer, jedenfalls der bewanderte, genießt in der Kunst das Kunstmachen, das aktive Element des Schaffens. In der Kunst sehen wir die Natur selbst als eine Künstlerin an.

Die folgende Beschreibung befaßt sich mit dieser Seite, mit dem Prozeß der Herstellung, weniger mit dem Produkt. Es ist also mehr von den Konzepten die Rede, welche der Künstler von der Wirklichkeit hat *und übermittelt*, als von seinem Temperament, mehr von den Beobachtungen, die in seine Gestaltungen eingehen und aus ihnen geholt werden können, als von seiner Vitalität. Damit vernachlässigen wir manches, was uns an der Leistung Laughtons an »Unnachahmlichem« entzückte, stoßen aber dafür vor zu dem, das erlernbar ist. Denn die Talente können wir nicht machen, wohl aber können wir ihnen Aufgaben stellen.

Es braucht hier nicht untersucht zu werden, wie die Künstler vergangener Zeiten ihr Publikum überraschten. Gefragt, warum er Theater spiele, antwortete L.: »Weil die Leute nicht wissen, wie sie sind, ich aber glaube, es ihnen zeigen zu können.« Seine Mitarbeit an der Umformung des Stücks zeigte, daß er auch noch allerhand verbreitungssüchtige Meinungen darüber hatte, wie das Zusammenleben der Leute sich *wirklich* abspielt, was dabei die bewegenden Momente sind, worauf man da achten muß. Dem Stückschreiber scheint L.s Standpunkt der eines realistischen Künstlers unserer Zeit. Während es nämlich in verhältnismäßig stationären (»ruhigen«) Zeitläuften den Künstlern vielleicht möglich ist, mit ihrem Publikum ganz eins zu sein und die allgemeinen Vorstellungen treulich zu »verkörpern«, müssen sie in diesen Zeiten gewaltigster Umwälzungen ganz besondere Anstalten treffen, zur Wirklichkeit vorzustoßen. Unsere Gesellschaft gibt nicht selbst preis, was sie bewegt. Man kann sogar sagen, daß sie nur existiert durch das Geheimnis, in das sie sich hüllt. Am »Leben des Galilei« zog L. außer einigem Formalen auch das rein Stoffliche an; er dachte, dies könnte etwas werden, was er eine *Kontribution* nannte. Und so groß war seine Begierde, Dinge zu zeigen, wie sie wirklich sind, daß er bei all seiner Gleichgültigkeit, ja Furchtsamkeit in allem Politischen, an nicht wenigen Stellen des Stücks beträchtliche Verschärfungen verlangte oder gar vorschlug, lediglich weil diese Stellen ihm »irgendwie schwach« vorkamen, worunter er eben verstand, daß sie den Dingen, wie sie sind, nicht gerecht wurden.

Wir trafen uns zur Arbeit für gewöhnlich in L.s großem Haus über dem Pazifischen Ozean, da die Kataloge der Synonyme zu schwer zum Herumschleppen waren. Er gebrauchte diese Folianten viel und mit unermüdlicher Geduld und fischte dazu noch Texte der verschiedensten Literaturen heraus, um diesen oder jenen Gestus oder eine besondere Sprachform zu studieren, den Äsop, die Bibel, Molière, den Shakespeare. Er veranstaltete Vorlesungen Shakespearischer Werke in meinem Haus, für die er sich etwa zwei Wochen lang vorbereitete. So las er den »Sturm« und »King Lear«, nur für mich und ein bis zwei zufällig eingetroffene Gäste. Wir diskutierten danach nur kurz das Einschlägige, etwa eine »Arie« oder einen glücklichen Szenenbeginn. Dies waren Übungen, und er verfolgte sie mitunter in mannigfache

Richtungen, sie seinem übrigen Werk einverleibend. Hatte er am Radio zu lesen, ließ er sich von mir die ihm etwas fremden synkopischen Rhythmen Whitmanscher Gedichte mit Fäusten auf dem Tisch vortrommeln, und einmal mietete er ein Studio, und wir brachten ein halbes Dutzend Spielarten der Schöpfungsgeschichte auf Platten, indem er in der Ich-Form einen afrikanischen Pflanzer die Geschichte seiner Weltschöpfung den Negern erzählte oder sie von einem englischen Butler seiner Lordschaft zuschreiben ließ. Wir benötigten solche ausgebreiteten Studien, da er kein Wort Deutsch sprach und wir uns über den Gestus von Repliken in der Weise einigen mußten, daß ich alles in schlechtem Englisch oder sogar in Deutsch vorspielte und er es sodann auf immer verschiedene Art in richtigem Englisch nachspielte, bis ich sagen konnte: Das ist es. Das Resultat schrieb er Satz für Satz handschriftlich nieder. Einige Sätze, viele, trug er tagelang mit sich herum, sie immerfort ändernd. Die Methode des Vor- und Nachspielens hatte einen unschätzbaren Vorzug darin, daß psychologische Diskussionen nahezu gänzlich vermieden wurden. Selbst die Grundgesten, wie Galileis Art, zu beobachten, seine showmanship (Schaustellertum) oder seine Genußsucht, wurden plastisch etabliert durch die Vorführung. In allem handelte es sich uns zunächst lediglich um die kleinsten Bruchstücke, die Sätze, ja die Ausrufe – jeder für sich genommen, jeder die leichteste, eben angebrachte Form erheischend, soundso viel verratend, soundso viel verbergend oder offen lassend. Die tieferen Eingriffe in die Struktur ganzer Szenen oder des Werkes selbst wurden gemacht, der Erzählung des Stoffes vorwärtszuhelfen und ziemlich allgemeine Feststellungen über das Verhalten der Leute dem großen Physiker gegenüber zur Geltung zu bringen. Diese Zurückhaltung dagegen, im Psychischen herumzukramen, bewahrte sich L. während der ganzen, langen Dauer unserer Zusammenarbeit, auch als er nach einer rohen Fertigstellung des Stückes dasselbe hier und dort vorlas, um Reaktionen zu bekommen, und noch in den Bühnenproben.

Der mißliche Umstand, daß der eine Übersetzer kein Deutsch und der andere nur wenig Englisch wußte, erzwang, wie man sieht, von Anfang an ein Theaterspielen als Methode der Übersetzung. Wir waren gezwungen, zu machen, was sprachlich besser bewanderte Übersetzer ja ebenfalls machen sollten: Gesten übersetzen. Die Sprache ist nämlich da theatralisch, wo sie vornehmlich das Verhalten der Sprechenden zueinander ausdrückt. (Bei den »Arien« zogen wir, wie geschildert, noch den Gestus des Stückschreibers hinzu, indem wir die Schreiber der Bibel oder den Shakespeare beim Singen beobachteten.)

L. zeigte in auffälligster und mitunter brutaler Weise eine Gleichgültigkeit gegen das »Buch«, die der Stückschreiber nicht immer aufbrachte. Was wir machten, war ein Text, die Aufführung war alles. Unmöglich, ihn zur Übersetzung von Partien zu verführen, auf die der Stückschreiber für die geplante Aufführung verzichtete, die er aber für das Buch retten wollte! Das Wichtige war der Theaterabend, der Text hatte ihn lediglich zu ermöglichen: in der Aufführung fand der Verschleiß des Textes statt, er ging in ihr auf wie das Pulver im Feuerwerk! Wiewohl L. Theater in einem London gemacht hatte, das dem Theater gegenüber recht gleichgültig geworden war, war noch das alte Elisabethanische London in ihm, dem Theater eine Leidenschaft war, und zwar eine so große, daß es unsterbliche Kunstwerke gierig und unschuldig einfach als »Texte« verschlingen durfte. In der Tat waren diese Kunstwerke, welche das Jahrhundert überdauerten, wie Improvisationen für einen alles geltenden Augenblick gemacht. Schon die Drucklegung interessierte nur noch wenig und erfolgte wohl nur, um den Zuschauern, also denen, die bei dem eigentlichen Ereignis – nämlich der Aufführung – anwesend gewesen waren, ein Souvenir an das Vergnügen zu übermitteln. Und das Theater war wohl dann auch so potent zu dieser Zeit, daß der Text durch die Weglassungen und Hinzufügungen auf den Proben kaum gelitten haben muß.

Wir pflegten in L.s kleinem Bibliothekszimmer zu arbeiten, und am Vormittag. Aber L. kam mir oft schon im Garten entgegen, in Hemd und Hose barfuß über den feuchten Rasen laufend, und wies mir gewisse Neuerungen in der Bepflanzung, denn der Garten beschäftigte ihn ständig und barg viele Finessen und Probleme. Die Heiterkeit und die schönen Maße dieser Gartenwelt gingen auf eine angenehme Weise in unsere Arbeit ein. Für eine beträchtliche Zeitspanne sammelten wir alles in unsere Arbeit. Sprachen wir über Gartenbaukunst, so schweiften wir eigentlich nur ab von irgendeiner Szene des »Galilei«; suchten wir in einem New Yorker Museum technische Zeichnungen des Leonardo für die Projektionen der Hintergründe in der »Galilei«-Aufführung, so schweiften wir ab zu der Grafik des Hokusai. L., konnte ich bemerken, erlaubte dem Stoff nur, ihn zu streifen. Die Pakete mit Büchern oder Fotokopien aus Büchern, die er immerfort bestellte, machten ihn nicht zum Bücherwurm. Er suchte beharrlich nach dem Äußeren: nicht nach der Physik, sondern nach der Verhaltensweise der Physiker. Es galt, ein Stück Theater aufzubauen, etwas Leichtes, Äußerliches. Als das Material sich häufte, griff L. eifrig nach der Idee, einen guten Zeichner mit der Herstellung amüsanter Skizzen von der Art zu beauftragen, wie sie Caspar Neher zu machen pflegte, um die Anatomie der Handlung bloßzulegen. »Bevor man andere amüsiert, muß man sich selber amüsieren«, sagte er.

Da freilich konnte keine Mühe gespart werden! L. hörte nicht eher von den delikaten Szenenskizzen Caspar Nehers, die den Schauspielern gestatten, sich nach den Kompositionen eines großen Künstlers zu gruppieren und sich mit ebenso wahrhaftigen als erlesenen Gesten zu versehen, als er schon einem ausgezeichneten Zeichner der Walt-Disney-Studios den Auftrag gab, solche Skizzen zu entwerfen. Sie fielen etwas boshaft aus; L. verwendete sie, aber vorsichtig. Welche Mühe L. an das Kostüm wandte, nicht nur an seines, an das aller Spieler! Und welche Zeit nahm uns die Besetzung der zahlreichen Rollen!

Zuerst hatten wir die Kostümbücher und auch alte Bildwerke nach Kostümen zu durchsuchen, die nicht das an sich hatten, was unsere Zeit als aufgeputzt empfindet. Wir atmeten auf, als wir auf einem kleinen Tafelwerk des 16. Jahrhunderts lange Hosen fanden. Dann hatten wir die Stände voneinander zu scheiden. Der ältere Breughel leistete uns da gute Dienste. Am Ende hatten wir das Farbenschema auszuarbeiten. Jede Szene mußte einen Grundton haben – die erste z. B. einen zarten matinalen mit Weiß, Gelb und Grau. Aber die Gesamtheit der Szenen mußte dann ihre Entwicklung haben in der Farbe. In der ersten Szene kam etwa ein distinguiertes Tiefblau hinein durch den Ludovico Marsili, und dieses Tiefblau blieb auch, abgesondert, in der zweiten Szene mit den Großbürgern in ihren schwärzlichgrünen, aus Filz und Leder gemachten Röcken. Der gesellschaftliche Aufstieg des Galilei wurde auch in den Farben sichtbar. Das Silber und Perlgrau der vierten (Hof-)Szene leitete über in ein Notturno in Braun und Schwarz (Verspottung des Galilei durch die Mönche des Collegium Romanum) zu der achten, dem Ball der Kardinäle mit den phantastischen delikaten Einzelmasken (Damen und Herren) zwischen den Kardinälen in Karmesin. Dies war ein Ausbruch der Farbe, aber ihre Entfesselung kam noch, und zwar in der neunten, der Fastnachts-Szene. Wie die Kardinäle und der Adel hatte auch das niedere Volk sein Maskenfest. Danach kommt der Abstieg in die stumpfen und grauen Farben. Die Schwierigkeit eines solchen Schemas besteht natürlich darin, daß die Kostüme mit ihren Trägern durch mehrere Szenen wandern; sie müssen immer passen und die neuen Szenen farbig mit aufbauen.

Wir besetzten die Rollen hauptsächlich mit jungen Schauspielern. Die Reden boten einige Probleme. Die amerikanische Bühne vermeidet Reden, außer in den fürchterlichen Shakespeare-Aufführungen und vielleicht wegen dieser. Reden bedeuten ihr einfach einen Stillstand der Handlung, und sie sind es auch, so wie sie gebracht werden. L. arbeitete gewissenhaft und meisterlich mit den jungen Schauspielern, und der Stückschreiber bewunderte, wie frei er sie dabei ließ, wie er, alles Laughtonsche vermeidend, lediglich die Strukturen lehrte. Dem oder jenem Schauspieler, der allzu leicht der Laughtonschen Persönlichkeit unterlag, las er aus dem Shakespeare vor, den eigentlichen Text überhaupt nicht probierend – keinem las er den Text selber vor. Übrigens wurden alle Schauspieler gebeten, auf keinen Fall ihre Eignung für die Rolle dadurch zu zeigen, daß sie sofort etwas »Eindrucksvolles« hinlegten.

Wir einigten uns über folgendes:

1. Die Bühnendekorationen sollen nicht so sein, daß das Publikum glaubt, sich in einer Stube des mittelalterlichen Italiens oder im Vatikan zu befinden. Das Publikum soll zur Überzeugung gebracht werden, es befinde sich in einem Theater.

2. Der Hintergrund soll mehr zeigen als die unmittelbare Umgebung Galileis; er soll in phantasievoller und artistisch reizvoller Art die historische Umgebung zeigen. Er soll dabei Hintergrund bleiben. (Das letztere wird erreicht, wenn die Dekoration z. B. nicht selber durch Farbigkeit brilliert, sondern den Kostümen der Schauspieler hilft, wenn sie die Plastik der Figuren verstärkt, indem sie selber flächenartig bleibt – auch wenn sie Plastisches enthält usw.)

3. Möbel und Requisiten sollen realistisch sein (Türen gehören dazu) und vor allem sozial-historische Reize enthalten. Die Kostüme müssen individualisiert sein und die Merkmale des

Getragenseins aufweisen. Die sozialen Unterschiede sind zu unterstreichen, da wir sie in sehr alten Moden nicht leicht erkennen können. Die Farben der Kostüme sind aufeinander abzustimmen.

4. Die Gruppierungen der Personen müssen die Qualität historischer Gemälde haben (nicht, damit das Historische als ästhetischer Reiz herauskommt; die Anweisung gälte für zeitgenössische Stücke ebenso). Die Regie erreicht das, indem sie für die Vorgänge historische Titel ersinnt. (Beispiel: Für die erste Szene etwa die folgenden: *Der Physiker Galilei erklärt seinem späteren Mitarbeiter Andrea Sarti die neue Kopernikanische Theorie und sagt eine große geschichtliche Bedeutung der Astronomie voraus. – Um seinen Lebensunterhalt zu verdienen, unterrichtet der große Galilei reiche Schüler. – Galilei, der um Mittel für die Fortführung seiner Studien ersucht hat, wird von den Universitätsbehörden angehalten, profitable Instrumente zu erfinden. – Galilei konstruiert nach Angaben eines Reisenden sein erstes Fernrohr.*)

5. Die Vorgänge müssen in Ruhe und in großem Entwurf ausgeführt werden. Ständiger Stellungswechsel mit wenig bedeutenden Bewegungen der Figuren muß vermieden werden. Die Regie darf keinen Augenblick vergessen, daß viele der Vorgänge und Reden schwer zu verstehen sind, so daß es nötig ist, den Grundsinn des Vorgangs schon in den Stellungen auszudrücken. Das Publikum muß sicher sein, daß ein Gang, ein Aufstehen, eine Geste Bedeutung hat und Aufmerksamkeit verdient. Die Gruppierungen und Bewegungen müssen jedoch absolut natürlich und realistisch bleiben.

6. Bei der Besetzung der kirchlichen Würdenträger muß besonders realistisch verfahren werden. Es ist keine Karikatur der Kirche beabsichtigt, jedoch darf die raffinierte Ausdrucksweise und »Bildung« der Kirchenfürsten des 17. Jahrhunderts die Regie nicht dazu verführen, durchgeistigte Typen auszusuchen. Die Kirche stellt in diesem Stück hauptsächlich die Obrigkeit dar; typenmäßig sollen die kirchlichen Würdenträger unsern Bankiers und Senatoren gleichen.

7. Die Darstellung des Galilei sollte nicht darauf ausgehen, ein sympathisierendes Sicheinfühlen und Mitgehen des Publikums zu etablieren; vielmehr sollte dem Publikum eine mehr staunende, kritische und abwägende Haltung ermöglicht werden. Er sollte dargestellt werden als ein Phänomen wie etwa Richard III., wobei

die emotionelle Zustimmung des Publikums durch die Vitalität dieser fremden Erscheinung erreicht wird.

8. Je tiefer der historische Ernst einer Aufführung sich etabliert, desto ausgiebiger kann Humor zur Geltung kommen; je großzügiger das Arrangement ist, desto intimer können die Szenen gespielt werden.

[9. An und für sich kann »Leben des Galilei« ohne größere Umstellung des zeitgenössischen Theaterstils aufgeführt werden, etwa als ein historischer »Schinken« mit einer großen Rolle. Eine konventionelle Aufführung (die übrigens den Aufführenden keineswegs als konventionell zum Bewußtsein zu kommen brauchte, um so weniger, wenn sie originelle Einfälle aufwiese) müßte jedoch die eigentliche Kraft des Stückes beträchtlich schwächen, ohne dem Publikum »einen leichteren Zugang zu eröffnen«. Die hauptsächlichsten Wirkungen des Stückes würden verfehlt, wenn das Theater nicht eine adäquate Umstellung vornimmt. Die Antwort »das geht hier nicht« ist der Autor gewohnt; er bekam sie auch zu Hause. Die meisten Regisseure verhalten sich solchen Stücken gegenüber, wie ein Pferdekutscher zur Zeit seiner Erfindung dem Auto gegenüber sich verhalten hätte, wenn er, lediglich das Gefährt übernehmend, die praktischen Anweisungen dagegen mißachtend, vor den neuen Wagen Pferde gespannt hätte, mehr natürlich als vor eine Kutsche, da der neue Wagen schwerer war. Solch ein Kutscher würde ebenfalls, aufmerksam gemacht auf den Motor, geantwortet haben: »Das geht hier nicht.«]*

Die Aufführung fand in dem kleinen Theaterchen in Beverly Hills statt, und L.s Hauptsorge war die Hitze, die gerade herrschte. Er verlangte, daß Lastwagen mit Eisblöcken um das Theater angefahren und Ventilatoren in Bewegung gesetzt wurden, »damit die Zuschauer denken konnten«.

1947

* [Dieser Text wurde von Brecht später für die *Anmerkungen* angefügt.]

1
Der Gelehrte, ein Mann

Die Arbeit L.s begann damit, daß er all das bleiche, vergeistigte Sternguckertum der Schulbücher aus der Figur des Galilei hinauswarf. Vor allem war es nötig, aus dem Gelehrten einen Mann zu machen. Schon dem Wort »der Gelehrte« haftet im Mund des Volkes etwas Lächerliches an; es hat etwas vom »Abgerichteten«, etwas Passives. Im Bayrischen sprachen die Leute vom »Nürnberger Trichter«, mit dem geistig schwächlichen Personen mehr oder minder zwangsweise übergroße Quantitäten von Wissen eingeflößt wurden, eine Art von Gehirnklistier. Sie wurden nicht weiser davon. Auch wenn einer »die Gescheitheit mit dem Löffel gefressen« hatte, wurde das als ein unnatürlicher Vorgang betrachtet. Die »Gebildeten« – und auch diesem Wort haftet diese fatale Passivität an – sprachen von einer Rache der »Ungebildeten«, einem angeborenen Haß gegen den »Geist«, und die Verachtung hatte tatsächlich häufig eine Beimischung von Gehässigkeit; im Dorf und in den Vorstädten wurde der »Geist« als fremd und sogar feindlich empfunden. Aber selbst in den »besseren Ständen« fand man diese Verachtung. »Der Gelehrte« war eine impotente, blutleere, verschrobene Figur, »eingebildet« und nicht sehr lebensfähig. Sie verfiel leicht der Romantisierung. L. hielt sich bei Galilei an den Ingenieur des Großen Arsenals von Venedig. Er hatte Augen, nicht zum Leuchten, sondern zum Sehen, Hände zum Arbeiten, nicht zum Gestikulieren. Alles Sehenswürdige und Fühlenswürdige machte er aus des Galilei Geschäft, dem Physikmachen und Lehren, und zwar dem Lehren von etwas Bestimmtem, aus dem die Schwierigkeiten erwuchsen. Und er zeigte das Auswendige nicht doch des Inwendigen wegen, d. h. das ganze Forschen und was damit verknüpft war, der seelischen Regungen wegen, die sich ergaben; vielmehr sonderten sich die niemals von den Geschäften und Streitigkeiten und wurden niemals »allgemein menschlich«, wenn sie auch für alle immer von Interesse blieben. Der Zuschauer kann sich nämlich von dem Dritten Richard des Shakespeare-Theaters leicht mit dem Schauspieler zusammen verwandeln, da dessen Politikmachen und Kriegführen nur vage vorkommt, nicht viel mehr davon, als ein Träumender verstehen müßte; zum Galilei fehlt dem Zuschauer immerfort, daß er nicht so viel von den Naturwissenschaften versteht wie der Galilei. Es hat etwas Pikantes, daß Stückschreiber und Darsteller, um die Geschichte des Galilei vorzuführen, jene Vorstellung zertrümmern mußten, die gerade durch Galileis Verrat mitbegründet wurde, die Vorstellung von einem weltfremden, zwitterhaft eunuchischen Wesen der Schullehrer und Wissenschaftler. (Erst als sie, volksfremde Kopflanger der herrschenden Klassen, in unsern Tagen die letzte Frucht der Bewegungsgesetze des Galilei, die Atombombe, ablieferten, verwandelte sich die Verachtung des Volkes in die Furcht.) Dem Galilei selber, zum Dank für seinen Glauben an eine volksverbundene Wissenschaft, erwies das Volk die Ehre, jahrhundertelang und über ganz Europa hin, nicht an seinen Widerruf zu glauben.

Einteilung und Linie

Wir teilten die erste Szene in Teile ein:

Wir hatten den Vorteil, durch die Fabel beginnen zu können, mit einem Beginn auch für den Galilei, nämlich mit der Begegnung mit dem Teleskop, und da die Bedeutung der Begegnung dem Galilei noch verborgen ist, benutzten wir einen kleinen Kunstgriff, indem wir die Beginnerfreude aus dem Morgen holten: da war das Waschen mit dem kalten Wasser – L., mit nacktem Oberkörper, hob mit großer, schneller Bewegung eine Kupferkanne vom Boden auf und ließ den Wasserstrahl in ein Becken laufen –, das Wiederbegegnen mit den Büchern, aufgeschlagen auf dem Stehpult, der erste Schluck Milch, die erste Belehrung, einem Knaben gegeben. Im Folgenden kehrt Galilei immer wieder zu seiner Lektüre am Pult zurück, unwillig über die Abhaltungen durch den weitgereisten Studenten mit seiner flachen Vorliebe für modische Neuerfindungen wie dieses Augenglas und durch den Universitätskurator, der kein Stipendium gewähren will; bis es zur letzten Abhaltung vom Studium kommt, der Erprobung der Linsen, welche ohne die beiden ersten nicht hätte sein können und welche ein ganz neues Studium eröffnet.

Interesse am Interesse und Denken als Ausdruck körperlichen Wohlbehagens

Erwähnt seien zwei Momente im Spiel mit dem Kind:

Sich im Hintergrund waschend, beobachtet Galilei vom Waschstand aus interessiert das Interesse des Kindes an dem Astrolab; des kleinen Andrea, der um das merkwürdige Instrument kreist. Die Neuartigkeit des Galilei in seiner Zeit brachte L. dadurch heraus, daß er ihn auf die umgebende Welt wie einen Fremden schauen ließ, als auf etwas der Erklärung Bedürftiges. Seine lachende Betrachtung machte die Mönche im Collegium Romanum zu Fossilien. Er zeigte hier übrigens Vergnügen an ihrer primitiven Beweisführung.

Von einigen wurden Einwendungen dagegen erhoben, daß L. die Rede über die neue Astronomie in der ersten Szene mit entblößtem Oberkörper brachte; das Publikum möchte verwirrt werden, wenn es so spirituelle Äußerungen von einem halbnackten Mann hörte. Aber gerade diese Mischung von Körperlichem und Geistigem interessierte L. »Galileis Wohlbehagen«, wenn der Knabe ihm den Rücken frottierte, setzte sich um in geistige Produktion. So unterstrich L., daß Galilei der Wein wieder schmeckt, wenn er in der neunten Szene hört, daß der reaktionäre Papst im Sterben liegt. Seine wohlige Art, auf und ab zu gehen, und sein Spiel mit den Händen in den Hosentaschen beim Planen der neuen Forschungen reichte an die Grenze des Anstößigen. Immer wenn Galilei schöpferisch ist, zeigte L. eine widerspruchsvolle Mischung von Aggressivität und schutzloser Weichheit und Verwundbarkeit.

Erdumdrehung und Gehirnumdrehung

Die kleine Demonstration der Erdumdrehung arrangiert L. schnell und nebenbei, von seinem Pult, an dem er zu lesen begonnen hat, weg- und zu ihm zurücklaufend. Er vermeidet alle Eindringlichkeit, scheint auf das Fassungsvermögen des Kindes gar nicht einzugehen und läßt es einfach sitzen mit seinen Gedanken.

Diese beiläufige Art, Rechnung tragend seinem Zeitmangel, schließt zugleich den Knaben ein in die Gemeinschaft der Forscher. Gerade so etablierte L., wie für den Galilei Lernen und Lehren dasselbe ist – was seinen späteren Verrat so schrecklich macht.

Ausgeglichenheit

Galilei wird von Andreas Mutter bei seiner Demonstration der Erdumdrehung überrascht. Zur Rede gestellt wegen der ungereimten Ideen, die er dem Kind beibringt, antwortet er: »Wir befinden uns augenscheinlich auf der Schwelle zu einem neuen Zeitalter, Sarti.« Bezaubernd die Weise, wie L. dabei zärtlich sein Glas Milch leert!

Quittieren einer guten Antwort

Ein kleines Moment: Die Haushälterin ist gegangen, den neuen Schüler einzulassen. Galilei sieht sich gezwungen, Andrea ein Geständnis zu machen. Mit seiner Wissenschaft ist es nicht allzu gut bestellt, sie muß den Behörden gegenüber ihre größten Themen geheimhalten, und sie sind vorläufig nur Hypothesen. »Ich möchte Astronom werden«, sagt Andrea schnell. Ob dieser Antwort sieht ihn Galilei beinahe zärtlich lächelnd an. Solche Details werden für gewöhnlich von den Schauspielern nicht extra (lange) genug probiert, um dann in der Aufführung schnell gebracht werden zu können.

[Wegschicken des Andrea]

Das Wegschicken des Andrea unter dem Gespräch mit Ludovico ist eines der theatralischen Geschäfte, zu denen man sich Zeit nehmen muß. Galilei trinkt seine Milch jetzt in einer Weise, als sei es das einzige Vergnügen, das zu haben ist und das nicht mehr lang dauern wird. Der Gegenwart Andreas ist er sich durchaus bewußt. Er schickt ihn mißmutig weg. Einer der unvermeidlichen täglichen Kompromisse!

Galilei unterschätzt die neue Erfindung

Ludovico Marsili schildert ein neues Augenglas, das er in Holland gesehen und nicht verstanden hat. Galilei bittet um nähere Angaben und entwirft eine Skizze, die das Problem löst. Den Karton mit der Skizze hält er, ohne ihn dem neuen Schüler zu zeigen, wie der es erwartet hat. (L. bestand darauf, daß der Darsteller des Ludovico es erwartete.) Die Skizze selbst fertigte er nebenbei an, ein Problem zu lösen, das etwas Erleichterung von der Unterhaltung bot. Und auch, wie er die Haushälterin nachher bat, Andrea nach den Linsen zu schicken, und wie er sich dafür von dem eben eintretenden Kurator der Universität einen Skudo ausborgte, all das hatte etwas Automatisches, Gewohnheitsmäßiges. – Der ganze Vorfall schien nur zu zeigen, wie Galilei auch Stroh noch zu dreschen verstand.

Eine neue Ware

Die Geburt des Teleskops als Ware wurde auf den Proben lange nicht deutlich. Wir entdeckten, warum: L. hatte auf die Nachricht von der Ablehnung des Stipendiums durch die Universität zu schnell und zu hochfahrend zornig reagiert! Als er den Schlag mit einem betroffenen Schweigen hinnahm und dann beinahe bekümmert, im Ton eines armen Mannes sprach, war alles in Ordnung. Es ergab sich von selbst daraus, daß Galileis »Herr Priuli, ich habe vielleicht etwas für Sie« dann so kam, daß man Galileis Meinung über das neue Augenglas als eines »Schnickschnacks« erkennen konnte.

[Unterbrechung des Studiums]

Wenn Andrea mit den Linsen zurückkommt, findet er Galilei bereits in das Studium vertieft. (L. hat in einer keineswegs kurzen Pause gezeigt, wie der Gelehrte mit seinen Büchern umgeht.) Er hat die Linsen bereits vergessen, läßt den Knaben warten und geht dann, beinahe schuldbewußt, weil er keine Lust verspürt, sich dem einträglichen Schnickschnack zuzuwenden, daran, die zwei Linsen auf einem Karton zu arrangieren. Er trägt dann die »Sache« zur Seite, nicht ohne eine kleine Demonstration seiner »Showmanship« (Ausstellerkunst).

II
Betrug und Repräsentation

Geringere Schauspieler hätten die Ansprache, in der Galilei den Venezianern das Teleskop als seine eigene Erfindung darstellt, schon deshalb komisch gebracht, weil die paar erregten Worte, in denen er seinem Freund Sagredo Mitteilung von der wissenschaftlichen Bedeutung des Instruments macht, einen stark kontrastierenden Hintergrund gehabt hätten. Die Zeremonie der Übergabe des Instruments wäre jeder Bedeutung dadurch entkleidet worden und der Betrugsakt als moralische Bagatelle erschienen. L. hielt die Rede durchaus ernsthaft, im Goetheschen Sinne artig, d. h. routiniert; derlei gehört zu dem offiziellen Auftreten des Chefingenieurs des Großen Arsenals von Venedig. Nur wenn er von den »höchst christlichen Prinzipien« sprach, nach denen das »Augenglas oder Teleskop« konstruiert sei, spürte man etwas von der Lust des großen Widersprechers an der Provokation.

Höchst vergnüglich, wie schamlos der Koloß sich vor seinen Brotgebern verbeugte, wenn sie nach einem Blick durch das Instrument ihm Beifall klatschten, und wie er doch ihre jovialen und ein wenig distanzlosen Späße ablehnte, während er zugleich mit höchster Autorität und Leidenschaftlichkeit seinem Freund erzählte, daß er das Ding auf den Nachthimmel gerichtet habe.

Geduld verbürgt Tempo

L. befreite sich auf den Proben völlig von dem Fieber der Abendvorstellung, dem nichts schnell genug gehen kann und das so leicht in die Proben hineinschlägt. Hier kann kaum etwas langsam genug gehen. Man muß probieren, als dürfe das Stück zwölf Stunden dauern. Gelegenheitslösungen für »Übergänge«, vorgeschlagen, um Tempoverluste zu vermeiden, lehnte L. rigoros ab. Überall hier lagen Wirkungen; im kleinsten konnten Besonderheiten oder Gepflogenheiten des menschlichen Zusammenlebens gezeigt werden. (Die »Tempoverluste« entstehen am ehesten, wo Gemuddel und Gepfusch ist und eben übergangen wird.) Zum Beispiel kann ohne geduldige Detailarbeit der verhältnismäßig kursorische Schluß der zweiten Szene nicht ordentlich arrangiert werden.

Die Ratsherren umringen und beglückwünschen Galilei und ziehen ihn nach hinten, aber die winzige Auseinandersetzung mit Ludovico Marsili mit der Plagiatsbeschuldigung muß sozusagen noch in der Luft hängenbleiben; denn während die Gardine sich hinter ihnen und vor Galilei und den anderen schließt, führen sie, an der Rampe abgehend, das Gespräch weiter und zu Ende. Und Ludovicos zynische Bemerkung, nun wisse er, was Wissenschaft sei, gibt das Sprungbrett ab für die folgende dritte Szene der großen Entdeckungen.

III
[Vertrauen auf objektive Beurteilung]

Galilei läßt seinen Freund Sagredo durch das Teleskop Mond und Jupiter beobachten. L. setzte sich abgekehrt vom Instrument, in entspannter Haltung, als sei seine Arbeit geschafft und als wünsche er nur noch, der andere möchte objektiv beurteilen, was er sieht, brauche auch nicht mehr zu tun, als gerade dies, da er ja nun sieht. Auf diese Weise dokumentierte er, daß nun aller Streit um die Kopernikanische Lehre angesichts der neuerdings zur Verfügung stehenden Beobachtungsmöglichkeit aufzuhören habe.

Diese Haltung erklärt schon zu Beginn der Szene seine kühne Bewerbung um die profitable Stellung am Hof von Florenz.

Der historische Moment

L. führte das Gespräch mit dem Freund am Teleskop ohne jeden Nachdruck. Und je intimer er sich gab, desto deutlicher war die historische Nacht zu spüren, je nüchterner er sprach, desto feierlicher erschien der Moment.

Eine Verlegenheit

Wenn der Kurator der Universität sich über den Betrug in Sachen Teleskop beschweren kommt, zeigt L.s Galilei starke Verlegenheit, indem er beflissen durch das Teleskop schaut, sichtlich weniger um den Gestirnhimmel, als um nicht dem Kurator ins Auge zu sehen. Er benutzt schamlos die »höhere« Funktion des für die Florentiner nicht so lukrativen Instruments als Deckung.

Freilich zeigt er zugleich dem erbosten Mann, der ihm vertraut hat, den Hintern. Jedoch bietet er ihm, weit entfernt davon, ihn mit den Entdeckungen der »reinen« Wissenschaft abspeisen zu wollen, sofort einen anderen Profit: die Himmelsuhr für die Schiffe. Nach des Kurators Abgang sitzt er mißmutig, sich den Hals kratzend, vor dem Teleskop und weist Sagredo auf seine physischen und geistigen Bedürfnisse hin, die so oder so befriedigt werden müssen. Die Wissenschaft ist ihm eine Milchkuh, für alle zu melken, allerdings auch für ihn. Dient hier, zu dieser Zeit, diese Einstellung des Galilei der Wissenschaft noch, so wird sie später, im Kampf mit Rom, die Wissenschaft an den Rand des Abgrunds, nämlich in die Hände der Herrschenden bringen.

Der Vater des Gedankens: der Wunsch

Aufblickend von den Berechnungen der Bewegungen, welche die Jupiterplaneten vollführen, äußert Sagredo seine Besorgnis für denjenigen, der diese Erkenntnis, so peinlich für die Kirche, veröffentlichen wird. Galilei verweist auf die Verführungskraft des Beweises. Er holt einen Stein aus der Tasche und läßt ihn, der Schwerkraft folgend, von der einen Hand in die andere fallen: »Niemand«, sagt er, »wird lange imstande sein, ein solches Fakt zu leugnen.« So argumentierend, vergaß L. nicht einen Augenblick, es so zu tun, daß man sich dessen erinnern konnte, wenn er nachher seinen Vorsatz bekanntgab, seine gefährlichen Erkenntnisse dem katholischen Florentiner Hof auszuliefern.

[Abweisung der Virginia]

Die kleine Szene mit seiner Tochter Virginia benutzte L.s Galilei dazu, anzudeuten, was von dem späteren Verhalten Virginias als Spitzel der Inquisition auf seine Rechnung gesetzt werden könnte. Er nimmt ihr Interesse für das Teleskop nicht ernst und schickt sie zur Frühmette. L. betrachtete seine Tochter nach ihrer Frage: »Darf ich durchschauen, Vater?«, bevor er sagte: »Warum? Das ist kein Spielzeug.«

Spaß an Widersprüchen

Mit den Worten »Ich gehe nach Florenz« unterzeichnet Galilei umständlich den Bewerbungsbrief. Bei dieser hastigen Kapitalisierung seiner Entdeckungen wie bei seinen Ausführungen über die Verführungskraft der Beweise und der Repräsentation der großen Entdeckungen ließ L. dem Zuschauer völlig frei, die widerspruchsvolle Persönlichkeit des Galilei zu studieren, zu kritisieren, zu bewundern.

IV
Spielen von Zorn

Gegenüber den Hofgelehrten, die sich weigern, durch sein Teleskop zu schauen, da es entweder die Behauptung des Aristoteles bestätigen oder den Galilei als einen Schwindler entlarven müsse, spielte L. nicht so sehr den Zorn als den Versuch zur Beherrschung des Zorns.

Hündisches

Nachdem Galilei, am Ende ausbrechend, gedroht hat, mit seiner neuen Wissenschaft in die Schiffswerften zu gehen, sieht er den Hof hastig aufbrechen. Tief alarmiert und verstört läuft er in einem äußerst servilen Gang hinter dem sich zurückziehenden Fürsten her, stolpernd und würdelos. In derlei zeigt sich die Größe eines Schauspielers durch den Grad des Unverständlichen, jedenfalls nicht zu Billigenden, den er dem Verhalten der Figur zu verleihen vermag.

*IV und VI**
Der Kampf
und die besondere Art des Kampfes

L. trug Sorge dafür, daß durch die zwei folgenden Szenen 4 und 6 die Handskizze der Jupiter-Konstellation aus Galileis originalem Report auf die Tafel des Hintergrunds projiziert blieb. Sie erinnerte an den Kampf. Um eine Seite davon, das Antichambrieren für die Wahrheit, zu zeigen, ließ L. sich am Ende von 4, wenn nach dem hastigen Abgang des Hofs der Kämmerer zurückbleibt, ihm den Appell an Rom mitteilend, aus dem Raum, sein Haus bedeutend, hinaus vor den kleinen Vorhang treiben. Dort stand er, zwischen 4 und 6 sowie zwischen 6 und 7 wartend und mitunter feststellend, daß der kleine Kiesel aus seiner Tasche immer noch von der erhobenen einen Hand in die darunter ausgestreckte andere fiel.

* Die V. Szene wurde in diesen Aufführungen nicht gespielt.

VI

[Die Betrachtung der Geistlichen]

Die spottenden Mönche im Collegium Romanum betrachtet Galilei nicht ganz ohne Anerkennung – versuchen sie doch immerhin, durch das Treten auf der unsichtbaren rollenden Erdkugel die Absurdität seiner Behauptungen zu *beweisen*. Den greisen Kardinal betrachtet er mit Mitleid.

Nachdem der Astronom Clavius die Angabe des Galilei bestätigt hat, zeigt Galilei dem sich bestürzt zurückziehenden gegnerischen Kardinal seinen Schwerkraftstein, und L. tat dies keinesfalls triumphierend, sondern als wolle er dem Gegner noch einmal eine Gelegenheit geben, sich selbst zu überzeugen.

VII

Ruhm

Geladen zum Maskenball der Kardinäle Bellarmin und Barberini, bleibt Galilei einige Augenblicke allein in der Vorhalle mit den klerikalen Sekretären, die sich später als Geheimpolizisten entpuppen. Schon bei seinem Eintritt haben vornehme Masken ihn mit großer Achtung begrüßt: Es ist offenbar, daß er in hoher Gunst steht. Aus den Sälen dringt die Stimme eines Knabenchors, und Galilei lauscht einer dieser melancholischen Stanzen, welche man hört, wo die Lebensfreude herrscht. Nicht mehr als dieses kurze Lauschen und das Wort »Rom!« benötigte L., um das Hochgefühl des Eroberers auszudrücken, dem die Hauptstadt der Welt zu Füßen liegt.

Das Zitatenduell

In dem kurzen Duell der Bibelzitate, das er mit dem Kardinal Barberini ausficht, zeigt L.s Galilei bei aller Lust an derlei geistigem Sport doch auch, daß er eine ungünstige Entwicklung seiner Angelegenheit zu ahnen beginnt. Im übrigen hängt die Wirkung der Szene ab von der Eleganz ihrer Durchführung, und L. machte vollen Gebrauch von seiner schweren Körperlichkeit.

Zwei Dinge auf einmal

Das kleine Argument über die Fassungskraft des menschlichen Gehirns (das der Stückschreiber mit Vergnügen von Albert Einstein geäußert hörte) gab L. die Gelegenheit, zwei Züge zu zeigen: 1. eine gewisse Grobheit des Fachmanns, wenn der Laie sein Gebiet invadiert, und 2. die Erkenntnis der Schwierigkeit eines derartigen Problems.

[Entwaffnung durch verletzte Logik]

Auf die Vorlesung des Dekrets, das dem Gast untersagt, die als bewiesen anerkannte Theorie zu lehren, reagiert L.s Galilei mit zweimaligen äußerst scharfen Wendungen von den lesenden Sekretären zu dem liberalen Barberini hin. Galilei ist wie vom Donner gerührt und läßt sich von den beiden Kardinälen zum Ball schleppen wie ein mit der Axt betäubter Stier. Auf eine vom Stückschreiber nicht beschreibbare Art verstand es L., den Eindruck zu vermitteln, daß es hauptsächlich die offene Verletzung der Logik ist, die Galilei entwaffnet.

VIII
[Unbezwinglicher Forschungstrieb]

Erfährt Galilei in der siebenten Szene das *Nein* der Kirche, so in der achten ein *Nein* der Bevölkerung. Es kommt aus dem Mund des Mönches, der selbst Physiker ist. Galilei, erst erschreckt, erkennt die Zusammenhänge: daß nicht der Bauer von der Kirche, sondern die Kirche vom Bauern verteidigt wird, wenn es gegen die Wissenschaft geht. Es war L.s theatralischer Gedanke, den Galilei so tief treffen zu lassen, daß er alle Gegenargumente im Ton der Verteidigung, ja der zornigen Notwehr hervorbringt und das Hinwerfen des Manuskripts zu einer Geste der Hilflosigkeit machen konnte. Er berief sich auf seinen unbezwinglichen Forschungstrieb, wie ein ertappter Sexualverbrecher sich auf seine Drüsen berufen mag.

Laughton vergißt nicht,
die Fabel zu erzählen

Die achte Szene hat im Text des Galilei einen Satz, der die Fabel weitererzählt: »Sollte ich dieses Dekret anerkennen ...« L. präparierte dieses winzige, jedoch wichtige Moment sorgfältigst heraus.

IX
[Die Ungeduld des Wissenschaftlers Galilei]

Während L. darauf bestand, nach dem Widerruf der dreizehnten Szene eine große Änderung nach dem Kriminellen hin in dem Charakter des Galilei vornehmen zu dürfen, spürte er kein Bedürfnis nach Ähnlichem für den Beginn der neunten Szene. Auch hier hat Galilei jahrelang von einer öffentlichen Schlußfolgerung aus seinen Entdeckungen Abstand genommen, um der Kirche gefällig zu sein, aber dies kann in der Tat nicht als ein Verrat betrachtet werden, der dem späteren gleicht. Noch ist nämlich die Kenntnis der neuen Lehre in der breiteren Bevölkerung gering, noch ist die Sache der jungen Astronomie nicht verknüpft mit der Sache des oberitalienischen Bürgertums, noch sind die Kampffronten keine politischen. Wenn auch ein Ruf unterlassen wird, so wird doch kein Widerruf vorgenommen. So ist es immer noch nur die persönliche Ungeduld und Unzufriedenheit des Wissenschaftlers, die zur Darstellung zu gelangen hat.

Wann wird Galilei zum Schädling?

Bei dem Galilei handelt es sich nämlich nicht darum, daß einer bei seiner Meinung stehenbleiben müsse, solange er sie für wahr hält; wofür er dann den Titel eines Charakters bekommt. Der Kopernikus, der alles überhaupt in Schwung gebracht hat, ist zu seiner Meinung nicht gestanden, sondern gelegen, indem er sie erst nach seinem Tod veröffentlichen ließ, und doch macht ihm mit Recht niemand einen Vorwurf. Da war etwas hingelegt und konnte aufgelesen werden.

Der es hingelegt hatte, war gegangen, weg von Dank oder Schimpf. Da war eine wissenschaftliche Leistung, ermöglichend eine leichtere, kürzere, elegantere Berechnung der Gestirnbahnen – die Menschheit mochte sich bedienen. Das Lebenswerk des

Galilei ist im ganzen von derselben Art, und die Menschheit bediente sich seiner. Aber zum Unterschied vom Kopernikus, der dem Kampf ausgewichen war, hat er ihn gekämpft und diesen Kampf verraten. Hätte Giordano Bruno, der Nolaner, der den Kampf nicht vermied und zwei Jahrzehnte zuvor verbrannt worden war, widerrufen, wäre der Schaden wohl nicht groß gewesen; es ist sogar fraglich, ob sein Märtyrertod nicht mehr Wissenschaftler abschreckte als anfeuerte. Der Kampf war zu Brunos Zeit noch schwächlich. Aber die Zeit blieb nicht stehen; eine neue Klasse, das Bürgertum, hatte nun mit einer neuen Industrie den Plan kräftiger betreten; es handelte sich nicht nur mehr um wissenschaftliche Leistungen, sondern um Kämpfe, sie groß und allgemein zu verwerten. Die Verwertung erfolgte in vielen Hinsichten, mußte doch die neue Klasse, um ihre Geschäfte betreiben zu können, zur Macht kommen und eine herrschende Ideologie zertrümmern, die sie daran hinderte. Die Kirche, welche den Grundbesitzern und Fürsten ihre Privilegien als gottgewollte und somit natürliche verteidigte, herrschte nicht durch die Astronomie, aber in ihr, auch in ihr. Auf keinem Gebiet konnte sie ihre Herrschaft vernichten lassen. Die neue Klasse nämlich konnte einen Sieg auf jedem Gebiet, auch auf dem der Astronomie, für sich ausnutzen. Jedoch war sie, hatte sie einmal ein Gebiet als Exempel gewählt und den Kampf darauf konzentriert, auf diesem Gebiet verletzlich in allgemeiner Weise. Der Satz »Keine Kette ist stärker als ihr schwächstes Glied« gilt für Ketten, die binden (wie es die kirchliche Ideologie eine war) und für Transmissionsketten (wie die neuen Vorstellungen über Besitz, Recht, Wissenschaft usw. der neuen Klasse) zugleich. Galilei wurde zum Schädling, als er seine Wissenschaft in diesen Kampf führte und den Kampf dann verließ.

Lehren

Kein Bild vermag die Leichtigkeit und Eleganz wiederzugeben, mit der L. die kleinen Experimente mit dem schwimmenden Eisstück in der Kupferwanne vollführte. Einem verhältnismäßig langen Lesen in Büchern folgte die schnelle Demonstration. Das Verhältnis zu den Schülern ähnelt einem Zweikampf, in dem der Fechtlehrer alle Kunstgriffe anwendet – gegen den Schüler, dem Schüler zu dienen. Andrea auf einer zu hastigen Schlußfolgerung ertappend, streicht er ihm den falschen Eintrag im Rekordbuch mit derselben Geduld und Sachlichkeit durch, wie er die Lage des Eisstückes in der Tauchvorrichtung korrigiert.

Das Schweigen

Seine Künste braucht er freilich bei seinen Schülern, um ihre Unzufriedenheit mit ihm zu unterdrücken. Sie verübeln sein Schweigen bei der europäischen Diskussion der Sonnenflecken, in der sein Urteil als der größten Autorität immerfort gefordert wird. Er weiß, daß er seine Autorität der Kirche verdankt, die stürmische Forderung nach seinem Spruch, also seinem Schweigen. Seine Autorität ist ihm verliehen worden unter der Bedingung, daß er sie nicht ausübt. L. zeigt das Leiden des Galilei in der Episode mit dem Buch über die Sonnenflecken, das gebracht und von den Schülern diskutiert wird. Er spielt völlige Gleichgültigkeit, aber wie schlecht! Ihm ist nicht erlaubt, dieses Buch durchzublättern, das doch sicher voll von Irrtümern, also doppelt verführerisch ist! Und er unterstützt, selber nicht revoltierend, immerhin im kleinen die Revolte: wenn der Linsenschleifer Federzoni im Zorn seine Waage zu Boden schmettert, weil er das Latein der Bücher nicht lesen kann. Er hebt sie selber auf – freilich beiläufig, wie einer, der alles aufhebt, was herunterfällt.

Wiederaufnahme der Forschung – ein sinnliches Vergnügen

Die Ankunft Ludovico Marsilis, des Verlobten Virginias, nützte L. dazu aus, seine eigene Unzufriedenheit mit der Routinearbeit zu dokumentieren. Er veranstaltete die Bewirtung des Gastes in solcher Weise, daß sie den Schülern als Unterbrechung der Arbeit Kopfschütteln erregen konnte. Bei der Nachricht, daß der reaktionäre Papst auf dem Sterbebett liege, begann dem Galilei sichtlich sein Wein zu munden. Sein ganzer Habitus änderte sich. Mit dem Rücken zum Publikum am Tisch sitzend, erlebte er eine Wiedergeburt; er steckte die Hände in die Tasche und legte das eine Bein auf die Bank, sich wollüstig rekelnd. Dann stand er langsam auf und begann hin und her zu laufen, den Wein mit sich nehmend. Und zugleich ließ er merken, wie ihm der zukünftige Schwiegersohn, der Gutsbesitzer und Reaktionär, mit jedem Schluck Wein weniger gefiel. Seine Anweisungen an die Schüler, die Vorbereitungen für das neue Experiment betreffend, waren ebenso viele Herausforderungen. Und dabei sorgte L. noch dafür, daß es offenbar wurde, wie er da eine Gelegenheit zur Forschung nicht etwa beim Schopfe, sondern nur an einem Härchen ergriff!

Arbeitsgestus

Die Rede über die Notwendigkeit der Vorsicht, mit der Galilei seine wissenschaftliche Tätigkeit wiederaufnimmt, die aller Vorsicht ins Gesicht schlägt, zeigt L. in einem kostbaren Gestus kreativer, sehr verletzlicher Weichheit.

Selbst Virginias Ohnmächtigwerden, wenn sie den Verlobten nicht mehr anwesend findet, interessiert Galilei kaum. Die Schüler beugen sich über sie, er sagt schmerzlich: »Ich muß es wissen.« Und es sagend, erschien er nicht hart.

X
Politische Haltung aus dramaturgischen Gründen

L. nahm den größten Anteil an der zehnten (der Fastnachts-) Szene, in der die italienische Bevölkerung, Galileis revolutionäre Lehre mit ihren eigenen revolutionären Forderungen verknüpfend, gezeigt wird. Er trug zu ihrer Verschärfung bei, indem er vorschlug, daß Vertreter der Gilden, maskiert, eine Wergpuppe, hergerichtet als Kardinal, spottend in die Luft werfen sollten. Ihm war so wichtig, daß die Bedrohung der Besitzverhältnisse durch die Lehre von der Erdumdrehung demonstriert wurde, daß er eine New Yorker Produktion, welche diese Szene streichen wollte, ablehnte.

XI
Abbau

Die elfte Szene ist die Szene des Abbaus. L. beginnt sie in der autoritativen Haltung der neunten Szene. Er erlaubt der fortgeschrittenen Erblindung nicht, auch nur ein Jota seiner Virilität wegzunehmen. (Überhaupt verzichtete L. bewußt auf die Ausnutzung dieses Gebrechens, das Galilei sich in der Ausübung seines

Berufes zugezogen hat und das ihm natürlich die Sympathie der Zuschauer sichern könnte. L. wünschte das Versagen Galileis nicht dem Alter oder irgendwelcher körperlichen Schwäche zuschreibbar. Noch in der letzten Szene bot er nicht das Bild eines körperlich, sondern das eines geistig gebrochenen Mannes.)

Der Stückschreiber zieht es vor, den *Widerruf* des Galilei hier zu plazieren, anstatt denselben vor der Inquisition stattfinden zu lassen. Galilei vollzieht ihn, wenn er das Angebot der fortschrittlichen bürgerlichen Klasse, gemacht durch den Eisengießer Vanni, ihn in seinem Kampf gegen die Kirche zu unterstützen, ablehnt und sich darauf beruft, er habe ein unpolitisches wissenschaftliches Werk geschrieben. L. machte diese Ablehnung mit äußerster Schroffheit und Kraft.

Zwei Fassungen

Für die Begegnung mit dem Kardinal Inquisitor, der aus den inneren Gemächern kommt, änderte L. in der New Yorker Aufführung den Gestus. Er blieb in der kalifornischen sitzen, den Kardinal nicht erkennend, während seine Tochter sich verneigte. So entstand der Eindruck, als gehe da etwas Unheilvolles vorüber, unerkenntlich, sich aber verneigend. In New York erhob sich L. und nahm die Verbeugung des Kardinals selbst entgegen. Die Änderung scheint dem Stückschreiber nicht glücklich, da sie zwischen Galilei und dem Kardinal Inquisitor eine Beziehung etabliert, die nichts zur Sache tut, und aus dem folgenden Satz des Galilei »Er war immerhin höflich« eine Feststellung anstatt eine Frage macht.

Die Verhaftung

Sobald der Kämmerer auf der Treppe erscheint, nimmt Galilei hastig sein Buch unter den Arm und läuft an dem erstaunten Kämmerer vorbei die Treppe hinauf. Durch die Worte des Kämmerers zurückgehalten, fängt er an, in seinem Buch zu blättern, als käme es auf die Güte dieses Werkes an. Stehengelassen auf den unteren Stufen der Treppe, muß er den Gang zurück machen. Er stolpert dabei. Beinahe an der Rampe angelangt – seine Tochter ist auf ihn zugeeilt –, sammelt er sich vollständig und gibt seine Anweisungen praktisch und kraftvoll. Es zeigt sich, daß er gewisse

Vorkehrungen getroffen hat. Seine Tochter eng an sich haltend, sie stützend, versucht er, in schnellem, energischem Gang die Halle zu verlassen. Beim Ausgang angelangt, ruft ihn der Kämmerer zurück. Er empfängt den verhängnisvollen Bescheid mit großer Fassung. So spielend, zeigt L., daß hier weder ein unbeholfener noch ein unwissender Mann eingefangen wird, sondern einer, der große Fehler gemacht hat.

XIII
Eine Erschwerung für den Schauspieler: Gewisse Wirkungen treffen erst ein beim zweiten Sehen des Stücks

Wenn es zu der Szene mit dem *Widerruf* kommt, hat L. in den vorausgehenden Szenen niemals versäumt, die Nachgiebigkeit und die Unnachgiebigkeit des Galilei den Behörden gegenüber in all ihren Graden auszustellen, auch da, wo wohl nur derjenige Zuschauer etwas damit machen konnte, der das Stück schon einmal bis zu Ende gesehen hatte. Er war sich mit dem Stückschreiber durchaus bewußt, daß dieser Stücktypus, seine Details betreffend, auf die Kenntnis des Ganzen leidig angewiesen ist.

Der Verräter

Für den nach dem *Widerruf* von der Inquisition zu seinen Schülern zurückkehrenden Galilei gibt es im Buch eine Vorschrift: *Tritt auf, bis zur Unkenntlichkeit verändert.* L. wählte eine Unkenntlichkeit nicht körperlicher Art, wie der Stückschreiber angeregt hatte. In seinem losen Gang und seinem Grinsen war etwas Infantiles, Bettnässerisches, eine Selbstbefreiung auf niedrigster Stufe andeutend, als seien da Zügel abgeworfen, die recht nötig gewesen waren.

Dies und das Folgende ist am besten auf Bildern der kalifornischen Aufführung zu sehen.

Andrea Sarti ist es schlecht geworden, Galilei hat verlangt, daß man ihm ein Glas Wasser hole, und der Mönch geht an ihm vorbei, es zu holen, das Gesicht abgewendet. Galileis Auge wird von Federzoni, dem Handwerker-Gelehrten, gefangen, und geraume Zeit, bis der Mönch mit dem Wasser zurückkommt, starren sich die beiden an. Das ist Galileis Abstrafung: Die Federzonis der kommenden Jahrhunderte sind es, die seinen Verrat an der

Wissenschaft gleich zu Beginn ihrer großen Laufbahn werden bezahlen müssen.

»Unglücklich das Land«

Die Schüler haben den Gestürzten verlassen. Sartis letztes Wort war gewesen: »Unglücklich das Land, das keine Helden hat.« Galilei hat die Antwort auszudenken, und zu spät, als daß sie ihn noch hören könnten, ruft er ihnen nach: »Unglücklich das Land, das Helden nötig hat!« L. sagte es nüchtern, eine Feststellung des Physikers, der die Natur um ihr Privileg bringen möchte, Tragödien zu verhängen, und die Menschheit um die Notwendigkeit, Helden zu stellen.

XIV
Die Gans

Die letzten Jahre seines Lebens bringt Galilei als Gefangener der Inquisition auf einem Landsitz unweit Florenz zu. Seine Tochter Virginia, die zu unterrichten er versäumt hat, ist zum Spitzel der Inquisition geworden. Er diktiert ihr seine »Discorsi«, in denen er seine hauptsächlichen Lehren formuliert. Um aber zu verheimlichen, daß er eine Abschrift des Werkes anfertigt, übertreibt er den Grad seiner Erblindung. Hier stellt er sich, als erkenne er eine Gans nicht, die sie ihm als das Geschenk eines Reisenden zeigt. Seine Weisheit ist zur List herabgesunken. Jedoch ist sein Genießertum wohl erhalten: Er gibt seiner Tochter genau an, wie er die Leber der Gans zubereitet haben möchte. Seine Tochter verbirgt weder ihr Mißtrauen, betreffend sein Unvermögen, die Gans zu erkennen, noch ihre Verachtung seiner Freßlust. Galilei wiederum, wissend, daß sie den Wächtern der Inquisition gegenüber den Vater verteidigt, verschärft boshaft ihren Gewissenskonflikt, indem er durchblicken läßt, daß er die Inquisition täuscht. So experimentiert er mit ihrer Tochterliebe und ihrer Ergebenheit gegen die Kirche in niedriger Art. Jedoch gelang es L. bewundernswert, beim Zuschauer zugleich mit einiger Verachtung doch auch einigen Schrecken über Erniedrigungen zu erregen, die niedrig machen. Zu alldem hatte er nur wenige Sätze und Pausen zur Verfügung.

Begierig, zu zeigen, daß das Verbrechen den Verbrecher verbrecherischer macht, bestand L. bei der Bearbeitung des Originalstücks auf einer Szene, in der Galilei vor dem Zuschauer mit den Machthabern kollaboriert. Dies war auch deshalb angezeigt, weil Galilei im weiteren Verlauf der Gesamtszene den verehrungswürdigsten Gebrauch von seiner wohl konservierten Geisteskraft macht, indem er seinen Verrat dem einstigen Schüler gegenüber analysiert. Er diktiert seiner Tochter, der er auch sein Hauptwerk, die »Discorsi«, in den letzten Wochen diktiert hat, einen unterwürfigen Brief an den Erzbischof, in dem er ihn unterweist, wie die Bibel zur Niederhaltung hungernder Handwerker benutzt werden kann. Er zeigt seiner Tochter offen seinen Zynismus dabei, kann aber nicht ganz die Anstrengung verbergen, die ihm die schimpfliche Aufgabe macht. L. war sich durchaus bewußt, wie halsbrecherisch kühn er mit dieser rücksichtslosen Preisgabe seiner Figur gegen den Strom schwamm – verträgt doch das Publikum nichts weniger als so etwas.

Die Stimme des Gastes

Virginia hat das Manuskript des Briefes an den Erzbischof niedergelegt und ist gegangen, einen späten Besuch zu empfangen. Galilei hört die Stimme Andrea Sartis, seines einstigen Lieblingsschülers, der sich nach dem Widerruf von ihm losgesagt hatte. Jenen, die bei der Lektüre des Stücks die Schilderung der Seelenqualen vermißten, denen unsere Atomphysiker von der Bomben bestellenden Behörde ausgesetzt werden, erteilte L. eine kleine Belehrung darüber, wie einem Schauspieler von Rang ein flüchtiger Augenblick genügt, solche seelischen Unbequemlichkeiten anzudeuten. Es ist natürlich richtig, die Unterwürfigkeit Galileis seinen Behörden gegenüber mit der unserer Physiker gegenüber Machthabern, denen sie mißtrauen, zu vergleichen, jedoch ist es falsch, ihnen in ihre Bauchschmerzen zu folgen. Was sollte damit gewonnen sein? L. verlegte hierher einfach die Aufzeigung seines schlechten Gewissens, die ihn später in der Szene, bei der Analyse seines Verrats, nur gestört hätte.

Das Lachen

Das Lachen auf dem Bild* war durch den Text nicht provoziert, und es war schrecklich. Sarti, der einstige Lieblingsschüler, kommt zu Besuch, und Virginia bespitzelt die mühselige Unterredung. Galilei erkundigt sich nach seinen ehemaligen Mitarbeitern, Sarti gibt rücksichtslose Auskünfte, berechnet, den Lehrer zu verletzen. Sie kommen auf Federzoni, einen Linsenschleifer, den Galilei zum wissenschaftlichen Mitarbeiter gemacht hat, obgleich er nicht Latein verstand. Als Sarti berichtet, er sei wieder zurück in einer Werkstätte, Linsen schleifen, antwortet Galilei: »Er kann die Bücher nicht lesen«, und dann läßt L. ihn lachen. In diesem Lachen ist jedoch nicht etwa Bitterkeit gegen die Gesellschaft, welche die Wissenschaft als eine geheime den Vermögenden vorbehält, sondern ein höchst lasziver Spott über den unzulänglichen Federzoni und ein freches Einverständnis mit seiner Degradierung: diese erklärt sich einfach (und vollständig) aus seiner Unzulänglichkeit! L. wünschte so, den Gefallenen zum Provokateur zu machen. Sarti zeigt denn auch darauf sein Entsetzen, und er ergreift die Gelegenheit, dem unverschämten Widerrufer einen Schlag zu versetzen, wenn Galilei vorsichtig fragt, ob Descartes noch weiterarbeite. Er berichtet kalt, jener habe seine Untersuchungen über die Natur des Lichtes auf die Nachricht von Galileis Widerruf eingestellt. Und Galilei hatte einmal ausgerufen, er wolle gerne viele Klafter unter der Erde eingekerkert sein, wenn er dadurch erfahren könnte, was Licht sei. Hinter diese böse Auskunft legte L. eine lange Pause.

Das Recht zur Unterwerfung

Während der paar ersten Sätze, die er mit Sarti austauscht, horcht er unauffällig auf die Schritte des Beamten der Inquisition im Vorraum, der mitunter stehenbleibt, wohl um zu lauschen. Dieses unauffällige Horchen ist schwer zu machen, da es nur Sarti, aber nicht dem Zuschauer verborgen bleiben soll. Sarti deshalb, weil er sonst die bußfertigen Äußerungen des Gefangenen nicht für bare

* [Diese Angabe bezieht sich auf die Ausgabe von »Aufbau einer Rolle. Laughtons Galilei« in der Reihe der Modellbücher des Berliner Ensembles, Henschelverlag, Berlin 1956, S. 60.]

Münze nehmen würde. Galilei muß sie ihm aber als bare Münze aushändigen, damit der Gast sie, ins Ausland gelangt, umtauschen kann; denn es geht nicht an, dort das Gerücht verbreitet zu haben, der Gefangene sei unbußfertig. Aber es kommt zu einem Moment im Gespräch, wo Galilei über dieses für die feindlichen Ohren Sprechen hinausgeht und wo er mit Autorität und Heftigkeit seine Unterwerfung als ein Recht proklamiert. Der Befehl der Gesellschaft an ihre Mitglieder, zu produzieren, ist vage gehalten und durch keinerlei Garantie begleitet, der Produzierende produziert auf eigenes Risiko, und Galilei kann jederzeit beweisen, daß er durch seine Produktivität seinen Komfort gefährdet.

Aushändigung des Buches

Die Eröffnung, die Galilei dem Besucher über die Existenz der »Discorsi« macht, wurde von L. schnell und mit übertriebener Indifferenz gebracht; aber einem Ton, als wolle sich der alte Mann nur der bedauerlichen Frucht eines Fehltritts entledigen, unterlag ein anderer Ton: der Besorgnis, der Besucher könnte die Zumutung, das Risiko der Wegschaffung, zurückweisen. Während seiner mißlaunischen Beteuerungen, er habe das Buch nur als Sklave seiner Gewohnheit, einer durchaus lasterhaften, zu denken, verfaßt, sah der Zuschauer ihn horchen. (Da er sein Augenlicht durch das heimliche Abschreiben des von der Inquisition gefährdeten Werkes weiter verdorben hat, ist er ganz auf sein Gehör angewiesen, wenn er die Reaktion Sartis erfahren will.) Gegen Ende seines Appells zu gibt er den Gestus »lässiger Grandeur« nahezu völlig auf und beginnt beinahe zu bitten. Die Bemerkung, daß er wissenschaftlich weitergearbeitet habe, um die Zeit totzuschlagen, gemacht, als er Sartis Begeisterung über das Werk schon dem Ausruf »Die Discorsi!« entnehmen kann, kam von L.s Lippen so unecht, daß sie niemanden täuschen konnte.

Nun ist es wichtig zu wissen, daß Galilei, wenn er seine eigene Verurteilung der ihm untersagten Lehrtätigkeit so sehr unterstreicht, hauptsächlich sich selber zu täuschen versucht. Da seine Arbeit und vor allem ihre Auslieferung an die wissenschaftliche Welt die Reste seines Komforts bedrohen, ist er selbst leidenschaftlich gegen diese »Schwäche«, die ihn zur Katze macht, die das Mausen nicht lassen kann. Das Publikum wohnt in der Tat seiner Niederlage bei, wenn es ihn so widerwillig, aber hilflos einem Drang nachgeben sieht, den die Gesellschaft in ihm erzeugt. Sein Risiko muß er ja für größer als je halten, denn nun ist er ganz in den Händen der Inquisition, seine Bestrafung wäre nicht mehr eine öffentliche, und die Menge derer, die früher protestiert hätten, habe sich – durch seine Schuld – verlaufen. Und während die Gefahr für ihn gestiegen ist, kommt er auch noch zu spät mit seinem Beitrag, denn die ganze Astronomie ist unpolitisch geworden, eine bloße Sache der Wissenschaftler!

Wachsamkeit

Wenn der junge Physiker das neue Buch findet, auf das die Gelehrtenwelt zu warten schon nicht mehr wagt, widerruft er hastig sein Urteil über den einstigen Lehrer und beginnt, mit großer Leidenschaft eine Theorie über dessen alles entschuldigende Motive für den Verrat zu bauen. Galilei hat abgeschworen, um weiterarbeiten und der Wahrheit neue Beweisgründe zur Verfügung stellen zu können. Galilei hört ihm eine Weile zu, nur einsilbige Äußerungen einstreuend. Was er da hört, wird ungefähr alles sein, was er hoffen kann, von der Nachwelt an Anerkennung seiner schwierigen und gefährlichen Arbeit zu hören. Er scheint die schnell gebaute Theorie seines Schülers zunächst zu testen, wie jede Theorie getestet werden muß, nach ihrer Haltbarkeit. Aber er stellt schnell fest, sie ist nicht haltbar. Hier ist es, wo er, eingeschlossen in seinen Arbeitsbereich, seine Wachsamkeit gegenüber dem möglichen Lauscher zu vergessen beginnt: Er horcht nicht mehr.

Die Analyse

Der große Gegenangriff des Galilei auf die goldene Brücke wird eröffnet mit dem hämischen, alle Magnifizenz preisgebenden Ausbruch: »Willkommen im Rinnstein, Bruder in der Wissenschaft und Vetter im Verrat! Ich habe ausverkauft, und du bist ein Käufer!« Dies ist eine der wenigen Stellen, mit denen L. Schwierigkeiten hatte. Er bezweifelte, daß der Zuschauer den Wortsinn begreifen würde, abgesehen davon, daß die Worte hier dem sonstigen Vokabular des Galilei, dem pur logischen, nicht entnommen sind. Dem Argument des Stückschreibers, es müsse einen Gestus geben, der die Selbstverdammung des Opportunisten durch die Verdammung jener elementar anzeigt, welche die Frucht des Opportunismus akzeptieren, folgte L. nicht; noch weniger verstand er, daß der Stückschreiber bereit war, sich zu begnügen mit der Ausstellung eines im einzelnen nicht mehr rationell zu verfolgenden Zustandes. Der Verzicht auf das scheele, mühevolle Grinsen hier beraubte die Einleitung der großen Belehrungsrede der Schnödigkeit. Es kam nicht ganz heraus, daß es die niedrigste Stufe der Belehrung ist, den Unwissenden zu verhöhnen, und daß es ein häßliches Licht ist, das einer nur verbreitet, um sein Licht leuchten zu lassen. Da aber der niedrigste Ausgangspunkt fehlte, schien manchen die Höhe, welche L. in der großen Rede unzweifelhaft erklomm, nicht eigentlich meßbar, wurde der Zusammenbruch der eitlen und gewalttätig autoritativen Haltung hinein in die Bescheide des Forschenden nicht ganz sichtbar. Hat doch der theatralische Gehalt der Rede nur unmittelbar zu tun mit der schonungslosen Aufzeigung des Sündenfalls der bürgerlichen Wissenschaften am Beginn ihres Aufstiegs, der Überantwortung der wissenschaftlichen Erkenntnisse an die Herrschenden, die ermächtigt werden, »sie zu brauchen, nicht zu brauchen, zu mißbrauchen, wie es ihnen gefallen mag«. Der theatralische Gehalt ist bezogen aus dem Gesamtverlauf der Handlung, und es ist zu zeigen, wie intakt dieses perfekte Gehirn funktioniert, wenn es den Inhaber selbst zu beurteilen hat. Dieser da, sollte der Zuschauer sagen können, sitzt jetzt in einer Hölle, furchtbarer als jene des Dante, wo man die Gabe des Intellekts verspielt hat.

Hintergrund der Aufführung

Man muß wissen, unsere Aufführung fiel in die Zeit und das Land, wo eben die Atombombe hergestellt und militärisch verwertet worden war und nun die Atomphysik in ein dichtes Geheimnis gehüllt wurde. Der Tag des Abwurfs wird jedem, der ihn in den Staaten erlebt hat, schwer vergeßlich sein.

Der japanische Krieg war es, der die Staaten wirklich Opfer gekostet hatte. Die Transporte der Truppen gingen von der Westküste aus, und dorthin kehrten die Verwundeten und die Opfer der asiatischen Krankheiten zurück. Als die ersten Blättermeldungen Los Angeles erreichten, wußte man, daß dies das Ende des gefürchteten Krieges, die Rückkehr der Söhne und Brüder bedeutete. Aber die große Stadt erhob sich zu einer erstaunlichen

Trauer. Der Stückschreiber hörte Autobusschaffner und Verkäuferinnen in den Obstmärkten nur Schrecken äußern. Es war der Sieg, aber es war die Schmach einer Niederlage. Dann kam die Geheimhaltung der gigantischen Energiequelle durch die Militärs und Politiker, welche die Intellektuellen aufregte. Die Freiheit der Forschung, das Austauschen der Entdeckungen, die internationale Gemeinschaft der Forscher war stillgelegt von Behörden, denen stärkstens mißtraut wurde. Große Physiker verließen fluchtartig den Dienst ihrer kriegerischen Regierung; einer der namhaftesten nahm eine Lehrstelle an, die ihn zwang, seine Arbeitszeit auf das Lehren der elementarsten Anfangsgründe zu verschwenden, nur um nicht unter dieser Behörde arbeiten zu müssen. Es war schimpflich geworden, etwas zu entdecken.

Nachträge zu: Aufbau einer Rolle

Sinn und Sinnlichkeit

Die demonstrative Spielweise, die das Leben so abbildet, daß es der Vernunft zum Eingriff vorgelegt wird, und die den Deutschen recht doktrinär vorkommt, machte dem Engländer L. keine Schwierigkeit allgemeiner Art. Es ist unsere besondere Unsinnlichkeit, welche den Sinn so auffällig und penetrant macht, sobald er »hereingebracht« wird. Das Unsinnliche ist in der Kunst ohne weiteres auch unsinnig, und kein Sinn bleibt gesund, wenn er nicht sinnlich ist. Bei uns hat die Vernunft gleich etwas Kaltes, Gewaltsames, Mechanisches, und wir haben entweder das Leben oder die Idee, die Leidenschaft oder das Denken, das Nützliche oder das Vergnügliche. So kommt es, daß wir, unseren »Faust« aufführend, was der Bildung wegen regelmäßig geschieht, ihn jeder Sinnlichkeit entkleiden und das Publikum dadurch in eine vage Stimmung versetzen, in der es fühlt, es habe etwas mit allerhand Gedanken zu tun, ohne einen einzigen zu fassen. L. benötigte nicht einmal irgendwelche theoretische Information über den »Stil«. Er hatte genug Geschmack, um keinen Unterschied zwischen »dem Hohen« und »dem Niedrigen« machen zu müssen, und er haßte das Predigen. So vermochte er die widerspruchsvolle Person des großen Physikers in voller Leiblichkeit zu entwickeln, ohne seine eigenen Gedanken darüber zu unterdrücken oder aufzudrängen.

Ohne Bart, mit Bart

L. spielte in der kalifornischen ohne, in der New Yorker Aufführung mit Bart. Diese Reihenfolge bedeutet nichts, und es fanden darüber keine gründlichen Diskussionen statt. In derlei kann der Wunsch nach Abwechslung entscheiden. Gleichwohl ändert sich dadurch natürlich die Figur. Wie dem Stückschreiber Zuschauer der New Yorker Aufführung berichteten und wie ein Blick auf die Bilder bezeugt, spielte L. etwas anders. Aber alles, was entscheidet, blieb, und man kann das Experiment als Beispiel dafür nehmen, wie groß doch der Spielraum ist, der dem »Persönlichen« gelassen ist.

Der Abschied

Nichts freilich konnte schauerlicher sein als der Moment, wo L. seinen Diskurs beendete und mit einem »Ich muß jetzt essen« zu Tische eilt, als habe Galilei mit der Ablieferung der Erkenntnis wiederum alles getan, was von ihm erwartet werden kann. Sein Abschied von Sarti ist kalt. Stehend versunken in den Anblick des Gansessens, beantwortet er dessen nochmaligen Versuch, ihm seine Achtung auszudrücken, mit einem förmlichen »Besten Dank, mein Herr«. Und befreit von jeder weiteren Verantwortung, setzt er sich lustvoll zum Essen.

Nachwort

Die Aufführung des »Galilei«, vorbereitet durch mehrere Jahre und zustande gebracht durch die Opfer aller Beteiligten, wurde von kaum zehntausend Menschen gesehen. Sie wurden gezeigt in zwei kleinen Theatern, je ein dutzendmal, zuerst in Beverly Hills (Los Angeles), dann mit einer vollständig neuen Besetzung in New York. Sämtliche Vorführungen waren ausverkauft, jedoch war die große Presse schlecht. Dem standen gegenüber die anerkennenden Äußerungen von Leuten wie Charles Chaplin und Erwin Piscator und das Interesse des Publikums, welches groß genug schien, das Haus noch für geraume Zeit zu füllen; aber die möglichen

Gewinne waren angesichts der hohen Rollenzahl nicht sehr groß, selbst bei ausgezeichnetem Geschäftsgang, und das Angebot eines künstlerisch interessierten Produzenten konnte nicht angenommen werden, weil L., der schon mehrere Filmangebote zurückgewiesen und große Opfer gebracht hatte, nicht wagen konnte, ein neues Angebot dieser Art zurückzuweisen. So blieb das Ganze das Privatunternehmen eines großen Künstlers, der, seinen Unterhalt jenseits des Theaters verdienend, es sich leistete, eine großartige Arbeit für so und so viele (nicht sehr viele) Interessenten auszustellen. Diese Feststellung, so bedeutungsvoll sie sein mag, gibt freilich nicht das ganze Bild. Stücke und Aufführungen dieses neuen Typus können ihr Publikum bei der Organisationsform des amerikanischen Theaters dieser Jahre nicht erreichen. So müssen solche Aufführungen als Exempel eines Theaters betrachtet werden, das unter anderen politischen und ökonomischen Verhältnissen möglich sein könnte. Mit ihren Errungenschaften und Fehlern sind sie Studienobjekte für solche, die sich ein Theater großer Gegenstände und lohnender Schauspielkunst wünschen.

Berlin 1955/1956

Werner Hecht
Brecht probiert *Leben des Galilei*

Einige Monate vor seinem Tode leitete Brecht vom Dezember 1955 bis zum März 1956 die Proben zu *Leben des Galilei* am Berliner Ensemble. Von allen diesen Proben liegen Tonbandaufnahmen vor, die, wenn sie auch mitunter schwer verständlich sind, den Probengang im einzelnen nachvollziehbar machen. Es bedürfte einer eingehenden Analyse dieses umfangreichen dokumentarischen Materials, um über Brechts Probenmethode Aussagen zu machen. Das kann nicht Absicht dieser Skizze sein. Einige Probendetails der 4. Szene sollen uns Hinweise auf interpretatorische Probleme liefern.

In dieser 4. Szene hat Galilei seine Lehrstelle in der Republik Venedig mit einer besser bezahlten Stelle am Florentiner Hof vertauscht. In unserem Szenenausschnitt macht Galilei den minderjährigen Großherzog von Toscana, Cosmo von Medici, mit seiner Entdeckung der Jupitermonde bekannt, die er – zu Ehren des Herrschergeschlechts – die »Mediceischen Sterne« genannt hat. In Begleitung des Großherzogs befinden sich der Hofmarschall und zwei Hofdamen; mit der Führung des Disputs hat der Hof zwei Fachgelehrte beauftragt, einen Philosophen und einen Mathematiker. Des besseren Verständnisses wegen geben wir hier einen Auszug der Szene wieder, auf die sich die Regieanweisungen Brechts beziehen.

GALILEI *am Fernrohr:* Wie Eure Hoheit zweifellos wissen, sind wir Astronomen seit einiger Zeit mit unseren Berechnungen in große Schwierigkeiten gekommen. Wir benützen dafür ein sehr altes System, das sich zwar in Übereinstimmung mit der Philosophie, aber leider nicht mit den Fakten zu befinden scheint. Nach diesem alten System, dem Ptolemäischen, werden die Bewegungen der Gestirne als äußerst verwickelt angenommen. Der Planet Venus zum Beispiel soll eine Bewegung von dieser Art vollführen. *Er zeichnet auf eine Tafel die epizyklische Bahn der Venus nach der ptolemäischen Annahme.* Aber selbst

Brecht auf einer Probe des *Galilei*, 1956. Ernst Busch als Galilei.

solche schwierigen Bewegungen annehmend, sind wir nicht in der Lage, die Stellung der Gestirne richtig vorauszuberechnen. Wir finden sie nicht an den Orten, wo sie eigentlich sein müßten. Dazu kommen solche Gestirnbewegungen, für welche das Ptolemäische System überhaupt keine Erklärung hat. Bewegungen dieser Art scheinen mir einige von mir neu entdeckte kleine Sterne um den Planeten Jupiter zu vollführen. Ist es den Herren angenehm, mit einer Besichtigung der Jupitertrabanten zu beginnen, der Mediceischen Gestirne?

ANDREA *auf den Hocker vor dem Fernrohr zeigend:* Bitte, sich hier zu setzen.

DER PHILOSOPH Danke, mein Kind. Ich fürchte, das alles ist nicht ganz so einfach. Herr Galilei, bevor wir Ihr berühmtes Rohr applizieren, möchten wir um das Vergnügen eines Disputs bitten. Thema: Können solche Planeten existieren?

DER MATHEMATIKER Eines formalen Disputs.

GALILEI Ich dachte mir, Sie schauen einfach durch das Fernrohr und überzeugen sich?

ANDREA Hier, bitte.

usw.

Nunmehr beginnt der Disput, auf den wir im einzelnen nicht eingehen wollen. Wie so häufig in literaturwissenschaftlichen Abhandlungen, findet man auch wenige Arbeiten über *Leben des Galilei*, die von der Analyse der Details ausgehen. In der Regel kommen die Verfasser zu allgemeinen Interpretationen, die sie aber nur selten belegen. In der Analyse von *Leben des Galilei*, die Werner Zimmermann publiziert hat[1], stoßen wir auf folgendes Urteil über das Gespräch Galileis mit den Wissenschaftlern: »Zwischen Galilei und den karikierten Pseudo-Gelehrten gibt es keinen gemeinsamen Bezugspunkt.« Nach einer Sprach und Stilanalyse gelangt Zimmermann zu der Meinung: »Der barock überladenen, pretiösen Sprache der eitlen Hofgelehrten antwortete Galilei einmal ironisch imitierend, das andere Mal mit lakonischer Kürze die nebulose Abstraktion auf das Nächstliegend-Konkrete reduzierend.« – In einem anderen Interpretationsversuch von Hans-Alfred Kraemer[2] wird auf die Frage nach den charakteristischen Zügen der mittelalterlichen Universitätswissenschaft unter anderem geantwortet: »Sie schwört auf Bücherwissen und ›die Autorität [...] des göttlichen Aristoteles‹; vor allem hat sie eine panische Furcht vor der Wahrheit, die ›uns zu allem möglichen führen‹ könnte.«

Die Probenaufzeichnungen deuten indessen auf eine andere Interpretation Brechts hin. Nach den im Bertolt-Brecht-Archiv vorhandenen Tonbandprotokollen wurde die Szene insgesamt siebenmal probiert.[3] In den Proben, deren Methodik und Abfolge für unsere Untersuchung ohne Belang ist, arbeitete Brecht am Arrangement und am Aufbau der Figuren.

Für die Rede des Galilei mit dem Verweis auf die neue Entdekkung schlägt Brecht vor, der Darsteller des Galilei, Ernst Busch, solle nicht versuchen, dem Hof den Tatbestand zu erklären, da die Leute daran nicht interessiert seien.

BRECHT *zu Busch:* Das ist schade, jetzt lehren Sie Astronomie, und das stört die ganze Szene, weil: Sie haben keine Hoffnung. Sie verstehen, es besteht keine Hoffnung. Da erscheint der Galilei als idiotisch, weil er glaubt, er kann dem Hof was erklären.

BUSCH Im Bild vorher sage ich ja: »Ich werde sie bei den Köpfen nehmen.«

BRECHT Nein, die Mönche werden Sie bei den Köpfen nehmen. Das sind keine Mönche.

BUSCH Es sind doch ...

BRECHT Nein. Das ist der Hof. Ich würde jetzt nicht Astronomie erklären der Galerie oder den Sitzplätzen.

BUSCH Ich weiß nicht, einen Satz vorher sage ich aber ...

BRECHT *unterbricht:* Busch, entschuldigen Sie, das ist eine prinzipielle Frage: Soll man den Leuten eine Urania vortragen?

BUSCH Nein, gar nicht.

BRECHT Nein. Lassen wir alles fallen.

BUSCH Ja, dann könnten wir es aber streichen.

BRECHT Nein, wir nehmen an, daß hier nur hochintelligente Leute von Eins-a-Bildung sind. Glauben Sie mir. Hören Sie, das Stück ist so geschrieben. Im Ernst.[4]

Brecht will die Rede ganz leicht, fast beiläufig gesprochen haben. Als er die von ihm gewünschte Haltung, mit dem Textbuch in der Hand, vormacht, geht er bald ganz vom Text ab und artikuliert die Sätze, ohne daß man die einzelnen Wörter noch verstehen könnte, uninteressiert, sachlich, gleichgültig, den Text »wegwerfend«, wie auf einen Ton gesprochen. Brecht meint, bei dieser Rede handele es sich um eine ganz formelle Angelegenheit. Durch diese szenische Interpretation der Rede des Galilei wird die erste Reaktion des Philosophen (»Ich fürchte, das alles ist nicht ganz so einfach«) überhaupt erst erklärbar.

BRECHT *zum Darsteller des Philosophen:* Es ist nämlich eine wunderbare Sache, wenn man wirklich das Gefühl hat, der Galilei stellt sich das als »ganz einfach« vor, nicht? »Ganz einfach.« Das ist so und das ist so – wie der Sauerbruch eine Operation erklärt einer Behörde, von der er weiß, sie kann ja gar nicht folgen. Da ist er sehr einfach, da sagt er: »Also, Sie wissen, meine Herren, das ist so und so und so – man hat Operationen dieser Art gemacht, in anderer Art gemacht. Wir machen nun eine ganz neue Sache, wir blasen zum Beispiel einen Lungenflügel ganz auf. Geben Sie mal acht, das ist ungefähr so, Sie werden mich verstehen [...].« Und dann plötzlich kommt hier: »Also wollen wir nun mit der Besichtigung beginnen!« Bums. Keine Rede. »Ja, wissen Sie«, sagt jemand, »so einfach ist das doch nicht.«

BUSCH Das sind ja alles Neunjährige, da.

BRECHT Im Grund ja. Ja, das sind sie.

BUSCH Man hält mich aber auch dann für einen Idioten, daß ich einem Neunjährigen es so erklären will.

BRECHT Nein, er muß das machen. Das mindeste muß er machen. Er wiederholt das, und das ist ja auch verständlich. Das ist wirklich ganz leicht [...]: In der Astronomie sind Schwierigkeiten, die Physik hat einige Probleme.[5]

Mit dieser Darstellung wird ausgedrückt, wie sehr es Galilei zunächst darum geht, die allgemeinen Formalitäten hinter sich zu bringen und schließlich die vom Hof bestimmten Fachleute durch Beobachtung der Jupitertrabanten von deren Existenz zu überzeugen. Der Hof indessen ist lediglich an dem Gutachten interessiert. Die unterschiedlichen Haltungen der Figuren drücken sich in ihrer Beziehung zu Galilei, aber auch zueinander aus. Brecht geht darauf ein, als der Darsteller des Hofmarschalls vorschlägt, er könnte sich doch als einziger für Galileis Rede interessieren, »weil er [der Hofmarschall, W. H.] intelligent genug ist«.

BRECHT Nein, Intelligenz haben Sie gar keine, nein. Sonst sind Sie nicht Hofmarschall. Da wären Sie irgendwie Kaufmann oder irgend so was.

BUSCH Aber er muß die Etikette unwahrscheinlich gut kennen.

BRECHT Die kennen Sie, die beherrschen Sie. – Außerdem: Sie können sich ja nicht hineinmischen in die Streitigkeiten dieser Gelehrten.

DARSTELLER DES HOFMARSCHALLS Es ist nur sehr wesentlich für die Ausstrahlung der Figur, wenn er wirklich ein bißchen intelligent wäre.

BRECHT Nein. Er ist intelligent in seinem Fach. Sein Fach ist der Hof und nicht die Gestirnwelt. Während der Galilei vollkommen unintelligent ist und die Intelligenz eines neunjährigen Knaben hat in der Beurteilung des Hofes von Florenz, wie sich in dieser Szene herausstellt (und schon in der vorigen herausgestellt hat). Das ist sehr spezifiziert.

In der Probe macht Brecht mit einer Klärung des Verhältnisses der Figuren zueinander zugleich die Situation klar, in der sich die Szene abspielt. Das kommt insbesondere durch die Vorbehalte und Zweifel zum Ausdruck, die die Hofleute Galilei gegenüber haben. Brecht gibt darüber eine längere Erklärung.

BRECHT Der Hof muß jetzt natürlich immer mitspielen. Sie sehen sich an, wenn solche Sachen kommen wie so Beschuldigungen, nicht? Das gibt einen internationalen Skandal! Um Gottes willen, wenn das ein Scharlatan ist, der Mann, der da gewisse Gestirne auf seine Röhre raufmalt! Und das kommt dann auf, die gibt's gar nicht, und der Hof, die Medicis, haben die Widmung bereits akzeptiert. Die sind also reingefallen, einem Pferdedieb sozusagen. Das ist ja eine unbeschreiblich grauenvolle Situation, nicht! *Zum Darsteller des Hofmarschalls:* Sie können auch niemals Hofmarschall bleiben, wenn Sie verwikkelt waren in einen solchen Skandal, hier eben. Ist ja aus, alles aus, auf Geschlechter hinaus sind Sie blamiert. *Zum Darsteller des Philosophen:* Und wenn Sie sagen: »Das ist nicht höflicher auszudrücken«, das ist jetzt selbst fast rüpelhaft. Das muß ungeheuer verfeinert sein, also nur mit dem Kopf so. *Macht es vor:* Also: »Das ist nicht höflicher auszudrücken.« Sie verstehen: Ungeheuer höflich sagen, schwierige Sache, nicht? Das ist alles so peinlich für die beiden Herren, das sind echte Gelehrte, wirkliche Wissenschaftler, übrigens auch von Ruf. Der Mann wird dann Rektor. Das sind an sich wirklich bekannte Wissenschaftler, Koryphäen. Und jetzt haben sie diesen Scharlatan aus dieser Demokratie da in Venedig, wo diese Koofmichs herrschen und so weiter. Natürlich ganz klar: kleiner Skandal ist auch zu euren Ohren gedrungen. Der hat ein Fernrohr denen angedreht, das war auch nicht ganz von ihm. Also: der Mann ist eine ganz zweifelhafte Erscheinung, wie eine Zeitlang zum Beispiel Freud war, der diese Schweinereien da alle geschrieben hat. Verstehen Sie, so war das doch, ja so taucht so was auf. Das ist eine riesige Entdeckung und so. Oder der Darwin, der behauptet hat, daß selbst ein König von einem Affen abstammt. Das ist auch eine solche Sauerei gewesen, Sie verstehen. Aber es ist schrecklich, daß das bis in den Hof dringen kann, hier einen festen Fuß fassen kann, ist ja ein Skandal! Der französische Hof lacht sich krumm, wenn er das hört. Und was für ein Triumph in Wien! Die sind reingefallen, diese feinen Leute da, diese Behüter der Wissenschaften und der Künste, die Medici. Mangel an Fachwissen. Sie verstehen: Da zieht dieser Riesenskandal herauf.[6]

In dieser Beschreibung konkretisiert Brecht die Situation durch Historisierung. Er stellt Galilei sozusagen mit den Augen der Hofleute und der Hofgelehrten bloß. Die Umstände lassen es ihnen ratsam erscheinen, den Überläufer aus der Republik mit Skepsis zu betrachten. Das alles kommt freilich erst zu einem guten Teil durch die Darstellung auf der Bühne heraus. Es ist ganz unbegreiflich, warum Hans-Alfred Kraemer die fragwürdige

These eines Zeitungskritikers nachredet und unterstellt, »die Großartigkeit der Inszenierung« des Stückes am Berliner Ensemble lenke »oft vom Wortsinn ab, der in so kurzer Zeit nicht reproduziert werden kann«.[7] Er kommt sogar zu der verallgemeinernden Feststellung: »Auch kann man nicht an der Tatsache vorübergehen, daß das Werk auch heute noch dem Nur-Zuschauer im Theater, mag er selbst vom besten Willen beseelt sein, wegen der Fülle der im Stück stets dialektisch entwickelten Gedanken oft nicht überschaubar und eindeutig genug erscheint.« Wenn wir freilich Brechts Absicht, in den beiden Gelehrten wirkliche Widersacher des Galilei zu zeigen, mit Kraemers oben zitierter Interpretation der mittelalterlichen Universitätswissenschaft vergleichen, so scheinen die »dialektisch entwickelten Gedanken« durch die Lektüre des Stücks keinesfalls überschaubarer geworden zu sein. Wenn er den Wissenschaftlern eine »panische Furcht vor der Wahrheit« unterstellt, nimmt er wohl an, sie erkennten die Fragwürdigkeit ihrer wissenschaftlichen Arbeiten und heuchelten, sagen wir, um ihre Posten zu behalten, die offiziell gewünschten Lehren. In Wahrheit bauen die Geisteswissenschaften zu dieser Zeit gerade nicht auf den Entdeckungen der Naturwissenschaften auf. Wenn sie also auf »Bücherwissen« schwören, so deshalb, weil sie aus den überlieferten Büchern ihr Wissen geschöpft haben. Noch eindeutiger formuliert Werner Zimmermann sein Fehlurteil: »karikierte Pseudo-Gelehrte« hätten in der Tat die Szene überflüssig gemacht.

Man wird anscheinend, wenn man das Stück vom Text her analysiert, zu einseitigen Urteilen angeregt, um nicht zu sagen: zu Fehleinschätzungen. Die Kritiker und Literaturwissenschaftler seien deshalb ausdrücklich auf die Interpretation hingewiesen, die der Regisseur Brecht vorgeschlagen hat. In unserem kleinen Szenenausschnitt können wir, unter anderem, folgendes interpretatorische Material finden:

1. Galileis Rede an Hofleute und Wissenschaftler darf nicht als Belehrung interpretiert werden (wofür man sie nach einer inhaltlichen Analyse halten könnte), sondern als Höflichkeitsfloskel, als notwendige Formalität im Umgang mit dem Hof von Florenz. Damit drückt sich aus, daß sich Galilei in die Abhängigkeit des Hofes begeben hat. Er muß sich nun beugen. (Wir finden das schon in dem Bewerbungsschreiben der 3. Szene.) Sein Weggang aus der Republik hat ihm größere ökonomische Freiheit gebracht,

ihn aber zugleich in seiner persönlichen Freiheit eingeschränkt. Er wird dies bald in viel stärkerem Maße zu spüren bekommen.

2. Brecht macht den Schauspielern die Unterschiede zwischen den einzelnen Figuren klar: ihre Tüchtigkeit im eigenen Fach korrespondiert mit Unfähigkeit im fremden. Intelligenz, im allgemeinen Sinn des Wortes, billigt Brecht den Kaufleuten zu, also dem aufstrebenden Bürgertum, der neuen Klasse. Die von den Händlern entwickelten Initiativen werden natürlich am Hof als fragwürdige Praktiken angesehen: Die »neuen Sitten« in der Republik Venedig begünstigen, meinen sie, das Aufkommen von Scharlatanen aller Art. In solchen Haltungen und Beurteilungen drückt sich, auch in winzigen Details, Brechts Parteilichkeit für das Neue, für den Fortschritt aus.

3. Die Situation wird vom Standpunkt des historischen Materialismus aus erklärt und dargestellt. In der Haltung der Hofleute zu dem Überläufer aus der Republik werden die Feudalinteressen erkennbar, aber zugleich brechen auch Widersprüche zwischen den europäischen Höfen auf. Man muß dabei die historische Treue nicht wörtlich verstehen, denn in Frankreich regierte zu dieser Zeit eine Medici, und gewiß hätte man den Skandal abgebogen. Aber daß in dieser Zeit ein den aufstrebenden Wissenschaften wohlwollend gesonnener Hof hämische Voyeurs in den anderen Residenzen hatte, ist historisch verbürgt – wie anders wäre die vorsichtige, auf Vermittlung bedachte Haltung der Florentiner Hofleute zu verstehen?

Brechts große Kunst der Übertragung solcher gesellschaftlicher Verhältnisse in konkrete Situationen drückt sich darin aus, daß er von den Figuren ausgeht und sie quasi auf die Verhältnisse durch ihr Verhalten reagieren läßt. In unserem Falle will man einen Skandal unter allen Umständen vermeiden: Der Hofmarschall könnte sein Amt nicht behalten, auch die Karriere des Philosophen fände ihr Ende. Mit anderen Worten: Das individuelle Schicksal wird auf solche Weise unmittelbar mit dem gesellschaftlichen verknüpft, auf der Bühne wie im Leben.

4. Die Probenmethode kann man, wie schon eingangs erwähnt, durch diese Auswahl nicht erkennen. (Es wäre zu verfolgen, wie und zu welchem Zweck in den weiteren Proben geändert und gearbeitet wurde.) Aber einzelne methodische Formen verdienen, näher betrachtet zu werden. So erklärt Brecht Situationen, indem er Beispiele aus anderen Bereichen wählt. Durch Parallelsetzung

der Situation mit einer angenommenen Situation des Arztes Sauerbruch erklärt er die Szene (Verfremdung). Bei einem weiteren Vergleich Galileis mit Sigmund Freud und Charles Darwin gelingt Brecht zweierlei: Einmal regt er die »Suche nach dem Neuen und Alten« an, wie er sie in dem gleichnamigen Gedicht aus dem *Messingkauf* beschrieben hat.[8] Durch Entscheidung, ob ein Verhalten oder eine Ansicht neu oder alt ist, kommt der Darsteller zur Erkenntnis der Prozeßhaftigkeit der Vorgänge »Immer / Setzt das Noch und das Schon. / Die Kämpfe der Klassen / Die Kämpfe zwischen alt und neu / Rasen auch im Innern des einzelnen.« In der 4. Szene zeigt Galilei vorwiegend neues Verhalten, insbesondere durch Bekanntgabe seiner Entdeckung. Aber das Freud-Darwin-Beispiel weist zum anderen auf das Alte hin, gegen das Neuerungen sich generell durchzusetzen haben. Galilei erscheint, so betrachtet, in der Kritik durch die feudale Reaktion. In der 4. Szene bezieht sich das vorerst auf die mögliche Unstimmigkeit eines Forschungsergebnisses.

Tatsächlich wird man die »Fülle« der in den Stücken »dialektisch enthaltenen Gedanken«, die Kraemer konstatierte, überhaupt erst begreifen können, wenn man sie durch die Fülle der szenisch-darstellerischen Details auf der Bühne konkretisiert findet. Um diesen Nachweis zu führen, wurde absichtlich ein Szenendetail ausgesucht, das in den *Galilei*-Interpretationen übergangen wird. Die Analyse konzentriert sich auf einige wesentliche Punkte. Es wurden solche Regieanweisungen Brechts nicht berücksichtigt, die die Figuren mit individuellen Besonderheiten ausstatten. (So sollten die beiden Gelehrten sich im Grund feindlich gesonnen sein, aber Galilei gegenüber in Aktionseinheit vorgehen.)

Es stellt sich heraus: Man sollte beim Interpretieren der Stücke Brechts auch die Lösungen des Regisseurs Brecht benutzen.

Anmerkungen

1 Werner Zimmermann, *Brechts »Leben des Galilei«. Interpretation und didaktische Analyse,* Düsseldorf 1965. Die zitierten Passagen stehen auf S. 27.

2 Hans-Alfred Kraemer, *Brechts »Leben des Galilei«. Versuch einer Interpretation für die Schule,* in: *Deutschunterricht* (Berlin) 1959, H. 5, S. 262 ff. Das Zitat siehe S. 269.

3 Am 29. 12. 1955; 16. 1. 1956; 16., 17., 18. 2. 1956; 2., 28. 3. 1956. Siehe BBA, Mappe 2188.

4 Tonbandprotokoll vom 18. 2. 1956. Die Transkription des Bertolt-Brecht-Archivs wurde mit dem Tonband verglichen und korrigiert. Die hier abgedruckten Passagen geben den gesprochenen Text in einer behutsamen Redaktion wieder (Wiederholungen und angefangene Sätze sind gestrichen, es wurde eine dem gesprochenen Wort angepaßte Interpunktion gewählt usw.). Vgl. BBA 2188/66 f.

5 Vgl. BBA 2188/68 f.

6 Vgl. BBA 2188/76 ff.

7 Hans-Alfred Kraemer, a.a.O., S. 262.

8 GW 9, S. 793.

Erich Engel
Aufzeichnungen zu *Galilei*

Zur Darstellung

Sehr geehrter Herr Keisch!

Ich danke Ihnen für Ihren Brief und Ihr darin bekundetes fortwirkendes Interesse an der Problematik des Brechtschen *Galilei.* Selbstverständlich habe ich niemals angenommen, Ihr Einwand stamme aus »vorgefaßter Meinung oder Mäkelsucht«. Warum sollte ich Ihnen völlig grundlos so minderwertige Motive und Antriebe unterstellen? Aber etwas anderes machte es mir unmöglich, Ihrer Kritik zuzustimmen. Sie konnte mich nicht treffen, da ich bei meiner notwendig viel intimeren Befassung mit dem Stück schon sehr bald das gespürt hatte, was Sie jetzt als spätere Einsicht mir freundlich und aufrichtig mitteilen; nämlich, daß die eigentlichen Gründe vorwiegend im Stück und weniger in einer möglichen Interpretation liegen. Ich bin derselben Meinung wie Brecht; die Entstehung der Sympathie für Galilei zu verhindern ist für Darstellung und Regie wahrscheinlich unmöglich. Was aber wesentlich ist: ich bestreite – und zwar sogar gegen Brecht – die Auffassung, dieser Sachverhalt nähme dem Stück seine progressive Haltung. Meiner Meinung nach ist es sogar eher sinnvoll und zweckentsprechend, wenn das Publikum zunächst beinahe Partei für Galilei nimmt und seiner Person vieles nachzusehen bereit ist. Um so aufrüttelnder und schockhafter muß dann das Eingeständnis Galileis wirken. Er selber ist ja keineswegs bereit, seine Haltung zu verteidigen. Nicht nur das. Sein Urteil über seine Person geht weit hinaus über das Urteil, das man über ein verräterisch-individuelles (psychologisches) Versagen fällen kann. Dadurch, daß er sein Versagen in einer Tiefenschicht aufdeckt, an die ein so geartetes Urteil gar nicht heranreicht – nämlich in gesellschaftlichem Betracht –, dadurch vertieft er den Umfang seines Vergehens und eröffnet einen Erkenntniseinblick von so wesentlichem Gehalt, daß die Frage, ob er sympathisch ist und Charme hat, vergleichsweise völlig nebensächlich ist. Diese Erkenntnis – und auf die allein kommt es hier an – wirkt um so zündender, je überraschender und unerwarteter sie das Publikum trifft.

Es wäre dazu noch viel zu sagen. Jetzt nur noch soviel: Die Urdialektik der lebendigen Vorgänge (letzten Endes der Grund der hier aufgewiesenen Problematik) offenbart sich im letzten Bilde nochmals: hier, wo Galilei die Verachtung des eigenen Verhaltens schonungslos ausspricht, steigt er unvermeidlich in der Achtung des Publikums gewaltig. Er ist ja nicht nur die verächtliche Person, über die das Urteil gesprochen wird, sondern zugleich auch die große verachtende Persönlichkeit, die das vernichtendste Urteil ausspricht.

Ich freue mich, daß Sie sich über die hier vorliegenden Probleme noch immer Gedanken machen, und wäre überhaupt glücklich darüber, wenn in der DDR die freundschaftliche gegenseitige Förderung von Kritik und Produktion im persönlichen Kontakt durchgeführt werden könnte.

Zur Rolle des Andrea

Lieber Ekkehard Schall!

Leider bin ich gesundheitlich noch nicht in so guter Verfassung, daß ich mir eine schwere Probenarbeit aufbürden kann. Darum schreibe ich an Sie diese Zeilen, um in, wie ich weiß, recht unzulänglicher Weise noch einmal Einfluß auf Ihren Andrea nehmen zu können.

Über die ersten Szenen des jungen Andrea ist wenig Kritisches zu sagen, obgleich ich hier und da eine stilisierte Starre als störend und unlebendig empfinde. Die von Ihnen versuchte Stilisierung geht meiner Meinung nach einen prinzipiell falschen Weg. Sie wollen durch Besonderheit etwas auffällig machen, aber diese Verfremdung dient *nicht* dem einzigen Zweck, dem eine Verfremdung zu dienen hat, nämlich dem, auf wichtige Wesenszüge besonders energisch aufmerksam zu machen. Hier wird verfremdet »an sich«. Ihre Verfremdung dient nicht irgendeiner Erkenntnis und Einsicht, folglich wirkt sie als eine subjektive Gewolltheit einer objektiven Erkenntnis und Einsicht sogar entgegen.

Der Typus Andrea gehört zu jenen vielen, die, obgleich sie nicht bereit sind, selber den Kopf hinzuhalten, mit Entschiedenheit von anderen Leuten heldenhafte Haltung verlangen. Er ist der typische bürgerliche Gelehrte, der seine natürliche schöne Jugendradikalität sehr bald in einen zu nichts verpflichtenden verblasenen Idealismus umgewandelt hat, mit dem er sich wahrscheinlich sein Leben lang aus der Affäre ziehen wird, ohne sich zu praktischen Konsequenzen genötigt zu sehen. Er ist ehrlich erschüttert, als Galilei seine Lobeshymne zurückweist und in einer tief realistischen Selbstanalyse alles auf eine wesensgerechte Werteinstufung zurückführt.

Der Versuch, die Aufmerksamkeit an eine befremdliche Darstellung zu fixieren, stört diese wesentliche Einsicht. Diese Darstellungsweise kann ein Manierismus werden und birgt, wie jeder Manierismus, eine zerstörerische Gefahr in sich. Er erschwert das Vordringen zu einem echten Zentrum und steht der Entwicklung jedes Talents – und sei es so deutlich und reich wie das Ihre – hemmend entgegen.

Gern würde ich Ihnen mit dem hier gegebenen Hinweis die Umwege und Erschwerungen ersparen, die ein Festhalten an dieser künstlerischen Äußerungsweise mit sich bringen muß.

Zur Dramaturgie

Erwarten Sie bitte von mir keinen ausgearbeiteten Vortrag oder eine systematische Darstellung des Brechtschen Dramenstils.

Was ich Ihnen hier vorlegen möchte, sind nur ein paar Hinweise auf einige wichtige Punkte.

Ich schlage Ihnen also ein paar Leitlinien vor, die Sie benutzen können, falls meine Anregungen mit Ihrer eigenen Interessenrichtung identisch sein sollten.

Berlin 1957 (Regie: Erich Engel).
Ernst Busch als Galilei.

Zunächst ein kurzes Wort über ein auffallendes äußeres Element der Brechtschen Dramatik, das oft auf Widerspruch stößt. Ich meine die Ansage. Wie Sie wissen, ist jeder Szene eine kurze, in Versform gebrachte Inhaltsangabe vorausgeschickt. Bei diesem Stück *[Leben des Galilei]* hat Brecht aber sogar die Ansage auf besondere Weise poetisiert.

Wenn er einen so bedeutenden Musiker wie Hanns Eisler um die Vertonung gebeten hat, so zeigt das, welch hohen Wert er auf dieses dramaturgische Hilfsmittel legt.

Neben der Frage des ästhetischen Wertes dieser Vorsprüche interessiert natürlich der praktische Nutzen.

Es leuchtet ein, eine solche Inhaltsangabe erspart dem Stückeschreiber (wie Brecht sich selbst nannte) das umständliche zeitraubende Verfahren der Exposition, die sich in der älteren Dramatik, so auch bei Hauptmann und Ibsen, als Hemmschuh der poetischen und geistigen Zügigkeit auswirken und dem Wesentlichen und Eigentlich-Gemeinten abträglich sein mußte.

Was ist nun das Wesentliche, zu dem sich Brecht auf diese Weise den Zugang erleichtert?

Sehr allgemein ausgedrückt, kann man sagen: Es ist das Verhalten des Menschen in bestimmten konkreten Situationen. Wie sich die sogenannte menschliche Freiheit auseinandersetzt mit einer zum größten Teil unbemerkt bleibenden gesellschaftlichen Gesetzlichkeit. Brecht zeigt den widersprüchlichen Menschen in einer widersprüchlichen Welt. Und eben weil seine Gestalten widersprüchlicher Natur sind, erreicht er eine neue und einzigartige Wirklichkeitsnähe.

Wenn man eine gelungene Aufführung eines Brechtschen Stückes gesehen und es verstanden hat, so kann es einem vorkommen, als habe man einen Blick in die wahre Wirklichkeit getan und das, was sich dann wieder als Alltag und Realität darbietet, habe illusionären Charakter.

Natürlich ist diese Widersprüchlichkeit, die ein Wesenszug der Brechtschen dialektischen Dramatik ist, bei ihm kein ästhetisches Hilfsmittel zur Herstellung interessanter Theaterfiguren. Brecht ist einer der ganz wenigen Dramatiker, die Scharfsinn und Mut genug haben, die Realität der Gegensätze und ihren Charakter zu erkennen. Und da seine Arbeiten der Widersprüchlichkeit auf den Grund gehen wollen, ist eben der Widerspruch sein zentrales Thema. Das geht bis in kleine Nebenzüge hinein.

Denken Sie zum Beispiel an Galileis Schwindel mit dem Teleskop. Die Ansage vor dieser Szene lautet:

> Groß ist nicht alles, was ein großer Mann tut.
> Doch Galilei aß gern gut
> Nun hört und seid nicht grimm darob
> Die Wahrheit übers Teleskop.

In diesen Zeilen unterschlägt Brecht sogar das Hauptmotiv dieses Betrugs. Vor allem lag Galilei natürlich daran, Geld für seine Forschungszwecke in die Hand zu bekommen. Das gute Essen aber hat auch eine Rolle dabei gespielt, meint Brecht, der dialektische Materialist, welches Wort unter anderem auch ein Synonym sein kann für das Wort »Menschenkenner«.

Brecht fordert die Klischee-Ethik heraus. Er setzt provokant den Ruf seines Helden aufs Spiel. Es ist ja bekanntlich niedrig, offen seine Vorliebe für das gute Essen so hoch zu bewerten. Das sagen vor allem die, die es sich leisten können, gut zu essen.

Gerade aus dem betonten Geltenlassen der Gegensätzlichkeit ersteht bei Brecht die großartige historische Objektivität. Ohne jede billige Verzerrung, ohne jedes agitatorische Gerede wird der große Gegner der Vernunft, die Katholische Kirche, in ihren Repräsentanten dargestellt. Wie menschlich erschütternd ist die Ratlosigkeit des kleinen Mönches. Mit welcher großartigen Sachlichkeit stellt Galilei die Meinung des jungen Geistlichen richtig, indem er ihm die Schauerlichkeit seines bukolischen Idylls klarmacht.

Mit tiefem Verständnis wird Brecht der Schwierigkeit gerecht, in die der Papst Barberini geraten mußte. Dieser, selbst ein Wissenschaftler von Natur, muß zum Gegner Galileis werden. Immer aber erfahren wir nur die gestalteten Resultate und werden verschont mit dem psychologischen Bauchgrimmen.

Vergleichen Sie die Szene Philipp und Großinquisitor bei Schiller mit der Szene Papst und Großinquisitor bei Brecht. Bei Brecht ist es nicht die Rhetorik des Partners, die den Ausschlag gibt, sondern die Realität der Machtverhältnisse, dargestellt in der fortschreitenden Kostümierung des Kirchenfürsten. Auch hier also ist letzten Endes begründend nicht Philosophie oder Psychologie, sondern die darunter liegenden gesellschaftlichen Fundamente.

Es wäre überhaupt ein wichtiger Diskussionspunkt: Dieser radikale Kehraus mit der politischen Psychologie. Allerdings muß ausdrücklich betont werden: die hier gemeinte Art von Psychologie war historisch einmal ein wesentliches fortschrittliches poetisches Element.

Die Eigenart der Brechtschen Form ist nur vom Inhalt her zu verstehen. Man wird sich über die Brechtsche Gestaltungskraft vielleicht am ehesten klar, wenn man einmal den Gehalt und das Grundanliegen des Stückes *Leben des Galilei* abstrakt zum *Bewußtsein* bringt. Etwa so: In der Geschichte der menschlichen Gesellschaft kommt ein Augenblick, wo der Mensch im Kampf mit der Natur zu einer außerordentlichen Verfeinerung und Präzision seiner Denkmittel gezwungen wird. Wo, kurz gesagt, die bisher gebrauchte Vernunft einem radikalen Reinigungsprozeß und einem Umschaltungsprozeß unterzogen werden muß.

Diese neue Denkweise – zunächst auf dem Gebiet der Physik und der Astronomie durchbrechend – überstrahlt natürlich mit innerer Notwendigkeit auch alle Nebengebiete und bedroht mit ihrer Helligkeit auch das Gebiet der gesellschaftlichen Ordnung, jenes Gebiet, das von den daran interessierten Hoheiten aller Art immer im Dämmerlicht gehalten worden ist.

Es stellt sich heraus: Die Vernunft ist unteilbar, und ihr zu widerstehen ist auf die Dauer unmöglich. Denn was ist die Vernunft anderes als die Widerspiegelung der Wesenszüge der Wirklichkeit. Aber wie zähe und unablässig ist der Kampf dagegen. Mit welch naiver Kraft und Einfachheit ist dieser Tatbestand von Brecht gestaltet. Nie sinkt die Darstellung ins abstrakt Rhetorische ab. Nirgends eine ethische Phrase. Nirgendwo ein Satz, den ein Spießbürger zitieren würde.

Man kann behaupten, daß mit Bertolt Brecht eine klassische Kunstperiode beginnt, und zwar eine sozialistische.

Hanns Eisler
Vorwort zu: Aufbau einer Rolle/Buschs *Galilei*

Diskussionen mit Brecht, ob Busch Galilei, einen Renaissance-Menschen, spielen kann: Busch ist ein norddeutscher Arbeiter, ein Puritaner, kein Genußmensch wie Laughton. Busch ißt wie ein Heizer, der seine Maschine heizt, und kennt eigentlich nichts anderes als seine Arbeit. Aber da setzt bei Busch Genuß ein. Private Züge: Veränderung der Wohnung seiner Freunde, indem er sie praktischer macht, Verbesserung von Lichtleitungen und Lampen, Umstellen der Möbel nach praktischen Gesichtspunkten, dasselbe bei Bühnenproben, bei Musikaufnahmen, wenn er das Orchester verschieden umsetzt, um bessere Aufnahmen zu erzielen. Von diesen persönlichen Neigungen muß Busch beim Aufbau der Rolle ausgehen. Er ist ein moderner »Renaissance-Mensch«, dem Verändern und Verbessern Genuß bereitet, so müßte er auch fähig sein, Genuß am Denken vorzumachen, und da er ein großer Schauspieler ist, muß es ihm besonders gelingen.

Er wird, und das ist günstig, keinen konventionellen »zerstreuten« Gelehrten spielen, wie ihn etwa das naturalistische Theater kennt, sondern einen neuartigen. Das waren ungefähr die Überlegungen.

Busch bereitete sich auf die Rolle des Galilei gründlich vor. Er las Bücher über klassische und moderne Astronomie und Physik und bewies Brecht und mir natürlich sofort, daß wir von Astronomie überhaupt keine Ahnung hätten. Brecht ließ sich den *Galilei* von einem Assistenten von Nils Bohr durchsehen. Aber das half Brecht Busch gegenüber nichts, da stimmte etwas nicht mit den Jupiter-Monden, und die Umdrehung der Erde um die Sonne, die der Knabe vollführte, war auch nicht in Ordnung. Nicht ohne Rührung erinnere ich mich, wie oft Proben in Streitgespräche zwischen Brecht und Busch ausarteten. In diesen Diskussionen, und das zeigt den guten Instinkt Buschs, nahm er bereits die dozierende Haltung Galileis an, und es wurde ihm zur natürlichsten Sache von der Welt, über Astronomie zu debattieren, und Termini der Physik und Astronomie gehörten nun zu seiner Alltagssprache. In dieser Zeit veränderte er auch Haltungen und Gesten. Er arbeitete in seiner Freizeit. Seine Freunde hatten es in diesen Monaten nicht immer leicht.

Ein Freund, der damals in Rom war, erzählte mir: »Ich sah eine Büste und dachte mir, das ist doch dort Ernst Busch. Wie kommt seine Büste hierher? Schon jetzt? Als ich näher trat, sah ich, es war die Büste Galileis.«

Milano 1962

Giorgio Strehler
Notizen und Briefe zu *Galilei*

Brecht-Regie: gestern und heute

Brecht-Inszenierungen von heute sind anders als die von gestern oder von vor zehn Jahren. Man denke an die Keuner-Geschichte: »Ein Mann, der Herrn K. lange nicht gesehen hatte, begrüßte ihn mit den Worten: ›Sie haben sich gar nicht verändert.‹ ›O!‹, sagte Herr K. und erbleichte.« Und er erbleichte mit Recht. Denn wenn einer sich in zehn oder mehr Jahren nicht wandelte, nicht neue Perspektiven – schlechtere oder bessere – gewann, heißt das, daß er ein toter Mann ist. Genauso muß jemand, der ein Stück vor zehn Jahren inszenierte und es wieder neu inszenieren will, das Werk selbstverständlich im Zusammenhang mit der Gegenwartsrealität sehen. Jeder macht innere Wandlungen durch, lebt und bewegt sich mit der Geschichte seiner Zeit. Es besteht ein dialektisches Verhältnis zwischen der Realität in uns und der Realität, die uns umgibt.

Immer wieder taucht die provozierende Frage auf: Ist Brecht heute noch wirksam? Hat Brecht noch eine aufrüttelnde, künstlerische und ästhetische Wirkungskraft? Angesichts unserer Gesellschaft mit ihrer Tendenz zu Konsum und Massenplanung scheint mir das große Problem der Brecht-Dramaturgie noch in keiner Hinsicht gelöst. Brechts Grundanliegen: ideologische Provokation, ist intakt geblieben, weil die kapitalistische Gesellschaft – vielleicht verfeinerter, vielleicht brutaler – noch immer dieselbe ist. Sie hat sich einige Freiheiten erobert, weil der Freiheit noch Grenzen gesetzt sind, hat sich andererseits aber auch etliche enorme Versklavungen eingehandelt. Kurz und gut: es hat sich wenig geändert. Der Satz, den Brecht in der *Dreigroschenoper* Mackie Messer sagen läßt: »Was ist ein Einbruch in eine Bank gegen die Gründung einer Bank?«, hat in der heutigen Situation wohl kaum einen anderen Wert als 1956. Tatsächlich haben sich die Substanz und die Struktur der kapitalistischen, heute neokapitalistischen Gesellschaft mit anderen Kennzeichen nicht sehr gewandelt, und deshalb ist Brecht immer noch ein Provokateur.

Er hat uns nicht nur Dramen gegeben, sondern auch eine sehr vielfältige Methode; er zeigte uns einen gangbaren Weg. Im Grunde machen wir noch keine wahrhaft epische Regie, sondern immer noch epische Didaktik, für die Schauspieler auf der einen Seite, für uns Regisseure auf der anderen. Es erscheint mir charakteristisch und auch einigermaßen lächerlich: wir wissen, daß wir mit dem epischen Theater noch am Anfang stehen, und doch glauben einige bereits, das epische Theater sei überwunden. In theoretischer Hinsicht haben wir erst jetzt, nach der jüngsten Herausgabe von Brechts *Gesammelten Werken*, die Möglichkeit, uns darüber klarzuwerden, wie viel wir in bezug auf ihn noch zu bewältigen haben.

Aus einem Brief an die Schauspieler des Galilei

Wenige Tage nach meiner Abreise habe ich einige Zeilen geschrieben, vor allem, um Euch einen besonders herzlichen Gruß zu schicken, aber auch, um mit Euch von unserem *Galileo* zu sprechen, nicht in einer Zusammenfassung von etwas Gewesenem, sondern als Problem, das wir in Zukunft Abend für Abend bewältigen müssen ...

Diese Inszenierung hat auf Euer Leben als Schauspieler viel einschneidender gewirkt, als Ihr es wahrscheinlich bisher selbst glaubt. Aber gerade weil *Leben des Galilei* für mich viel mehr ein Akt geistigen Lebens als eine »Inszenierung« war – so gut sie auch gelungen sein mag –, erscheint es mir richtig, Euch nichts zu empfehlen, Euch nicht zu ermahnen, Euch vielmehr vollkommen Eurer verantwortlichen Freiheit zu überlassen ...

Charakteristik unseres *Galilei* ist ein Gleichgewicht, das schwer zu erreichen war. Im Rhythmischen, im Ton, in der Plastizität ein Gleichgewicht »an den Grenzen des Möglichen«. Es genügt eine Winzigkeit, um dieses Gleichgewicht zu stören. Schon eine vom Augenblick bestimmte Veränderung der Akzente, ein kurzes Verzögern der Tempi oder eine Beschleunigung, und alle Gewichte verschieben sich. Nun, die Wiederholungen einer Aufführung sind etwas Lebendiges, kein Museum von eingefrorenen Tönen und Gesten. Die Wiederholungen haben das Kennzeichen

Mailand 1963 (Regie: Giorgio Strehler).
Tino Buazelli als Galilei.

des immer neuen, immer unerwarteten, unwiederholbaren Lebens. Und das ist unsere Aufgabe als »Interpreten«: die Freude am Lebendigen zu erhalten und den anderen mitzuteilen, indem wir beharrlich auf unserer eigenen Spur vorangehen und die »gestern« erarbeiteten Gesten wiederholen in einer Art geduldiger Arbeit, von der man nicht genau sagen kann, ob sie *Erinnerung, Reflex oder etwas noch Geheimnisvolleres* ist, und die jeden Abend eine Wirklichkeit sichtbar macht, die *wunderbarerweise* in Bewegung ist.

Einzig hier liegt das Geheimnis unseres Berufes, hier aber auch seine besondere Mühe und unser Wert als Schauspieler: uns jeden Abend mit freiem und frischem Geist zu erneuern wie im ersten Augenblick der poetischen Intuition, die uns als die richtige erschien und die wir sofort konkretisierten in Bewegung und Ton, übereinstimmend mit dem Wort, das bis dahin bewegungslos auf dem Papier gestanden hatte.

In dieser unglaublichen inneren Disziplin müßt Ihr Eure Ordnung, *Eure* Wahrheit finden; es ist anscheinend eine spröde, im Grunde unmenschliche Arbeit – denke ich immer. Aber es gibt keine andere Art, wenn man weitermachen will. Das ist vielleicht erschreckend, aber – wie Galileo sagt –: »Es ist so!«

All dies verlange ich von mir selbst, und ich verlange es auch von Euch. *Leben des Galilei* darf – im Gegensatz zu vielen anderen Inszenierungen – nicht jene Abweichungen erleiden, die sich aus vielen Gründen tagtäglich und scheinbar gerechtfertigt ergeben, im Grunde aber gegen den Sinn unseres Berufes sind. Zu unserem Beruf gehören gründliche Achtsamkeit gegenüber jeder vollbrachten Leistung, äußerste Bescheidenheit und innere Klarheit, größter Respekt sich selbst, der eigenen Arbeit und den anderen gegenüber ... Ich bitte Euch, diskutiert ernsthaft und gewissenhaft miteinander. »Stellt alles in Zweifel«, doch tut es, um aufzubauen, nicht um zu zerstören ... Hütet *gemeinsam* das, was über das Mechanische hinaus festgelegt wurde, und ich lege viel Wert auf dieses »gemeinsam«. Nicht weil das Mode ist, sondern weil es letztlich ja *unsere* kollektive Arbeit ist ... Denn Theater ist immer und unausweichlich ein Miteinander, und das Ergebnis ist niemals einem einzelnen zuzuschreiben. Niemals.

Es zählt der Geist, mit dem unsere Arbeit getan wird ... und das ist weit mehr als nur eine formale Disziplin. Für den *Galileo* genügt es nicht, präzise zu spielen; er muß auf seine Art, in seinem

Stil gespielt werden, d. h. mit Distanzierung und in epischer Art. Das mag einem gefallen oder nicht gefallen, aber es ist die einzig mögliche Art und vor allem eine zukunftsoffene »vitale« Einheit. Wir wissen, daß in unserer Aufführung – abgesehen von unseren Irrtümern, und es gibt etliche – etwas vom Theater von morgen ist, der Beginn eines Diskurses, der noch längst nicht abgeschlossen oder vollständig ist. Doch in all dem ist auch eine Gefahr, die Ihr gut kennt: eine Art ungewollter geistiger Trägheit, unterstützt von einer tonalen Dehnung, als ob das epische Theater nur eine Frage des Tons, gewisser Kadenzen, Tonfälle, Fragestellungen sei, die wir als kleine Anhaltspunkte für unsere Arbeit benutzen und die wahrhaftig nichts anderes als Anhaltspunkte sind. Denkt *immer* daran: wenn für das realistische Theater Eingrenzung, Kontraktion, das Übermaß an psychophysischer Beteiligung, Neurasthenie und »Spannung« die Gefahr bedeuten, so gerät das epische Theater leicht in die Falle der Farblosigkeit, der Langsamkeit um der Langsamkeit willen, der nur syntaktischen Betonung (aber auch das ist bereits etwas: die Dinge mit ihrem wirklichen syntaktischen, lexikalen und grammatikalischen Gewicht auszusprechen!), der Gewichtlosigkeit, der fehlenden Dichtigkeit ... Denkt daran, daß das epische Theater vor allem eine Art zu *denken* und *sich einzusetzen* ist. Es ist eine Schule der geistigen Verantwortlichkeit und Wahl. Deshalb kann vielleicht am Abend eine Unvollkommenheit im Gefühl, in der Disponibilität auftreten, können Effekte schwächer sein, aber es »dürfte« nicht mehr möglich sein, daß Ihr auf der Bühne bei jedem Wort verzichtet auf Eure Natur menschlicher Wesen, die denkend existieren. Das epische Theater erlaubt kein Entrinnen. Ihr wißt es: es verlangt Eure totale Geistesgegenwart. Fehlt sie, existiert es nicht. Ist es nur Leere.

... Ich kenne Eure tägliche Mühe, weiß, was ich von Euch fordere, was Ihr Euch selbst abfordern müßt. Aber ich glaube, daß es für Euch eine neue und tiefe Erfahrung ist, so viele »aufmerksame« Gesichter vor Euch zu sehen, so daß Ihr Euch nun wirklich präsent fühlen könnt, sowohl in dem, was Eure Rollengestalt aussagt, als auch in dem, was Ihr über diese Euch anvertraute Gestalt denkt und wie Ihr sie beurteilt. Ich glaube, daß Ihr Euch niemals so wenig als gefühlvolle Ungeheuer gefühlt habt, die sich zerfetzen und den anderen gleichsam schamlos die Fetzen ihres Selbst ins Gesicht schleudern, daß Ihr aber auch niemals zuvor eine ähnliche Klarheit, Euch selbst niemals so sehr als Menschen, die zu anderen Menschen sprechen, empfunden habt.

Brief an den Bühnenbildner Damiani

Lieber Luciano!

Im Geist sehe ich die Bühnenbilder für den *Galileo* so, wie sie vorige Nacht Gestalt gewonnen haben. Wir waren an einem toten Punkt angekommen. Wußten einfach nicht mehr, wie es weitergehen sollte.

In Venedig waren wir ausgegangen von jener *Studie der Kräfte* Leonardos, die ich – mehr von ihrem Geist als von ihrer Form inspiriert – als Emblem für das *Galileo*-Bühnenbild gewählt hatte, und haben uns festgefahren in dem Moment, in dem die szenische Struktur entstehen sollte. Gebrauchsobjekte, Sitzmöglichkeiten, Tische, Tafeln, wissenschaftliche Geräte, Gläser, Wein und andere Dinge sollten auf unverwechselbare poetische Art »unter einem gewissen Gesichtspunkt« auch den besonderen szenischen Ort bestimmen: Galileos Zimmer.

Vor der Kirche in Florenz, im Vorzimmer der Medici und so weiter. Jene außergewöhnliche Struktur, die so exakt aus der kleinen Zeichnung Leonardos entstanden war, jenes Gerüst, das gleichzeitig »Kirche« und »Gelehrten-Zimmer« war, der ernste, ruhige klare Raum, wie Brecht ihn sich gewünscht hätte – sollte nun auch den Schauspielern und dem Publikum dienen. Denn ohne Frage ist die Eigenschaft Nr. 1 eines Bühnenbildes seine »Brauchbarkeit«, die Vielfalt, mit der es benutzt werden kann, seine Fähigkeit, Aktionen, Bewegungen, Figurationen zu suggerieren. In diesem Sinn hat das Bühnenbild eine spezifische Charakteristik, die nicht immer oder sogar fast niemals unterstrichen wird. Du weißt es: das Bühnenbild ist keine nur ästhetische, optische Gegebenheit. Es ist eines der anregendsten und determinierendsten »Mittel«, die die Schauspieler und mit ihnen die Regisseure zur Verfügung haben oder haben müßten. Unablässig »korrespondieren« Bild, Objekt, Raum, Darsteller, Wort, Geste, Bewegung miteinander, immer suggeriert eines den anderen etwas, das diese anderen dann »benutzen« und vollenden. Mir ist klar, Luciano, daß dies eine Arbeit ist, die wir bisher noch nie ganz so realisieren konnten, wie wir es gewollt hatten. Denn das

Bühnenbild kann nur gleichzeitig mit der dramatischen Handlung entstehen, während der Proben, Tag für Tag, gewandelt und verwandelnd. Noch hat unser Kampf gegen die alten Gewohnheiten, die Zeit und den Geldmangel den Vorrang vor dem »dynamischen« Theater-Konzept: eine Aufführung, die *alle zusammen* auf der Bühne entwickeln.

Wie allein sind wir diesem Problem gegenüber! Wir haben das notwendige Stadium des »Bühnenbild fertig für die erste Probe«, »Kostüme vom ersten Probentag an« wie beim Film für den ersten Drehtag überwunden (und einst erschien uns das als das größtmögliche Wunder!) und sind noch nicht bei der »kollektiven Konstruktion« des ersten Tages angekommen: ein umrissener Raum, dessen Leere die Vorahnung von etlichen Möglichkeiten für konkrete Lösungen vermittelt, weiter nichts.

Auch mit diesem *Galileo* sind wir beim Raum angekommen, und das ist nicht wenig. Und wir sind mit unserer einsamen, in Venedig begonnenen Arbeit so weit gekommen. Denkst Du noch an unsere Ankunft bei »acqua alta« (Hochwasser) mit unseren Tafeln, Papieren, Farben und dem Koffer voller Bücher? Dann haben wir unsere Zimmer mit unseren »Altärchen« von Fotografien, Dingen, Holzproben, Stoffproben arrangiert, lauter Dinge, die vielleicht gar nichts zu tun haben mit der Inszenierung, die uns aber als »magisches« Material dienen, um aus wer weiß welch mysteriösen Fernen Imaginationen und Gefühle für die zur Debatte stehende Materie herbeizulocken. Und nachdem unsere »Altärchen« aufgebaut waren, haben wir zu arbeiten begonnen, einen Rhythmus gefunden. Jede Inszenierung hat ihren Arbeits-Rhythmus. Manche macht man nachts, andere morgens, andere beim Spazierengehen, andere in der Sonne liegend oder im Wasser – den *Coriolan* haben wir zum großen Teil auf einem Schiff gemacht, erinnerst Du Dich?

Sogar das Material, das für die Skizzen und Entwürfe – nicht einmal die endgültigen, sondern auch die der Zwischenstufen – gebraucht wird, ist »mysteriös«. Deine Technik, die Du für ein Bühnenbild findest, kann nicht auch für ein anderes gelten. Für diesen *Galileo* hast Du vor allem die notwendige, richtige Technik gefunden. Und das ist an sich schon eine Erfindung. Auf die großen Kartons hast Du zwei oder drei Schichten Seidenpapier gebreitet und sie mit einem eigenen »Verfahren« miteinander verbunden. Dabei kam eine glänzende, stechende, aber vibrierende, leicht »japanische« Oberfläche heraus. Auf dieser Oberfläche begannst Du weiterzuarbeiten mit Weiß und Wasser, Kreisen und Kohlestiften. Daraus entstand der Raum für *Galileo*. Genau um zwölf Uhr mittags gingen wir, um die Tauben auf der Piazza zu füttern, hinaus in den Nebel mit ein bißchen Sonne. Dann kehrten wir zur Arbeit zurück. Abends im Bett begannen unsere dauernden nächtlichen »Reisen« im stechenden Licht der Tischlampen. Einmal kam ich zu Dir, ein andermal kamst Du zu mir, wie zwei Gespenster, um Vorschläge zu machen. Wie oft habe ich Dir eine Skizze aus der Hand gerissen, um sie mir mit zwei Reißzwecken über dem Bett aufzuhängen. Ich wachte auf, sah sie an, schlief wieder ein und dachte im Schlaf darüber nach.

Glücklich über die »beendete« Arbeit kehrten wir nach Mailand zurück. Und sofort begannen die dramatischen Konflikte. Ich sehe – und werde es immer sehen – das Fenster Deines Hauses, vor dem die Birke steht: immer schien Licht heraus, zu jeder Tages- und Nachtzeit. Noch warst Du nicht so weit, eine brennende Kerze auf eine Ecke des Tisches zu stellen, wie Du es später machtest. Ich fragte Dich nach dem Warum, und Du antwortetest: »Weil ich mich dann weniger allein fühle. Sie ist meine Gesellschaft, verstehst Du?« Die Kerze brannte, die Flamme zitterte, und Du fühltest Dich in Gesellschaft während der langen, langen Stunden des Arbeitens ... Seit unserer Rückkehr kamen wir nicht mehr voran. Gestern haben wir während einer Nacht geradezu irrsinniger Bemühungen die Lösung des Problems gefunden. Aber sag mal, haben wir dabei nicht auch die Flasche Cognac leergemacht, die wir aus der von Deiner Frau vorsorglich verschlossenen Hausbar hervorzaubern konnten?

Was ich Dir und mir aber sagen will, ist, daß solch plötzliches »Blockiertsein« kein Anzeichen von *Impotenz*, vielmehr eines von *Reife* ist. Gerade jenes neue Konzept, Theater gemeinsam zu entwickeln, wie es heute von unserem Theater vertreten wird, hier wird es gewissermaßen zu einer Sperre. Es hätte genügt, gemeinsam den in Venedig vorbereiteten Raum aufzubauen und Zeit, Geduld und Mittel zu haben, um *anzufangen*, uns in diesem Raum zu bewegen, damit Du daraus graphisch Deine Schlüsse ziehen und sie uns als neue, aus den alten weiterentwickelte Lösungen anbieten konntest. Die Spannung, die Schwierigkeit, die Verzweiflung des »Blockiertseins« entstanden, weil wir wieder einmal, *gegen* unsere Überzeugung, die Mühe *ganz allein* auf uns nehmen mußten, indem wir aus Mangel an Zeit und Gemeinschaft eine ungeheuere Arbeit übersprangen, um dem *Galileo* eine definitive Form zu geben. Und doch wirst Du sehen, Luciano, wie viele Änderungen wir noch anbringen werden! Wie wir verdammt und »ungesunder Vergeudung« angeklagt werden! Du wirst Paolos Flüche über die »Verzögerungen« auf Dich ziehen, meine Nervosität, aber wir werden das alles auf uns nehmen und weitermachen.

In wenigen Jahren werden wir keinen mehr haben, der noch weiß, wie man mit verschiedenen Techniken malt, keinen, der große Wände, die dennoch so leicht wie Tüll sind, konstruiert, unvorstellbare Gewebe, die in den Raum schwingen, keinen mehr, der noch weben, nähen, schneidern möchte, keinen, der noch Schuhe und Hüte liebevoll und sachgemäß mit der Hand fertigt. Wie kann man dieses »menschliche Theater« denken und annehmen in einer Gesellschaft, die auf die große, kollektive Mechanisierung zueilt? Für uns, die wir niemals die mechanischen Komplikationen der dreifachen Drehbühnen, die auf- und absteigen, beben, sich neigen (und die fast nie benutzt werden), oder die drehbaren Zuschauerräume liebten und niemals lieben werden, die wir an ein klares und einfaches Theater *auch* in seinen technischen Formulierungen glauben (und auch hier steht einmal wieder unser alter Meister B. B. an der Spitze, denn das Konzept der Klarheit und Einfachheit stammt von ihm und nicht von seinen Bühnenbildnern): Für uns kündigt sich eine immer schwierigere Zukunft an.

Aber zurück zum *Galileo*. Die Lösung der kleinen architektonischen Modelle, in reduziertem Maßstab, die architektonischen Schnitte, die wie »wissenschaftliche Studienobjekte« für Baupläne aussehen, ist die beste und verständlichste. In einem Stück, in dem es um die Wissenschaft geht, ist es gerechtfertigt, daß auch die szenischen Hinweise »wissenschaftlich«, d. h. Studien, Architekturskizzen, in Weiß und Schwarz oder Grau, Weiß und Schwarz sind. Die Menschen sind viel größer als die architektonischen Gebilde, die wie Zeichen an die notwendigen Stellen plaziert sind. So wird z. B. der Florentiner Palast der Medici ein Rechteck aus einer Architekturzeichnung für diesen Palast, wird auf kleine Räder gestellt und auf die Bühne geschoben. Davor sitzen auf einer Bank, die größer als eine normale ist, Galileo und die Tochter und warten auf den Großherzog. Die Relationen stimmen.

All dies läßt uns die große Freiheit, die wir suchen, um – wie es am nötigsten ist – während der Proben arrangieren zu können. Vielleicht ist es uns damit auch gelungen, ein wenig vom Konzept eines »fortschrittlichen Theaters in Bewegung« zu retten. Die Karnevalsszene vor einem Prospekt »all'italiana« aus kleinen alten Häusern und die echte Schaukel, die viel größer ist als diese Häuser, mit den Kindern, die die Dächer überragen, das Spiel der Armen im Bühnenmittelpunkt: Mit dieser »Inversion der Beziehungen« wird, glaube ich, die Szene rational und poetisch beleuchtet.

Morgen werden wir das Problem der Kostüme in Angriff nehmen. Dabei kommen wieder neue, grundsätzliche Fragen auf uns zu: die der »Funktion des Kostüms«, die der »Notwendigkeit des Kostüms«. Und wenn das Problem der Entwicklung des Bühnenbildes während der Proben für uns immer entscheidend war (auch wenn wir es nur zu geringem Prozentsatz verwirklichen konnten), so ist bezüglich der Kostüme diese Arbeitsweise unumgänglich. Wie war es früher möglich, das Theaterkostüm als etwas »Vorgefertigtes« anzusehen, das der Schauspieler dann »in einem bestimmten Moment« (sehr spät meist) anzieht, um sich sogleich dem Publikum darin zu präsentieren? Die Funktion des Kostüms ist grundlegend für die *Gestaltung* der Person, dafür, ob sie realistisch oder episch gespielt wird. Die Person entsteht aus einer Serie von »Kettenreaktionen« zwischen Kostüm und Darsteller, zwischen Geste und Besonderheiten des Kostüms.

An einem bestimmten Punkt muß dies Spiel, den Ball unablässig hin- und herzuwerfen, aufhören. Aber selbst wenn diese Entscheidung einen Entwicklungsprozeß abschließt, läßt sie ihn in gewissen Grenzen noch für die Zukunft offen. Während der Aufführungen wird es immer möglich sein (ist es sogar *notwendig*), die Arbeit wieder aufzunehmen, im Zusammenhang mit den Publikumsreaktionen und den Erfahrungen der Schauspieler den Prozeß weiterzuführen, der im Grunde genommen niemals endet. Mir fällt auf, lieber Luciano, daß ich immer mehr das Profil eines Theaters »im Fortschritt« zeichne, *das wir niemals werden machen können* und das doch sehr ferner, nicht theoretischer, sondern konkreter Zielpunkt all unserer Arbeit bleibt. Das Theater von heute gewährt allzu wenig Möglichkeiten für denjenigen, der (ohne Geschwätz) eine vollkommen neue methodische Entwicklung vorausplant. Ich glaube wirklich, daß das zeitgenössische Theater eine neue

Methode der Theater-Arbeit dringend braucht (nicht auf der Linie Stanislawski – Stanislawski ist ein Markstein auf einem Entwicklungsweg –, sondern auf der Linie Brechts) und daß das Akzeptieren der Theaterarbeit als geistig offene und kontinuierliche »Forschungsarbeit« die einzige Möglichkeit ist.

Was können wir Theaterleute, die davon überzeugt sind, daß die Theaterarbeit von morgen anders sein muß, tun? Um morgen anders sein zu können, muß sie auf irgendeine Art zu diesem Ziel »geführt« werden; aber weiß ich nicht und stelle es nicht jeden Tag wieder fest, daß das Theater an sich um diese Problematik sich überhaupt nicht kümmert? Deshalb wirst Du, gemeinsam mit mir, wieder einmal, auch von unseren besten Freunden, den Vorwurf ertragen müssen, Perfektionist zu sein, aus Verrücktheit einen Knopf dreimal um zehn Millimeter zu versetzen, eine Abweichung um zehn Millimeter idiotischerweise ein Delikt zu nennen, für eine Behauptung oder eine Form zu kämpfen mit dem Vorbehalt, alles zwei Tage später wegen minimaler Gründe zu ändern. Mach Dich gefaßt, genau wie ich, als verrückt, als Verschwender, als einer, der womöglich »nicht weiß, was er tut«, erklärt zu werden. Genau wie Galileo. War Galileo etwa nicht ein Mann, der »nicht wußte, was er tat«? Als er die Phasen des Planeten Venus erforschte oder die Hypothese, die es zu beweisen galt, dem gläubigen Pater mit dem Eis in der wassergefüllten Tonne bewies? Tatsache ist jedoch, daß das Eis oben schwamm und nicht, wie Aristoteles behauptet hatte, unterging!

Unser von Dummköpfen, Denkfaulen oder Ignoranten proklamierter Perfektionismus, unser Ändern und Wieder-Ändern bis zum Ende (auch wenn es kein Ende gibt) könnte vielleicht »der Geist des kontinuierlichen Forschens« der Wissenschaft sein, die Methode der wissenschaftlichen Experimentatoren, die so vorgehen.

Kam einem bisher der Verdacht, daß unsere Art, Theater zu machen, auch nur dem Anzeichen nach ein verzweifelter Versuch sein könnte, eine Theater-Arbeit auf der Höhe des wissenschaftlichen Zeitalters zu realisieren, auf der Höhe der Eroberungen der dialektischen Methodologie, und daß es keine Manier war, wenn Brecht sein Gesamtwerk »Versuche« nannte? [...]

Damiani spricht vom *Galilei*

In der Arbeit am Bühnenbild für *Galilei* habe ich auf eine gewisse Kenntnis der Wissenschaft und der Kultur des siebzehnten Jahrhunderts vertraut, wie auch auf eine gewisse architektonische Welt jener Zeit: Im Gegensatz zu denen, die dieses Stück in Paris, New York, Berlin aufführten, war es für uns viel leichter, aber auch viel notwendiger, eine objektive Vision des Galileischen Jahrhunderts zu erreichen, indem wir einen Theaterraum schufen, der die größtmögliche Anzahl kultureller und architektonischer Elemente der Epoche vereinte, in der der Wissenschaftler gelebt und gewirkt hat. Dieses Studium war maßgebend für die Einrichtung des Bühnenraumes: Er mußte ein reales Bild des Verhaltens dieser Persönlichkeit und der Gesellschaft, die hinter ihr stand, schaffen; mußte Materialien bieten, die nicht nur an irgend etwas, was damals existiert hatte, erinnerten, sondern auf visueller Ebene Materialien äquivalent waren, die die italienische Geschichte und Kultur assimiliert hatten. Dabei entstand ein Raum, der durch seine architektonische Struktur nichts mehr gemein hatte mit einer illusorisch perspektivischen Welt, sich vielmehr auf eine Welt der Wissenschaft, der Konstruktion bezog; dafür war die Dachkonstruktion bezeichnend. Alles wurde eingeordnet in einen Raum, der achteckig, nicht perspektivisch war: die Perspektive wurde also nicht benutzt für das, was sich auf das Inhaltliche bezog, sondern sie wurde, nicht etwa im akademischen, scholastischen Sinn, sondern ganz einfach zufällig benutzt für das, was sich auf die verschiedenen Ambiente, den Platz, das Arsenal bezog. Die Begegnung der zufälligen Perspektive der Szenenbilder mit der realistischen Anlage produzierte einen klaren kritischen Diskurs.

Berlin 1971

Wolfgang Heinz
Über die Arbeit an *Galilei*

Interessant und bedenkenswert ist folgendes: Galilei – das entnehme ich dem außerordentlich instruktiven und überzeugenden Buch *Der Fall Galilei* von Ernst Schumacher – war ein überzeugter Katholik; er wollte nicht in Gegensatz zur Kirche geraten, nur hatte er über die Bereiche, die sozusagen Gottes und die des Kaisers sind, wie es so schön in der Bibel heißt, eine andere Auffassung. Gewisse Vertreter der Kirche meinten, da Gottes alles ist, ist des Kaisers nichts, aber Galilei meinte, in Glaubenssachen – und er bezog sich auf das Tridentinische Konzil – sei die kirchliche Auslegung authentisch, aber die Kirche habe andererseits die Aufgabe, wissenschaftliche Entdeckungen und Fakten mit dem Geist der Heiligen Schrift in Übereinstimmung zu bringen. Deshalb hält Galilei das Verbot der Heiligen Kongregation, sich mit der Kopernikanischen Lehre weiter auseinanderzusetzen, für unberechtigt – obzwar er gehorcht –, und deshalb meint er, als er erfährt, Barberini, der »etwas Mathematik gelesen« habe, werde Nachfolger des sterbenden »rückschrittlichen« Papstes, er könne sich nunmehr ungeschoren wieder mit der »verbotenen Lehre« befassen, glaubt er sich nun im Einklang mit der Kirche.

Für Galilei als Katholik ist Gott außerhalb der Schöpfung, die Schöpfung und der Mensch, der von Jesus erlöst worden ist, sind sein Werk, er kann ununterbrochen in diese Schöpfung eingreifen. Für Giordano Bruno hingegen ist nicht nur die Erde nicht das Zentrum der Welt; für ihn ist nicht einmal die Sonne das Zentrum der Welt. Er stieß bereits bis zur Frage vor: Wo ist der Wohnort Gottes? Wenn alles Himmel und nirgends Himmel ist, dann kann Gott nur in allem sein. Ein Gedanke, der natürlich völlig im Gegensatz zum dualistischen Prinzip der katholischen Lehre steht, und deshalb ist Giordano Bruno ja auch verbrannt worden.

Galilei findet nun eines Nachts mit Sagredo den Beweis, daß die Gestirne nicht an Kristallschalen angeheftet sein können, weil da ein Gestirn ist, um das sich andere drehen (nämlich die Jupiter-

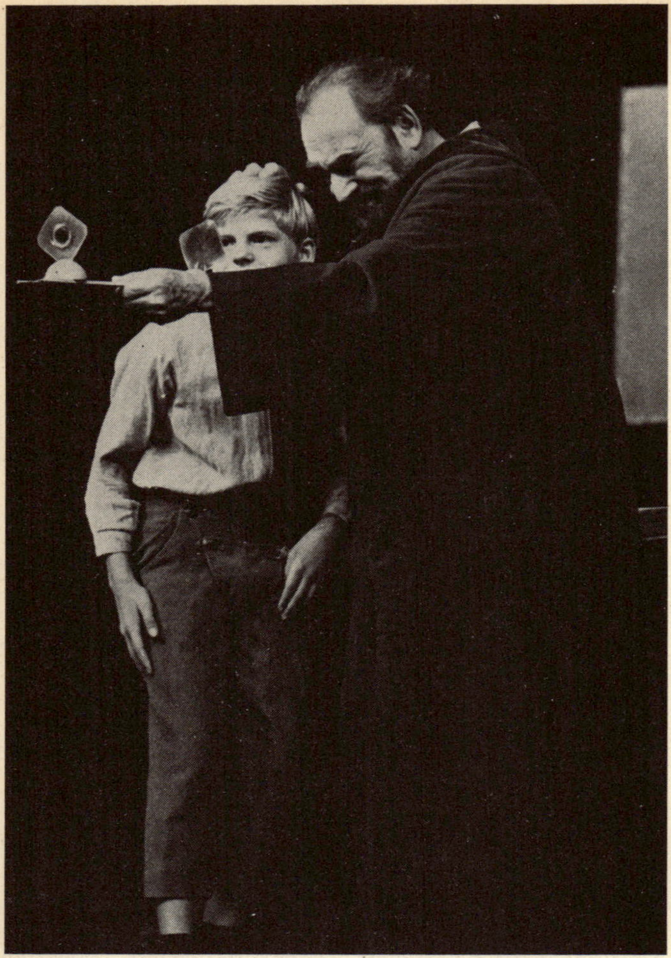

Berlin 1971 (Regie: Fritz Bennewitz).
Wolfgang Heinz als Galilei.

monde), und er hofft, somit beweisen zu können, daß auch die Erde sich um die Sonne dreht. Da fragt Sagredo entsetzt: »Wo ist Gott?« Worauf Galilei vollkommen konsequent antwortet: »Dort nicht! So wenig wie er hier auf der Erde zu finden ist, wenn dort Wesen sind, die ihn hier suchen sollten!« Indem er bei »dort« in Richtung Himmel weist. Sagredo aber beharrt bei seiner Frage: »Und wo ist also Gott?« Darauf weicht Galilei mit der Gegenfrage aus: »Bin ich Theologe? Ich bin Mathematiker.« Sagredo hört aber nicht auf. »Vor allem bist du ein Mensch. Und ich frage dich, wo ist Gott in deinem Weltsystem?« Nun repliziert Galilei: »In uns oder nirgends!« Bei dieser Alternative kann die Betonung niemals auf »nirgends« liegen, sonst würde Galilei bis zum Atheismus vordringen. Wenn sie aber auf »In uns« liegt, wäre es ein pantheistisches Bekenntnis. Es erhebt sich für mich nun die Frage: Will Brecht mit dieser Replik Galileis unhistorisch verfahren, oder muß man eine Haltung finden, die nicht die eines Bekenntnisses ist? Das kann ich noch nicht definitiv beantworten.

Ebenso möchte ich mit dem Regiekollektiv folgende Frage erörtern: Warum schweigt Galilei jahrelang und lehrt das Ptolemäische System? Vorerst, weil er nichts beweisen kann. Aber von dem Moment an, wo er glaubt, die kopernikanische Lehre beweisen zu können, warum schweigt er da? Nur weil ihm mitgeteilt wird, daß das Heilige Offizium verboten hat, über die Lehre des Kopernikus zu handeln? Und wenn, warum hält er sich an diesen Beschluß? Er beweist doch dem kleinen Mönch, daß es gerade im Interesse der Campagnabauern ist, wenn sie die Wahrheit erfahren, weil sie dann vielleicht begreifen, daß die Hierarchie gemäß dem Ptolemäischen System aufgestellt ist und auch im irdischen Bereich nicht so von Gott gewollt sein kann. Deshalb glaube ich, daß er aus Taktik schweigt. Auf die Mutmaßung des kleinen Mönchs, daß es »höchste Beweggründe« seien, die das Heilige Offizium geleitet hätten, entgegnet er demgemäß: »Würde ich mich zum Schweigen bereit finden, wären es zweifellos recht niedrige Beweggründe; Wohlleben, keine Verfolgung etc.« Erklärt das vielleicht auch, daß er widerruft? Sollten wir vielleicht akzeptieren, im Gegensatz zu seinen Schülern, daß er zwar soviel Wahrheit wie möglich erkennen, die Wissenschaften zum Wohle der Menschen entwickeln will, aber keine Lust hat, sich zu opfern? Ist dieser Charakterzug bereits von Anfang an gegeben?

Ich beschäftige mich zur Zeit auch mit Francis Bacon. Dieser

Bacon, der mit Recht als der Vater der exakten Wissenschaften betrachtet werden kann, in vielen Fällen Galilei ähnlich ist, erklärt auch, daß die Wissenschaften gefördert werden müssen, weil durch sie das Wohl der menschlichen Gesellschaft zunehmend verbessert werden kann, indem diese immer mehr Herrschaft über die Natur erringt. Dieser Bacon war – charakterlos; er war ein Karrierist, er war ein Intrigant, er war eitel, ruhmsüchtig und für Geld zugänglich. Der Widerspruch in diesem Mann hat mir zu denken gegeben. Ich frage mich, ob in der Renaissance, wo das Individuum zum Bewußtsein seiner selbst gekommen ist, wo der Individualismus sich unerhört entwickelt hat, Eigenschaften, wie sie Bacon an den Tag legte, vielleicht nicht so verdammenswert zu sein schienen wie für uns heute. Das ist vielleicht wichtig, um zu verstehen, warum Galilei – der historische – nicht daran gedacht hat, Märtyrer zu werden. Von heute aus gesehen möchte ich sagen, daß es einerseits sinnlos ist, sich dem Klassenfeind, dem Herrschenden auszuliefern, es andererseits aber Momente gibt, wo man zu seiner Überzeugung stehen muß. Es mag deshalb unter Umständen richtig sein, wenn Genossen vor einem Klassengericht die Wahrheit verschweigen, aber es gibt auch Fälle, wo man sich zum Kommunismus bekennen *muß*. Deshalb müssen wir bei der Beurteilung des Galilei von unserem heutigen Standpunkt aus verschieden einschätzen, ob er sich aus Taktik jahrelang weigert, über die Sonnenflecken und ähnliche Dinge weiterzuarbeiten, beziehungsweise es nur im Geheimen tut, oder ob er seine Erkenntnisse als irrig erklärt, ob er widerruft. Und auch hier muß man die »Schuldfrage« differenziert stellen. Ich spreche über das Folgende jetzt im Tonfall des Fragenden: Selbstverständlich ist die Empörung Andreas berechtigt, wenn er Galilei nach dem Widerruf mit dem Ausruf empfängt: »Unglücklich das Land, das keine Helden hat!« Aber steckt nicht auch eine gewisse Wahrheit darin, wenn Galilei sagt: »Unglücklich das Land, das Helden nötig hat!«? Ist es nicht tragisch, wenn die gesellschaftlichen Verhältnisse, wenn der Klassenkampf es erfordert, daß sich Menschen für den Fortschritt opfern müssen? Und ist es nicht ebenso tragisch, wenn sich keine Helden finden, die bereit sind und die Kraft haben, sich für fortschrittliche Ideale, wenn nötig, zu opfern? Ich glaube, beide Gesichtspunkte sind zu bedenken.

Das sind alles noch sehr sporadische Überlegungen, weil ich ja noch sehr am Anfang bin, aber wir werden später, während der

Proben, auf sie zurückkommen und werden untersuchen müssen, wie man so eine Haltung Galileis als relativ richtig schauspielerisch gut ablesbar machen kann. Ich stelle mir vor, daß Galilei den Satz »Nein, unglücklich das Land, das Helden nötig hat« zynisch sagen müßte. Als Beispiel ein Verhalten aus unserer Zeit: »Millionen und Abermillionen Menschen leben wie die Tiere, ja noch schlimmer!« Äußere ich das mit dem Untertext: »Daran ist das imperialistische System schuld. Das muß aber nicht so bleiben, wir müssen diesen Menschen nur helfen, ihre wahren Interessen zu begreifen, damit sie die Verhältnisse und sich ändern!«, dann wird man meine Empörung über das schuldig unmenschliche System spüren. Stelle ich es aber nur als Tatsache fest, mit dem Untertext: »So ist es nun einmal, und daraus kann man die Konsequenz ziehen: Diese Menschen haben nicht das Recht, zu fordern, ein menschenwürdiges Dasein zu führen, und alle Weltverbesserungsideale sind Chimären, so bedauerlich das auch ist!«, werde ich diese Menschen verurteilen, auch wenn meine Formulierung den Tatsachen entspricht. In diesem Sinne könnte ich mir die Haltung des Galilei vorstellen.

Ein weiteres Problem ist für mich das Alter. Ich werde jetzt einundsiebzig. Galilei ist im ersten Bild sechsundvierzig Jahre. Das ist natürlich eine tüchtige Zeitstrecke, die dazwischen liegt. Ich denke sie aber überbrücken zu können, indem ich Galilei als einen vitalen Mann gestalte. Wenn das Nachdenkliche, Besinnliche dominierte, würde wahrscheinlich meine Altersreife mitschwingen – nicht die geistige Reife, die hat der Galilei mit sechsundvierzig Jahren bestimmt in viel größerem Maße gehabt –, und mein Verhalten wäre das eines alten Mannes. Dieser Galilei ist ja ein Epikureer, der mit leidenschaftlichem Genuß sich alles einverleibt, auch Entdeckungen und Erkenntnisse. Ausgehend von dem Satz: »Das Denken gehört zu den größten Vergnügungen der menschlichen Rasse«, wird man zeigen müssen, daß er ununterbrochen genießt. Er genießt, wenn er lehrt, weil er spürt, daß der Lehrende immer lernt, reicher wird an Einsichten. Wenn er kombiniert, müssen wir spüren, wie er seine Fantasietätigkeit genießt. Alles Lehrhafte, alles Überlegende, Kombinierende wird als aus der Leidenschaft geboren zu gestalten sein. Natürlich entsteht da die Gefahr, daß man keinen Wissenschaftler spielt, aber ich meine ja nicht, daß er verzückt, verträumt, übersinnlich sein soll, in die Unendlichkeit tastend, sondern ein Mann, der auf dem Boden der Wirklichkeit steht, der es nur herrlich und wunderbar findet, wenn er plötzlich eine Entdeckung macht. Ich glaube, das wird möglich sein, wenn man diesen Wissenschaftler erfüllt von dieser Genußsucht zeigt, aber gleichzeitig ablesbar macht, wie er aus einem anderen Grundzug seines Wesens heraus seinen Emotionen nicht freien Lauf läßt. Er sagt einmal: »Ich bin natürlich selber sehr mißtrauisch gegen jede vorschnelle Folgerung«, und an einer anderen Stelle erklärt er: »Meine Absicht ist nicht, zu beweisen, daß ich bisher Recht gehabt habe.« Er versucht zuerst einmal zu beweisen, daß er *nicht* Recht gehabt hat, und erst wenn ihm dieser Beweis mißlingt, wird er die geltenden Thesen in Frage stellen. Und aus dieser unerhörten Vorsicht des produktiven Zweiflers heraus wird er versuchen, sich trotz allem Genuß so sachlich wie möglich zu äußern. Um auf den Partner nicht suggestiv zu wirken, sagt er zum Beispiel nicht: »Nun, hast du den Mond gesehen? Was sagst du zu diesen *glänzenden Punkten*? Na, na?« Er weiß, was sie bedeuten, da ist für ihn kein Zweifel, daß es die Spitzen der Mondberge sind. Aber Sagredo könnte sie durch das Fernrohr nicht einmal entdeckt haben. Erst als dieser sie bei der Beschreibung des Mondes feststellt, fragt er ruhig, nach außen: »Was hältst du von diesen glänzenden Punkten?« Er darf nicht suggestiv sein, weil er sich sonst der Bestätigung durch seinen Partner beraubt.

Eine weitere mich interessierende Frage ist die nach Galileis Beziehungen zu den Menschen, zur Menschheit wie zum einzelnen. Wir wissen, er vertritt die großartige Ansicht, daß die Wissenschaft zum Wohle der Menschen angewandt werden muß. Das zeigt seine humanistische Einstellung, aber wie ist er zu den einzelnen Menschen? Es gibt ja Leute, die ständig für die Menschheit denken und handeln, aber sich zum Nächsten sehr schlecht verhalten. Galilei scheint mir nicht so zu sein. Zum Andrea zum Beispiel ist er fast zärtlich. Er liebt diesen Jungen, weil er die Begabung in diesem jungen Menschen liebt. Wie ist er zu seiner Tochter? Nun, zweifellos fühlt er sich für sie verantwortlich. Auf den Vorwurf Sagredos, ob er mit dem Fernrohr nicht ein Plagiat begangen habe, rechtfertigt er sich in erster Linie damit, daß er sagt: »Meine Tochter braucht eine Mitgift, sie ist nicht intelligent.« Er will also Geld schaffen, damit seine Tochter Aussichten auf eine gute Ehe und damit auf eine auskömmliche Existenz hat.

Aber es gibt Momente, wo er fast herzlos wirkt, völlig desinteressiert an ihr. Zum Beispiel im dritten Bild, wenn sie durch das Fernrohr sehen will und er es verbietet: »Warum? Es ist kein Spielzeug.« Aber ist er nicht nur abweisend, weil er nicht duldet, daß man ein wissenschaftliches Instrument zum Spielzeug macht? Er ist so besessen von seiner Wissenschaft, daß er unangenehm berührt wird, wenn Menschen zu diesen Instrumenten nicht die wertende Haltung einnehmen, die deren Bedeutung gemäß ist. Deshalb auch seine scheinbare Herzlosigkeit, wenn die Verlobung mit Ludovico auseinandergeht und seine Tochter ohnmächtig zusammenbricht. Hier tritt die Widersprüchlichkeit zutage: einerseits Mitgefühl mit der Tochter – andererseits Besessensein von der Forschertätigkeit. Auch seine Beziehung zum Andrea in der letzten Szene ist bezeichnend. Wenn Andrea Galileis Widerruf entschuldigt, ihn als eine großartige Taktik deutet – eine Haltung, die Galilei für einen Wissenschaftler unmöglich findet –, hat Andrea in seinen Augen verspielt.

Berlin 1978

Werner Mittenzwei
Galileo Galilei

Das Stück, das Brecht 1938 im dänischen Exil schrieb und das 1943 unter dem Titel *Galileo Galilei* am Zürcher Schauspielhaus uraufgeführt wurde, unterscheidet sich sehr wesentlich von *Leben des Galilei*, von jener Fassung, die unter dem Eindruck der Atombombenexplosion von Hiroshima entstand und seither gespielt wird. Beide Stücke sind verschieden in ihrer Geschichte, in ihrem politisch-ästhetischen Anliegen. Deshalb muß das frühe Galilei-Stück mit anderen Augen gesehen werden als das spätere.

Am 23. 11. 1938 vermerkte Brecht in seinem Arbeitsjournal, daß die Arbeit am *Galilei* abgeschlossen sei. Somit war das Stück bereits geschrieben, bevor die beiden Physiker Otto Hahn und Fritz Straßmann ihre Ergebnisse über die gelungene Spaltung des Urankerns der wissenschaftlichen Öffentlichkeit mitteilten. Brecht erfuhr davon durch Mitarbeiter des dänischen Atomphysikers Niels Bohr. Die neue Entdeckung wertete er positiv, und sie veranlaßte ihn deshalb zu einem vagen Hinweis im Text, aber noch zu keiner Veränderung.

Die Fabel des frühen Galilei-Stücks erzählt die Geschichte eines Mannes, der für ein neues Zeitalter kämpft, der aber an einem entscheidenden Punkt seines Lebens versäumt, für die Vernunft, für den Fortschritt einzutreten. Brecht schildert uns hier – ausgehend von den Erfahrungen der illegalen Arbeit gegen den Hitlerfaschismus – einen Menschen, der in schwierigen Zeiten lebt, der harten Belastungsproben ausgesetzt ist. Was er will, ist nicht immer mit Gradlinigkeit, nicht auf dem ersten besten Wege durchzusetzen. Um für die Vernunft einzutreten, ist List, ist Taktik nötig. Er überlegt lange, ob das Werk eines Wissenschaftlers und die Person des Wissenschaftlers nicht zwei ganz verschiedene Dinge sind. In einem frühen Entwurf hatte Brecht den Galilei sagen lassen: »Hätte es geheißen: Wir töten dich, wenn du nicht abschwörst, aber dann soll dein Werk leben, und ich hätte dann abgeschworen, dann wäre ich sehr verächtlich geworden. Aber, natürlich, das Werk lebt nicht von dem, was ich schwöre oder abschwöre, es steht auf eigenen Beinen, es wendet mir den Rücken zu, macht eine wegwerfende oder selbstmitleidige Gebärde nach mir und spaziert fort, in vollem Sonnenlicht.« Dieser Galilei leitet seine Haltung aus der wissenschaftlichen Erkenntnis ab, aber er erwägt auch, wo er List und Taktik gebrauchen muß. Aber wie weit kann er gehen?

Brecht läßt den Galilei den schmalen Pfad zwischen Taktik und Kapitulation durchschreiten. Die Situation des Galilei, die Bedrohung durch die Inquisition, verführt zur Selbstrechtfertigung. Doch Galilei kapituliert nicht, er wird nicht zum Verräter. Aber er ist auch weit davon entfernt, sich letztlich als Sieger zu fühlen. Die List, die er gebrauchen mußte, die Taktik, ohne die es nicht ging, entstellte auch die geistige Physiognomie des Forschers. Von seinem Schüler wegen seines listigen Verhaltens gelobt, bekennt er den Schaden, gesteht er die geistige und psychische Beschädigung. Aber im Unterschied zu *Leben des Galilei* ist dieser Galilei am Ende des Stückes nicht geistig verlumpt. Er ist angeschlagen, er erliegt im Kampf. Dieser Mann kommt nicht über die Hürde, die die Zeit ihm gestellt hat. In der konsequenten Verfolgung seiner Ziele erreicht er nicht unangefochten die Schwelle der neuen Zeit.

Galilei beginnt seinen Kampf mit dem Triumphgefühl der neuen Zeit. Doch er muß erleben, daß sich der Gegner noch stark erweist, daß die alten, verdammenswerten Zustände noch stabil, die verschlissenen Ideale noch brauchbar sind. In solchen Situationen fallen manche Mitkämpfer in die alte Zeit zurück. Wenig starke Charaktere ertragen nicht, wenn sie sich in ihren Hoffnungen getäuscht glauben. Das Triumphgefühl von einst schlägt in Verbitterung um. Doch dieser Galilei bleibt der Kämpfer für die neue Zeit. Er macht seine bitteren Erfahrungen, aber er fällt nicht zurück. Am Ende des Stückes ist er nicht der Bruder im Verrat, der Vetter in der Gosse, sondern der Mann aus dem Dickicht der Kämpfe. Angeschlagen, aber nicht zerbrochen, erreicht er die neue Zeit.

Eine Inszenierung des *Galileo Galilei* muß auf die Gestaltung dieses widersprüchlichen, außerordentlich komplizierten Charakters ausgerichtet sein. Weder die »Verdammnis des Galilei« noch die Rückkehr zur Volkslegende kann ihr Anliegen sein. Die Interpretation der vielschichtigen geistigen Physiognomie Galileis kann ebensowenig in der Verteidigung eines moralischen Rigorismus wie in der Heroisierung der Taktik bestehen. Galilei ist hier der tragische Held, der die Sympathie des Zuschauers verlangt. Deshalb ist für dieses Stück die »Pest«-Szene ebenso notwendig, wie sie für *Leben des Galilei* verfehlt wäre.

Das frühe Stück kann das spätere nicht ersetzen, wie das spätere das frühere nicht einfach aufhebt. Beide haben ihre eigenen Schönheiten, die des späten sind bekannt, die des frühen gilt es zu entdecken.

Werner Mittenzwei
Leben des Galilei oder *Galileo Galilei*?

Gedanken zur Etablierung von *Galileo Galilei* als eigenständiges Stück

1. Ein Wagnis?

Die Aufführung der dänischen Fassung ist ein Wagnis, aber eines, das sich lohnt.

Man muß davon ausgehen, daß es sich bei der dänischen Fassung, bei der Erstfassung, eben nicht nur um eine Fassung im üblichen Sinne handelt, sondern um ein eigenständiges Stück.

Es baut auf anderen historischen und inhaltlichen Voraussetzungen auf. Nicht die Atombombenproblematik steht im Vordergrund, sondern das Thema: Wie besteht der Wissenschaftler, der die Wahrheit weiß, in schwierigen Zeiten? Insofern ist es nicht nur die Problematik des Illegalen, sondern schließt das Thema der Verantwortung des Wissenschaftlers mit ein.

Galileo Galilei ist ein Stück, das seine eigenen Schönheiten besitzt, die sich von den Schönheiten der späteren Arbeit unterscheiden. Sie müssen entdeckt und zur Geltung gebracht werden. (Dramaturgisch ist die dänische Arbeit schwächer, weniger durchkonstruiert, so daß gelegentlich auch auf *Leben des Galilei* zurückgegriffen werden muß.) Die beiden Stücke verhalten sich zueinander wie ein Holzschnitt zur Radierung.

2. Beachtung der Akzentverschiebung in der Brechtschen Ästhetik

Greift man zu dem dänischen Stück, sind einige Akzentverschiebungen in der Brechtschen Ästhetik zu beachten. Dabei geht es nicht um eine Revision, nicht um eine Korrektur der Brechtschen Ästhetik, sondern um das Ausschöpfen der ästhetischen Möglichkeiten, die uns Brecht in die Hand gegeben hat. (Die ästhetische Machart muß gegen die »Bilderbuchvorstellung« von der Brechtschen Ästhetik polemisieren.)

Überhaupt kommt es darauf an, mit der Inszenierung von *Galileo Galilei* nicht *Leben des Galilei* ersetzen oder gar korrigieren zu wollen, sondern die Vielfalt Brechtscher Dramatik und Ästhetik zu demonstrieren.

Auf folgende Momente kommt es vor allem an:

Nicht Warnung vor dem Tragischen, sondern Beachtung des Tragischen

Gespielt wird die Geschichte eines Mannes, der ein Leben lang für das neue Zeitalter gekämpft hat, der aber an einem entscheidenden Punkt seines Lebens versäumte, für die Vernunft einzutreten.

Vorgestellt wird der illegale Kämpfer, der angeschlagen die neue Zeit erreicht.

Was er wollte, war nicht mit Gradlinigkeit zu erreichen, es war Taktik nötig, aber sie hat ihn nicht nur listig, nicht nur weise gemacht, sie hat ihn auch entstellt.

Am Ende des Stückes ist er nicht »geistig verlumpt«, sondern angeschlagen, getroffen. Der Verlust der Illusionen, die Einsicht in die »heroischen Illusionen« hat ihn weder verbittert, noch von seinem Ziele abgebracht. Ein Kämpfer gegen die Unwissenheit, die Unterdrückung fühlt sich am Ende, sein Leben überschauend, nicht als Held.

Gebückt und gebrochen kommt er durchs Tor der neuen Zeit.

Nicht Verhaltensweisen, sondern Charakter

Bei diesem Stück handelt es sich um eine Fabel, die vielfältige Aussagen und Deutungen zuläßt. Die Vielfalt in der Bestimmtheit.

Aufbau eines großen, vielfältigen und widersprüchlichen Charakters. Vielfältige Bezüge, vielfältige Umbrüche. (Die Betonung des Charakters entwertet nicht die Dramaturgie der Verhaltensweisen, die muß hier Zuarbeit leisten.)

Unterschiede:

Bei *Leben des Galilei* läuft alles darauf hinaus: dieser Mann ist der Menschheit im entscheidenden Augenblick in den Rücken gefallen (die Atombomben-Situation); wer so etwas tut, dessen Gehirn mag noch so wundervoll funktionieren, er ist verlumpt, verkommen. Geistige Brillanz in verdreckter Ausgabe. Deshalb muß die gesamte dramaturgische und darstellerische Kraft in den letzten Szenen auf den radikalen Abbau der Figur gelegt werden.

Anders bei *Galileo Galilei:*

Hier erliegt ein Mann im Kampf, er kommt nicht über die Hürde, die die Zeit ihm gestellt hat. In der konsequenten Verfolgung seiner Ziele kommt er nicht unangefochten durch die Zeit. Die Frage ist: Was wiegt schwerer, das gesamte durchgestandene Leben oder das Versagen in einem entscheidenden Augenblick?

Dieser Galilei muß die Sympathie des Zuschauers gewinnen.

In *Leben des Galilei* ist das Spielen der Pest-Szene tödlich für die Aussage des Stückes. Die Sympathie, die der Mann hier gewinnt, läßt sich auch nicht durch den Stückschluß widerlegen.

Für *Galileo Galilei* ist die Pest-Szene die notwendige Voraussetzung für das Stück, für die Stückaussage.

Hier wird gezeigt, daß dieser Mann sich nicht scheut, sein Leben einzusetzen. Diese Szene macht dem Zuschauer klar, daß es eben nicht nur an Mut gefehlt hat, weshalb dieser Mann vor seinen Gegnern nicht bestand.

Durchgehende Linie von den ersten Szenen, in denen Galilei als der Mann des Volkes gezeigt wird (Entwurf der Arsenal-Szene), über die Pest-Szene bis zur Hafner-Szene.

Das sind die entscheidenden Drehpunkte, die die ideelle, gedankliche Aussage kanalisieren.

3. Drei Grundhaltungen und Widersprüche des *Galilei*

Er ist der illegale Kämpfer, der Widersacher und Volksanführer und auch der Verräter an der neuen Wissenschaft in einer entscheidenden Situation.

Das Stück wendet sich ebenso entschieden gegen den *moralischen Rigorismus* wie gegen die *Heroisierung der Taktik* (oder Taktik als Beschönigung).

Sowenig der Mensch allein mit Taktik bestehen kann, sowenig

kann er das Leben mit einem moralischen Rigorismus meistern. Hier liegen die wesentlichen aktuellen Bezüge. Hier muß auf bestehende intellektuelle Verhaltensweisen und Gefühlslagen eingespielt werden.

Galileo Galilei ist zwar die entschiedene Wegwendung von der »Verdammnis des Galilei«, aber nicht die Rückkehr zur Volkslegende.

List und Taktik sind notwendig, List und Taktik machen Weisheit tiefgründiger, praktikabler, interessanter, aber diese Elemente sind auch zerstörerisch, sie haben ihren Preis. Weisheit kann auch leicht verrucht werden.

Der gefährliche Unterschied zwischen Wendung und Kapitulation

Dieser Galilei muß nicht nur vor der Inquisition, sondern auch vor sich selber bestehen.

Er überlegt lange, ob das Werk des Wissenschaftlers und die Person des Wissenschaftlers nicht zwei ganz verschiedene Dinge sind.

In einem früheren Entwurf heißt es: »Hätte es geheißen: Wir töten dich, wenn du nicht abschwörst, aber dann soll dein Werk leben, und ich hätte abgeschworen, dann wäre ich sehr verdächtig geworden. Aber, natürlich, das Werk lebt nicht von dem, was ich schwöre oder abschwöre, es steht auf eigenen Beinen, es wendet mir den Rücken zu, macht eine wegwerfende oder mitleidige Gebärde nach mir und spaziert fort in vollem Sonnenlicht.«

Diese Überlegung muß zunächst ernst genommen werden, ohne sie jedoch zu teilen.

Der Widerspruch zwischen der tatsächlichen relativen Selbstständigkeit des wissenschaftlichen Werkes und der Unteilbarkeit zwischen Erkenntnis und Haltung muß ausgespielt werden.

Daß Galilei meint, die Vernunft sei durch einen einzelnen weder zur Geltung noch in Verruf zu bringen, darf durch den Widerruf nicht widerlegt werden.

Wesentlich ist also, den Galilei bis an die Grenze der Kapitulation zu führen (die Situation ist so), ohne die Kapitulation vollziehen zu lassen. Eine Situation wie die, in der sich Galilei befindet, verführt zur Selbstrechtfertigung und damit zur Kapitulation. Galilei aber macht sich nichts vor.

Jeder Kampf erfordert Wendungen, sie sind notwendig, denn der

Fortschritt verläuft nicht gradlinig. Aber Wendungen beschädigen, zerstören auch.

Das Triumphgefühl der neuen Wissenschaft und die bittere Erkenntnis der heroischen Illusion

Jede neue Wissenschaft löst ein Triumphgefühl aus, das weitgespannter ist als der jeweilig mögliche Grad der realen Veränderung. Die Differenz ergibt sich aus der »heroischen Illusion«, die die Menschheit wiederum braucht, um einen großen Schritt zu machen.

Galilei baut auf dieses Triumphgefühl (frühe Fassung): »Niemals, sage ich euch, hat eine einzelne Wissenschaft wie die unsere eine solche Mission zuerteilt bekommen, einem ganzen Volk die Waffen der Vernunft gegen seine Unterdrücker zu schleifen.«

Aber Galilei lebt nicht nur von diesem Triumphgefühl, er erlebt auch die Enttäuschung.

Der Gegner erweist sich stärker, die alten Zustände stabiler, die schon verschlissenen Ideale doch noch nicht ganz verbraucht.

In solchen Situationen fallen viele in die alte Zeit zurück. Weniger starke Charaktere können solche Situationen nicht ertragen. Unerfüllte und beschädigte Hoffnungen zerstören sie. Das Triumphgefühl schlägt um in Verbitterung.

Was einst als stark galt, gilt jetzt als schwach; was sie einst emporhob, bedrückt sie jetzt.

Oftmals sind es nicht einmal die schlechtesten, die zurückfallen.

Brecht schrieb aus eigenen Erfahrungen: der Abfall Bernard von Brentanos und Ernst Gläsers.

Galilei macht auch seine bitteren Erfahrungen, aber er fällt nicht zurück, er bleibt bei der Stange. Er weiß, daß diese heroische Illusion notwendig, daß sie nicht nur Täuschung war.

Galilei erkennt,
die neue Wissenschaft hat nicht alles gebracht,
sie hat das Alte nicht völlig entwurzelt,
sie hat uns in der Erkenntnis sicherer, aber nicht sicher gemacht,
nichts ist erfüllt,
die Besten sind noch nicht am Ziel,
aber dennoch:
das ist die neue Zeit.

Dieser Galilei ist nicht der Bruder im Verrat, nicht der Vetter in der Gosse, sondern:

der Mann aus dem Dickicht der Kämpfe, der angeschlagen, aber nicht zerbrochen die neue Zeit erreicht.

Manfred Wekwerth
Zur Regie 1977

»Sinngebung« nannte Brecht einmal lakonisch die Arbeit des Regisseurs. Das hat ihm viel Ärger eingebracht. Man wollte nicht verstehen, daß hier eine Verbindung des Sinnreichen mit dem Sinnfälligen und Sinnlichen vorgeschlagen wurde, sondern man äußerte den muffigen Verdacht, Brecht wolle die Theatersessel in Schulbänke und die Theater in Erziehungsanstalten verwandeln. Sich so einen Popanz aufbauend – vor dem es Brecht am meisten gegruselt hätte –, hatte man genügend Anlaß, Brecht vom Theater zu verdammen. Besonders in jüngster Zeit hat man besonders unter westdeutschen Kritikern und Theaterleuten (aber nicht nur dort) geradezu einen Verein gegen die Verbreitung Brechts gebildet. Und die jetzt fanatisch sein Ende herbeiwünschen, sind meistens dieselben, die vor nicht langer Zeit ihn fanatisch bejubelten. (Das zeigt die Gefährlichkeit des Fanatismus.) Vor allem aber ist es jede Art von Sinngebung, die mißfällt. Die eigene Verständnislosigkeit gegenüber Brecht und dem Theater der Vernunft wird zum ganz neuen Brecht-Verständnis erklärt, das mit einer Aufführung von Brechts *Im Dickicht der Städte* in Frankfurt am Main 1973 seinen Siegeszug begonnen habe. Ich spreche hier nicht von denen, die Brecht auf den Kopf stellen. Sie sind harmlos und vergehen mit der Mode, die sie jeweils kreieren. Ich spreche von jenen, die es auf den Kopf abgesehen haben. Da sie selbst in dieser Welt keinen Sinn mehr finden können, erklären sie kurzum die Sinnlosigkeit zum modernen Gegenstand des Theaters, und das fällt ihnen auch offenbar bedeutend leichter. Ihre unermüdliche Suche nach dem Unauffindbaren garantiert ihnen den Ruf von Originalität, da garantiert nichts auf der Bühne ist, was irgendwoher entlehnt ist: zum Beispiel der Realität. Und da sie fortgesetzt das Unaussprechliche aussprechen, unterstellt man ihnen Kühnheit, da sie sich auf nichts verlassen, außer auf ihre Sprachlosigkeit.

Berlin 1978 (Regie: Manfred Wekwerth/Joachim Tenschert). Ekkehard Schall als Galilei.

Höhepunkt dieser Weihestunden der Unvernunft war für mich eben jene besagte Aufführung von *Im Dickicht der Städte.* Die Auflösung der bürgerlichen Gesellschaft, die das Stück zeigt, wurde da gezeigt, indem man das Theater auflöste. Es fand eigentlich nicht mehr statt. Zum Beispiel die These, daß die Menschen im Kapitalismus sich nicht mehr untereinander verständigen können, zeigte man einfach dadurch, daß die Schauspieler in der hintersten Ecke der Bühne undeutlich sprachen. Verließen dann die Zuschauer verständlicherweise nach wenigen Minuten das Theater, feierte man dies als Sieg über die Kleinbürger im Parkett.

Die Überwindung Brechts und des Theaters der Vernunft entpuppt sich da als der Einzug eines gigantischen Naturalismus. Seine Konsequenz: die Nichtigkeit der Welt ließe sich dann am besten zeigen, indem man einfach nicht mehr Theater spielt.

An einem Stück wie dem *Galilei* erweist sich Brechts Vorschlag der »Sinngebung« als sehr nützlich, besonders wenn man über »Brecht hinauswill«. Das Stück ist zu verschiedenen Zeiten und Anlässen in bemerkenswerter Weise aufgeführt worden. Wer kennt nicht Galileis Bekenntnis, er glaube an die sanfte Gewalt der Vernunft? Wie gut klang dieser Satz nach einem barbarischen Krieg, der zweifeln ließ, ob Menschen überhaupt noch Vernunftswesen seien. Wer atmete nach Hiroshima nicht auf, wenn wenigstens Galilei sich verdammte, er habe das einzige Ziel der Wissenschaft verraten, die menschliche Existenz zu erleichtern. Die damalige Sinngebung, vor dem Mißbrauch der Wissenschaft zu warnen, kam nicht allein aus dem Stück, mehr noch von dem Schrecken, den die Wissenschaft als unmittelbare Bedrohung unseres Planeten verbreitete. Sicher ist heute das Stück mit dieser eindringlichen Sinngebung noch zu spielen, denken wir an die Neutronenbombe. Aber gerade der eingangs erwähnte »Verein« der Anti-Brechtianer sieht gerade auch in »Galilei« den Beweis, wie sehr Brecht veraltet ist, da er lediglich ein »Anti-Atombomben-Stück« geschrieben habe.

Den *Galilei* heute lesend, fällt zunächst auf, wie sehr der Fall Galilei, also der eines Wissenschaftlers, sich auf andere Bereiche umlegen läßt. Wie sehr er Gleichnis oder Modellfall ist , auch für uns. Uns, die wir im Besitz einer großen Wahrheit sind, interessiert die Frage, wie sich Wahrheit durchsetzt. Sie scheint heute eine Schlüsselfrage – nicht nur des Stückes. Setzt sich Wahrheit durch, weil sie wahr ist? Auf uns umgelegt: reicht es, die Gesellschaft umzuwälzen – und alles wird automatisch neu? Die Arbeitsmoral, das Klassenbewußtsein, der Wissensdurst, das Glücksgefühl? Oder setzt sich nur soviel an Wahrheit durch, wie wir durchsetzen? Und durchsetzen können? Ist Galileis Bekenntnis, daß niemand sich gegen die Versuchung wehren kann, die von einem Beweis ausgeht, wirklich ein wahres Bekenntnis, oder ist es nicht auch Illusion, die schlimme Folgen hat? Das Stück weniger auf die Größe der Figuren lesend und mehr auf die der Vorgänge, in die die Figuren verwickelt werden, entdeckt man, daß dieses zum Zitat gewordene Bekenntnis Galileis gerade dann von ihm gesagt wird, als er sich an den Florentiner Hof begibt, weil er dort mit dem Fernrohr selbst die Mönche überzeugen will: Der wissenschaftliche Beweis gilt ihm alles. Später, im Gespräch mit dem Kleinen Mönch, wird der Lehrer lernen müssen: Es geht gar nicht um den Beweis, den das Fernrohr von den Jupitermonden liefert, es geht um gesellschaftliche Interessen. Und widerspricht die Winkelsumme im Dreieck eben den Herrschaftsinteressen, so ist sie nicht 90, sondern 180 Grad. Das wußte schon der englische Philosoph Thomas Hobbes, und der war Galileis Zeitgenosse.

Hier entdecken wir, den *Galilei* lesend, noch eine Frage von Brisanz: Galilei beschreibt mit schönen (brechtischen) Worten die Eröffnung eines neuen Zeitalters in der ersten Szene: Die Wahrheit bricht sich Bahn, die Unvernunft kapituliert, die Plebejer fressen die Vernunft in sich hinein wie Semmeln. Aber Galilei wird erfahren müssen, daß nicht nur die Kirche sein Feind ist, sondern mehr noch das Vorurteil der vielen einfachen Leute, die die Kirche unterstützen, auch gegen ihre wirklichen Interessen. Marx sagt: Der Kampf um die Wahrheit ist in der Hauptsache der Kampf gegen die Unwahrheit. Ist dies nicht wichtig für uns zu wissen? Gerade weil wir die wirklichen Interessen der einfachen Leute vertreten? Aber wissen wir nicht auch, daß viele arme Landarbeiter 1945 sich hartnäckig weigerten, den Boden der Gutsbesitzer zu übernehmen, obwohl dies schon die Bauern im großen Bauernkrieg 1525 forderten?

400 000 Menschen in Hiroshima, gestorben in einer Sekunde durch das höchste Produkt der damaligen Physik, veranlaßten Brecht, sein Stück *Galileo Galilei* zu verändern: Er verdammte ihn gnadenlos, da er mit seinem Widerruf den Herrschenden sein Wissen auslieferte, es zu gebrauchen, es nicht zu gebrauchen, es zu

mißbrauchen. Die Verdammung Galileis richtete lädierte Ideale auf, indem die Schwelle gezeigt wurde, die niemals überschritten werden darf. Den *Galilei* heute lesend, stellt sich die Frage auch von einer anderen Seite: Heute richtet man Ideale auf, um sie gegen Realitäten ins Feld zu führen. Das reicht von Marx, den man als Kronzeuge gegen den realen Sozialismus aufruft, bis hin zu den jungen Leuten, die mit subjektiver Ehrlichkeit die Realität ausschließlich am Ideal messen. Kurz: vom realen Sozialismus bis zur Koexistenz ist nichts ohne die Dialektik zwischen Strategie und Taktik zu verstehen. Und auf diese Sicht scheint der *Galileo Galilei* der ersten Fassung zu verweisen: Es kann keine ausschließliche Verdammung der Taktik geben. Ohne Widerruf gäbe es keine Weiterführung des Werkes Galileis. Aber es kann auch kein ausschließliches Lob der List und der Taktik geben: Das Werk Galileis wird zwar erhalten, aber stark beschädigt; Galilei selbst wird über die Erhaltung seines Werkes zerstört. Hier enthält das Stück eine Warnung vor rein moralischer Verdammung des Kompromisses, und es enthält zugleich die Warnung, die Taktik zur alleinigen Strategie werden zu lassen: undialektisch gebraucht gefährdet Taktik jedes strategische Ziel.

Die neue Zeit wird nicht daran gemessen, wie ideal sie ist, sondern wie neu sie ist. Strategische Ziele werden nicht ohne Taktik erreicht, aber ohne Strategie verdeckt, ja beschädigt die Taktik das Ziel. Es gibt keine moralische Verdammnis einer List. Aber es gibt auch keine moralische Rechtfertigung einer List. Gemessen werden allein die Folgen.

Den *Galilei* so lesend und so Ausschau haltend nach einer heutigen Sinngebung, suchten wir nicht so sehr die unbestrittene Größe des Stücks, sondern den Streit; nicht so sehr die Geschichte, sondern die Geschichten, die das Stück enthält. Nicht so sehr den gegebenen Charakter eines Mannes der neuen Zeit, sondern seine Entstehung. (So verzichteten wir selbst auf das »berühmte« prustende Waschen am Anfang, das die Schablone des asketischen Sternguckers zerstören sollte, da es inzwischen zu einer anderen Schablone geworden war, die Brecht geahnt haben muß: Galilei ist kein Falstaff. Wir versuchten die Sinnlichkeit durch die Konkretheit, Naivität und Neugier des Denkers Galilei zu zeigen, mit der er seine Umwelt studiert. Beobachten ist für ihn ebenso Lust wie Sucht.)

So kamen wir auch auf unsere »sinnliche« und »sinnfällige« Seite der Sinngebung: unsere Bühne ist nicht ein »festgelegter Platz«. Sie ist ein Spielgerüst, das Arena, Tableau, Hörsaal, Marktplatz, Mittelpunkt der Welt und Gefängnis des alten Galilei sein kann. Auf diesem Gerüst wollen wir nichts behaupten, sondern alles entstehen lassen: vom Charakter des Galilei bis zu Karnevalszügen, von der engen Studierstube in Padua bis zum Papst.

Und da wir mit einer Meinung des Zuschauers rechnen (die berechtigt ist), Galileo Galilei sei ein bedeutsamer historischer Fall, der abgeschlossen ist von der katholischen Kirche bis zu Brecht, wollten wir von vornherein die Gegenmeinung mobilisieren: wir stellten die Masken der Fastnachtsszene an den Anfang und machten den Balladensänger zum Spielmeister. Die wunderbare Musik Eislers erhaltend, wollten wir zugleich die in Form und Haltung sehr volksliedhaften Vorsprüche Brechts geben, die auf den Fall ein gesundes, plebejisches Licht werfen, ohne Respekt, aber mit viel Achtung, besser Beachtung.

Die Masken des Fastnachtszuges sind von Anfang an anwesend, schwinden zeitweilig und dominieren am Schluß: es sind die volkstümlich gesehenen Gespenster der Obrigkeit. Sie sind uns Metapher, erinnernd an Goyas Zeichnung: Der Traum der Vernunft gebiert Ungeheuer.

Interpretationen

Jan Knopf

Bertolt Brecht und die Naturwissenschaften

Reflexionen über den Zusammenhang von Natur- und Geisteswissenschaften

I

Im Informationsblatt, das die Universität Karlsruhe – die älteste Technische Hochschule in Deutschland – herausgibt, findet sich Ende 1976 ein *Aufruf zur Mondlandung der Geistes- und Sozialwissenschaften* des Quantenelektronikers Gerhard K. Grau; die Mondlandung habe, führt Grau aus, »die Fähigkeit von Naturwissenschaften und Technik getestet, in interdisziplinärer zielstrebiger Arbeit utopisch anmutende Projekte zu realisieren«. Nach den Erfolgen der Natur- und Technikwissenschaften wäre nun, »bildlich gesprochen«, wie Grau formuliert, die »Mondlandung der Geistes- und Sozialwissenschaften fällig«: »Wir sollten sie zu interdisziplinärer Arbeit in großem Stil herausfordern und hoffen, daß ihnen vom Mond aus die Erde und ihre Probleme überschaubarer werden, so daß sie voll neuer Ideen zu uns zurückkehren und mit ihrem Fachwissen auch anwendungsbezogen zur Lösung unserer Fragen beitragen können.«[1] Graus Aufruf ist von jener Zuversicht gegenüber dem Fortschritt von Natur- und Technikwissenschaften getragen, die den Astronauten Neal Armstrong beim ersten Betreten des Monds veranlaßt hat zu sagen, sein kleiner Schritt auf den Mond sei ein großer Sprung für die Menschheit. Auch zeugt der Aufruf von einer unter den Naturwissenschaften offenbar verbreiteten Meinung, daß die Geisteswissenschaften stets festen Boden unter den Füßen gehabt hätten, so daß Befürchtungen aus ihren eigenen Reihen, sie seien schon längst auf dem Mond, ja hinter dem Mond gewesen, ehe die Naturwissenschaften hätten daran denken können, gegenstandslos zu sein scheinen. Dagegen freilich vermissen die Naturwissenschaften offenbar die Realisation ähnlich utopisch anmutender Projekte durch die Geisteswissenschaften und fordern sie dazu auf.

Dem Aufruf ließe sich nun gleich entgegenhalten, daß der bekannte Unterschied zwischen Natur- und Geisteswissenschaften eine Mondlandung letzterer, so bildlich sie auch gemeint sein mag, ausschließt; erfassen jene von den Menschen unabhängige Gegenstände, die aufgrund von Beobachtung und Experiment erklärbar und gesetzmäßig beschreibbar, und das heißt verallgemeinerbar und wiederholbar sind, so erschöpfen sich diese im Verstehen des Besonderen und historisch Einmaligen, die als menschliche Produkte überdies mit Sinn- und Wertaspekten ausgestattet sind, welche eine unabhängig beschreibende und verallgemeinerbare Erklärung unmöglich machen. Bieten die naturwissenschaftlichen Gesetze die Möglichkeit, Zukunft zu planen und Voraussagen zu machen, so sind die Geisteswissenschaften von vornherein, wie es scheint, mit dem Fluch des Vergangenen belastet, der das Entwerfen noch so konkreter Utopien grundsätzlich in das Reich der Spekulation zu verbannen scheint.

Die Trennung der Wissenschaft – wie sie im 19. Jahrhundert durchgeführt worden ist – in die beiden großen Wissenschaftszweige (deren weitere Verzweigung im 20. Jahrhundert hier vernachlässigt werden darf) basiert auf der »ontologischen Differenz von Sein und (geschichtlichem) Bewußtsein«[2], eine Differenz, die durch Wilhelm Dilthey ihre – im großen und ganzen noch heute für gültig gehaltene – Beschreibung erhalten hat. Dilthey ging davon aus, daß die unterschiedliche Problemlage der Gegenstände, auf deren adäquate Erklärung und Beschreibung sich die Wissenschaft verpflichtet hatte (und wofür die Geschichte der Naturwissenschaften das Vorbild lieferte), dazu zwang, die Wissenschaft zu teilen und für die geisteswissenschaftlichen Gegenstände eigene Verfahren und Methoden auszubilden. Das aber bedeutete, daß die Geisteswissenschaften, wollten sie auf eben die Weise verfahren, wie es die Naturwissenschaften vorgeführt hatten, gerade nicht in der Weise objektiv und gesetzmäßig vorgehen konnten, wie es die Naturwissenschaften im 19. Jahrhundert mit ganz offenbarem Erfolg tun konnten; so zwingt ausgerechnet der Versuch, der Erkenntnis von geistigen Produkten auf die gleiche Weise zu folgen wie die Naturwissenschaften, nämlich Verfahren und Methoden den Gegenständen anzupassen, zur Trennung der Wissenschaft in Natur- und Geisteswissenschaften. »Da die Sach*probleme* der Geisteswissenschaften nicht identisch sind mit denen der Naturwissenschaften, so wird, wenn die Geisteswissenschaften dem historischen Vorbild der Naturwissenschaften *in diesem Sinne* folgen, das Ergebnis in angepaßten Methoden bestehen, die wahrscheinlich gerade andere sind als die der Naturwissenschaften.«[3] Und entsprechend sieht Dilthey die Grundbedingung der Geisteswissenschaften: »Die erste Bedingung für die Möglichkeit der Geisteswissenschaften liegt darin, daß ich selbst ein geschichtliches Wesen bin, daß der, welcher die Geschichte *erforscht*, derselbe ist, der die Geschichte *macht*.«[4]

Die Geisteswissenschaften haben Diltheys Satz so verstanden: ihr Objekt sei nicht – wie das naturwissenschaftliche – einfach vorgegeben, es werde vielmehr durch das erkennende Subjekt überhaupt erst »konstituiert«, was hieße, daß »das Subjekt [...] nur mit Hilfe von Standards ein Objekt als Objekt erkennen« könne; konstituiert werde so nicht nur »jeder besondere wissenschaftliche Gegenstand im Akt des wissenschaftlichen Erkennens«, konstituiert werde »vielmehr auch das ganze gegenständliche Korrelat« der Wissenschaft als solcher.[5]

Legte man diese Differenzierung zugrunde, so erschiene nicht nur die Mondlandung der Geisteswissenschaften unmöglich, auch die angesprochene Zusammenarbeit könnte sich lediglich auf wissenschaftsgeschichtliche Aspekte beziehen, an denen die Naturwissenschaften nur bedingt interessiert sein und die für ihre weiteren Mondlandungsprojekte sicher nicht von Nutzen sein werden. Auch die Restauration eines Universalismus, den das 19. Jahrhundert mit der Trennung von Natur- und Geisteswissenschaften ja gerade beseitigt und – unter dem Gesichtspunkt des wissenschaftlichen Fortschritts – überwunden hat, mag man auch die damit verbundene Arbeitsteilung noch so sehr bedauern, erscheint illusionär und damit ausgeschlossen.

Das könnte bereits das letzte Wort sein – wenn nicht im Laufe des 20. Jahrhunderts, das die Zeit der Moderne genannt wird, die Einheit der Wissenschaften auf eine merkwürdige Weise wiederhergestellt worden wäre, und zwar nicht in praktischer – da sind die Unterschiede unübersehbar –, sondern in erkenntnistheoretischer Hinsicht – überwiegend durch die Geisteswissenschaften selbst, aber nicht ohne Beteiligung der Naturwissenschaften. Da diese Einheit auch und in letzter Zeit vor allem in Brechts Werk gefunden worden ist, bietet es sich – zumal es auch sonst keinen Mangel an naturwissenschaftlichen Bezügen aufweist – zur Darstellung und Überprüfung der neuen Thesen an. Sie lesen sich etwa – und programmatisch – so: »In den modernen Naturwissenschaften ist längst zur Selbstverständlichkeit geworden, daß eine ›von uns, vom Menschen, unabhängige materielle Wirklichkeit‹ nicht einfach vorausgesetzt werden darf. Eine ›von uns‹ unabhängige Wirklichkeit läßt sich strenggenommen nicht einmal denken, weil die Kategorie der Wirklichkeit durch unsere Erfahrungs- und Denkformen bedingt und die Erkenntnis von Wirklichkeit durch das Beobachterschema des Subjekts vermittelt ist.«[6]

Die Berufung auf die Naturwissenschaften geschieht, um die Literatur der Moderne im allgemeinen und Brechts Werk im besonderen mit ihren, wie man meint, adäquaten Maßstäben zu erfassen, beruhten sie doch auf einem grundsätzlichen Verlust der äußeren Realität, der wiederum auf der Leugnung unmittelbarer, vom erkennenden Subjekt unabhängiger Objektivität in den modernen Naturwissenschaften basiere; behauptet wird, »daß die Erscheinungen und Vorstellungen nur in dem Maße erkannt werden können, als sie selber durch denkende und handelnde Subjekte theoretisch und praktisch verändert werden«; das Subjekt erhält die »konstitutive Rolle« in der Erkenntnis.[7] Diese Ansicht löst den traditionellen Wahrheitsbegriff der Naturwissenschaften auf, beseitigt den Realitätsbegriff als solchen, und sie historisiert überdies den naturwissenschaftlichen Gegenstand, als er jetzt von den Erfahrungs- und Denkbedingungen des erkennenden Subjekts abhängig erscheint, diese aber – der geisteswissenschaftlichen Prämisse gemäß – historisch und damit wandelbar, überholbar sind.

Um ein Beispiel zu geben: Die neuere Forschung hat am modernen Roman – Analoges wäre zu Lyrik und Drama zu sagen – nachgewiesen, daß der von Kritikern so oft und gern bemängelte Verlust an Erzählkunst – der zugleich als Verlust von Kunst überhaupt qualifiziert worden ist – auf den Zweifel an einer unabhängig vorgegebenen Außenwelt, auf den Zerfall einer ehemals »ganz« gedachten Realität zurückzuführen, also bewußter und gewollter Ausdruck der modernen Literatur und nicht Kapitulation vor der Kunst ist. Den modernen Romanciers – aus dem deutschen Sprachraum sind etwa Robert Musil, Thomas Mann, Alfred Döblin, Hermann Broch zu nennen – erscheint »die primäre Realität [als] fragmentarisch, unerfahrbar und letztlich unerkennbar«, folglich gebe es »keine verläßliche, konsistente Wirklichkeit mehr«; der ehemalige Erzähler verwandle sich entsprechend in einen »Beobachter im Beobachtungsfeld«, ihm gehe die Übersicht, die einstmals mögliche auktoriale Erzählhaltung, ja die Qualität der Zeit, und zwar in der »Erzählzeit«[8], verloren.

Entwicklung, Handlung und zeitliche Spannung, auf denen die Erzählkunst des 19. Jahrhunderts – dem Realitätssinn der Zeit entsprechend – beruht hat, setzen aus: »An die Stelle von *linearen Entwicklungszusammenhängen* sind im modernen Roman *simultane Verweisungszusammenhänge* getreten«, und so werde aus dem traditionellen Roman des 19. Jahrhunderts immer mehr der »Roman des Romans«, der moderne Typus, der die Bedingungen seiner selbst mitbeschreibt und sich weigert, eine Totalität zu entwerfen, die die Realität nicht mehr zuläßt.[9] Bertolt Brecht hat die neue Haltung der zeitgenössischen Romanciers so gekennzeichnet: »Sie haben sogar den Schrödingerschen Unsicherheitsfaktor, auf ihre Weise. Sie nehmen dem Beobachter die Autorität und den Kredit und mobilisieren den Leser gegen sich selber, nur noch subjektive Aussagen vorlegend, die eigentlich bloß den Aussagenden charakterisieren (Gide, Joyce, Döblin)« (19, 297).

Damit ist denn auch das Stichwort gefallen, das der geisteswissenschaftlichen Forschung die naturwissenschaftliche Absicherung ihrer Thesen gibt: der Schrödingersche Unsicherheitsfaktor bezieht sich auf den Umsturz des klassischen Weltbilds der Physik – des mechanistischen Weltbilds und Denkens im 19. Jahrhundert – durch die Relativitätstheorie und die Quantenmechanik. Grundlage für die Begründung ist dabei die von Werner Heisenberg formulierte, auf Erwin Schrödingers Gleichungen zurückgreifende »Unschärfe-« oder »Unbestimmtheitsrelation«, wonach erstens im atomaren Bereich, dem Mikrokosmos, ein »Dualismus von Teilchen und Welle«[10] herrscht, der eine eindeutige und damit anschaulich erfaßbare Erklärung und Beschreibung der beobachteten Vorgänge unmöglich macht, wonach zweitens die Eigenart und Vielfalt der atomaren Geschehnisse dazu zwingt, »die Gesetze [...] als statistische Gesetze zu formulieren«[11] und entsprechend auf eine genaue Bestimmung des einzelnen Teilchens zu verzichten, wonach also drittens der traditionelle Determinismus und die bisher als allgemeingültig erachtete Kausalität aussetzen und wonach schließlich die Voraussagen nur noch als Wahrscheinlichkeitsaussagen, die Häufigkeitsdeutungen sind, zu machen sind. Die Unbestimmtheitsrelation beruht auf der physikalischen Tatsache, daß im Mikrokosmos die Vorgänge und Gegenstände nicht mehr wie im Makrokosmos unbeeinflußbar zu beoachten sind, sondern Beobachtung nur noch möglich ist unter gleichzeitiger Störung und Beeinflussung des Beobachtungsobjekts durch das

Beobachtungssubjekt. Max Planck hat in seinem Aufsatz *Determinismus oder Indeterminismus* von 1938 den Sachverhalt, den Brecht übrigens in sein *Arbeitsjournal* übertragen hat, so ausgedrückt: »›es ist unmöglich, das innere eines körpers zu sondieren, wenn die sonde größer ist als der ganze körper.‹«[12] Das heißt: der Beobachtungsgegenstand ist so klein, daß er nur zu beoachten ist, wenn er vom Beobachtungsinstrument, das das Beobachtungssubjekt an ihn heranbringt, deformiert wird; für sich ist er nicht zu beobachten. Die Eindeutigkeit in der Bestimmung des Objekts setzt aus, an die Stelle des bestimmten Entweder-Oder tritt das Sowohl-Als-auch, und die Anschauung versagt, da sich das Objekt nicht mehr zeigt, wie es ist, sich also der Mimesis verweigert. Damit aber erhält das neue Objekt der Naturwissenschaften Qualitäten, welche die Geisteswissenschaften ihren Objekten bereits beigemessen hatten: das Objekt wird überhaupt erst durch das erkennende Subjekt konstituiert, es wird, wie es ist, erst durch die Beobachtung geschaffen; unmittelbare Objektivität, unabhängige Realitätsdarstellung sind so nicht mehr möglich. Das Subjekt stülpt dem Objekt seine Kategorien über, und es findet sich also in den Dingen selbst wieder. Werner Heisenberg hat das so beschrieben: »Wenn man versucht, von der Situation in der modernen Naturwissenschaft ausgehend, sich zu den in Bewegung geratenen Fundamenten vorzutasten, so hat man den Eindruck, daß man die Verhältnisse vielleicht nicht allzu grob vereinfacht, wenn man sagt, daß *zum erstenmal im Laufe der Geschichte der Mensch auf dieser Erde nur noch sich selbst gegenübersteht,* daß er keine anderen Partner oder Gegner mehr findet. [...] die landläufigen Einteilungen der Welt in Subjekt und Objekt, Innenwelt und Außenwelt, Körper und Seele [wollen] nicht mehr passen [...] und [führen] zu Schwierigkeiten [...]. Auch in der Naturwissenschaft ist also *der Gegenstand der Forschung nicht mehr die Natur an sich, sondern die der menschlichen Fragestellung ausgesetzte Natur*, und insofern begegnet der Mensch auch hier wieder sich selbst.«[13]

Wenn sich die Geisteswissenschaften solcher neuen Erkenntnisse bemächtigen, so wird daraus folgende Übersetzung: »Übersetzt man diese Einsicht [daß das Beobachtungsobjekt vom Beobachtungssubjekt ›gestört‹ wird] in andere Worte, so bedeutet [...] sie nichts anderes, als daß die Weltsituation im Grunde mythisch ist. Es gibt kein völlig abgelöstes Beobachtungs-Ich. Es gibt Täter und Leidende, Berührte und Berührende, einbezogen in jeweils gestalthafte örtliche und zeitliche Situationen.«[14] Das Ergebnis der wissenschaftlichen Bemühungen der Neuzeit wäre nach dieser Lesart der Mythos: auf neue Weise fielen Subjekt und Objekt, Mensch und Welt wieder zusammen, und die kritisch reflektierende Distanz zu den Dingen, auf denen der Fortschritt der Naturwissenschaften basiert ist, erwiese sich als Schein; die Wissenschaft kehrte ihren Verlauf um, und die Geisteswissenschaften erhielten eine schöne Bestätigung dafür, daß sie immer schon recht gehabt hätten. Aber auch das ist nicht das letzte Wort.

Brechts Werk ist inzwischen zum Gradmesser für die Haltbarkeit der neuen Thesen geworden – freilich ohne daß sich die Forschung auch darüber im klaren wäre. Sie reklamiert mit einer Selbstverständlichkeit Brecht für diese Deutung der Unbestimmtheitsrelation, daß jeder Zweifel ausgeschlossen zu sein scheint.[15] So wird behauptet, daß Brecht »mit der alten, gedachten Unabhängigkeit zwischen Subjekt und Objekt radikal Schluß gemacht« habe; denn, so lautet die Begründung, die »Natur existiert nur soweit, wie sie der Mensch schafft«, und sowieso sei der Begriff einer »vermittelten Natur« ein »eminent marxistischer Begriff«, womit denn auch noch das ideologische Etikett gefunden scheint.[16] Ebenso werden Brechts zentrale Termini vom »eingreifenden Sprechen« und »eingreifenden Denken« in dem Sinn gedeutet, daß das Denken und das Sprechen, um einen Gegenstand überhaupt erfassen zu können, schon eingreifen müßten und richtig also nur seien, wenn sie sich in dieser Weise »eingreifend«, damit verändernd verstünden; womit denn Brechts Werk als ein Werk der Veränderung und Veränderbarkeit seine eigentliche Grundlage erhalten zu haben scheint. Auch die Brecht-Forschung in der DDR hat inzwischen die Unschärferelation für sich entdeckt. Werner Mittenzwei, einer ihrer wichtigsten Repräsentanten, schreibt: »Der Angriff auf die mechanistisch-materialistische Determinismusauffassung durch Heisenberg und die Kopenhagener Deutung der Quantentheorie hat auf Brecht ähnlich befreiend gewirkt wie auf viele Physiker selbst [...]. Der durch die Heisenbergsche Unschärfebeziehung erwiesene Umstand, daß zwischen der Tätigkeit des Subjekts und der Gegenwirkung des Objekts keine scharfe Grenze verläuft, hat Brecht tief und nachhaltig beeindruckt.«[17]

Die Kopenhagener Deutung freilich, die Mittenzwei ausdrücklich nennt, gilt – sie wurde 1927 formuliert – als idealistische

Deutung der genannten physikalischen Sachverhalte, wobei zu bemerken ist, daß diese Deutung nicht mehr primäre Physik darstellt, sondern »theoretische« Physik, also Philosophie, ist, indem sie aufgrund der mikrokosmischen Sachverhalte allgemein auf die Nicht-Objektivierbarkeit menschlicher Erkenntnis überhaupt schließt. In der Darstellung von Horst B. Hiller über die modernen Naturwissenschaften heißt es dazu: »Durch den charakteristischen Zug der Nichtobjektivierbarkeit wird die Kopenhagener Deutung der Quantentheorie gelegentlich als Physikalischer Idealismus in die Philosophie eingeordnet. [...] Der Idealismus leugnet die Realität der Außenwelt, was nicht heißen muß, daß er überhaupt die Außenwelt leugnet und alles Geschehen nur in der Phantasie des Beobachters sieht. [...] Aber die Außenwelt ist jedenfalls nicht unabhängig vom erkennenden Subjekt, sie wird durch dessen Handlungen mitbestimmt. Daher ist auch der Begriff ›subjektiver Idealismus‹ üblich.«[18] Mit aller Entschiedenheit hat sich der Physiker Hans Reichenbach, der sich im amerikanischen Exil als Wissenschaftstheoretiker betätigte und mit dem sich Brecht während dieser Zeit öfters auseinandergesetzt hat[19], gegen diese Deutung gewendet. Er schreibt: »Seltsamerweise hat die idealistische Auffassung des Ichs als Baumeister der physikalischen Welt neuerdings wieder eine Stütze in einer gewissen Interpretation der Quantenmechanik gefunden, die einen durchaus ungerechtfertigten Gebrauch von Heisenbergs Störung durch die Beobachtung und Bohrs Komplementaritätsprinzip macht.«[20] Reichenbach wirft der Deutung vor, auf ungerechtfertigte Weise zu verallgemeinern, darauf beharrend, daß die Unbestimmtheit nur im Mikrokosmos, keinesfalls aber im Makrokosmos gültig sei; denn für letzteren, so führt er aus, »existiert ein Normalsystem, das uns erlaubt, von einer Außenwelt in der gewöhnlichen realistischen Sprache zu reden«.[21] Legt man Reichenbachs Kritik zugrunde, so scheint nicht nur Brecht endgültig als Idealist entlarvt zu sein – die Brecht-Forschung hat es freilich noch gar nicht gemerkt und vermarktet diesen Idealismus immer noch, wohl aus Unkenntnis der naturwissenschaftlichen Grundlagen, als Realismus, teilweise sogar als sozialistischen –, es zeichnet sich vielmehr auch das Dilemma ab, daß ein Zusammenhang zwischen Natur- und Geisteswissenschaften nur zu konstatieren ist, wenn man sich gleichzeitig den Idealismus einhandelt, einen Idealismus, an den wohl die Geisteswissenschaften glauben mögen, der aber in der Praxis der Naturwissenschaften – allen Verlautbarungen zufolge – keinerlei Rolle spielt und wohl auch nicht spielen kann.

II

Nach den Aufzeichnungen des *Arbeitsjournals* hat sich Brecht während seiner Flucht vor dem deutschen Faschismus, und zwar in der Fortsetzung von Interessen aus früheren Jahren, in Finnland von seinem Sohn Stefan mit einem ganzen Stapel von Büchern über das »Weltbild der neuen Physik« ausstatten lassen.[22] Von deren Lektüre zeugen dann die weiteren Aufzeichnungen im amerikanischen Exil[23], und in ihren Zusammenhang gehören auch Brechts Notizen zur Unschärferelation, von denen eine der aufschlußreichsten folgendermaßen lautet[24]:

es ist ja nicht so, daß die außenwelt geleugnet wird, wie einige von uns glauben; es fällt nur die grenze zwischen außen- und ›innenwelt‹, es verwandelt sich nur auch unser körper in außenwelt. die mathematisierung der materie equilibriert die materie einfach weg – in den augen dieser guten leute, für die eine formel eine entmaterialisierung bedeutet anstatt eine abstraktion. das licht kann nicht korpuskel und welle zugleich sein, sagen sie, wenn sie sehen, daß es korpuskel und welle zugleich ist. ihre logik zu revidieren, fällt ihnen nicht ein, sie verlangen den verzicht auf logik.

Zwar betont auch Brecht, daß durch die Unschärferelation eine Grenze zwischen Außenwelt und Innenwelt nicht mehr als gegeben angesehen werden kann, daß also Subjekt und Objekt miteinander »vermittelt« sind, aber schon die ironisierenden Anführungszeichen, in denen sich der Terminus von der »innenwelt« befindet, deuten in eine ganz andere Richtung, als dies bei der Kopenhagener Deutung und ihrer Adaption in den modernen Geisteswissenschaften der Fall ist. Die Tatsache, daß eine ungestörte, isolierende Beobachtung im Mikrokosmos nicht möglich ist, muß ja nicht bedeuten, daß das Subjekt dem Objekt seine Formen überstülpt, daß das Subjekt das Objekt stört, »unscharf« macht und es dadurch deformiert; es besteht genausogut die Berechtigung, diese Störung auf einen objektiven Sachverhalt zurückzuführen, der das Subjekt zwingt, seine bisherigen Denkformen, Kategorien, seine bisherige Logik zu überdenken und zu revidieren; die Unschärfe ist keine Bedingung des Subjekts, sondern des Objekts. Weist die neue Quantenmechanik darauf hin, daß Subjekt und Objekt im Erkenntnisprozeß vermittelt sind, so zwingt nichts dazu, diese Vermittlung durchs Subjekt verursacht zu sehen: sie kann genausogut (und besser, das heißt: realistischer) durchs Objekt bedingt sein, welches das Subjekt zwingt, sich ihm, will es zu seiner Erkenntnis gelangen und es damit beherrschen lernen, zu unterwerfen.

Das Prinzip der Unterwerfung hat Francis Bacon in seinem *Novum organum* formuliert mit dem Satz: »Natura enim non nisi parendo vincitur«[25], den Brecht an zwei Stellen seines Werks aufnimmt und als »gute Devise für Realisten« empfiehlt: »Die Natur beherrscht nur, der ihr gehorcht« (12, 494 und 19, 368). Der Satz betont den Primat des Objekts, zu dessen realer Beherrschung die Wissenschaften, die Naturwissenschaften, bei Bacon aufbrechen; der Satz insistiert auf der Realität der Außenwelt und meint, daß ihre Aneignung, ihre Erkenntnis und ihre durch die Erkenntnis mögliche Beherrschung nur dann Aussicht auf Erfolg haben, wenn man ihren Gesetzmäßigkeiten folgt und ihr gerade nicht die subjektiven Formen überstülpt. – Es sei, wenigstens in Parenthese, angemerkt, daß die aristotelische Physik dagegen meinte, die Natur sei nur zu beherrschen, wenn man sie überliste, ihr gerade nicht folge. Galileis Mechanik stellte die erste konsequente Anwendung des von Francis Bacon zitierten Prinzips dar, »daß die Wirkungen der Technik nur durch Unterwerfung unter die Gesetze der Natur erzielt werden können und daß die Natur weder überwunden noch betrogen werden kann«[26], ein Prinzip, das die Grundlage für die heutige technische Leistungsfähigkeit der Menschen bildet und unser Leben noch heute so nachhaltig – und inzwischen problematisch[27] – bestimmt.

Unter dem Primat des Objekts steht auch – so sieht es Brecht – die traditionelle Logik zur Disposition; denn das Komplementaritätsprinzip besagt ja, daß im Mikrokosmos die gleiche Erscheinung einmal als Welle, zum anderen als Korpuskel auftreten kann, was nach der traditionellen aristotelischen Logik ausgeschlossen ist; nach ihr kann ein Ding nur mit sich selbst identisch sein, es ist ausgeschlossen, daß es zugleich sein Gegenteil ist. Hinweise auf den Versuch, die aristotelische Logik zu revidieren, finden sich bei Brecht im *Me-ti*, dem *Buch der Wendungen*, einer Sammlung philosophisch-aphoristischer Aufzeichnungen nach chinesischem Muster (12, 417 ff.). Dort heißt es zum Beispiel: »Der Satz Meister Hü-jehs, daß eins nicht gleich eins sei, nicht nur gleich eins, nicht immer gleich eins, ist ein Ausgangspunkt der *Großen Methode*« (12, 493). Oder: »Der Satz ›Eins ist nicht gleich eins‹ weist auf gewisse Tücken hin, enthält aber selber Tücken. Es müßte eigentlich heißen ›Eins ist nicht nur gleich eins, sondern auch nicht gleich eins‹« (12, 548). »Meister Hü-jeh« ist nach der verfremdenden Namengebung des Buchs Hegel, und die »Große Methode« bezeichnet dessen Dialektik. Die Sätze, die Brecht seinen Me-ti zitieren läßt, verweisen auf Hegels *Wissenschaft der Logik*, die versucht hat, die aristotelische Logik dadurch zu revidieren, daß sie deren Prinzipien bloßstellte. Zum Satz der Identität, nach dem ein Ding nur mit sich selbst identisch sein und nicht zugleich sein Gegenteil sein könne, führt Hegel aus: »Dieser Satz in seinem positiven Ausdrucke A = A ist zunächst nichts weiter als der Ausdruck der leeren Tautologie. Es ist daher richtig bemerkt worden, daß dieses Denkgesetz *ohne Inhalt* sei.«[28] Der Satz der Identität, wie ihn Hegel als erstes Denkgesetz der aristotelischen Logik anführt, ein Satz, der gewährleisten soll, daß eindeutiges Denken und Sprechen möglich sind, daß mit fest definierten Begriffen umgegangen werden kann, besteht nach Hegel bloß darin, daß er seine Aussage tautologisch verdoppelt. Diese Feststellung freilich kann den Logiker nicht treffen, will er doch keine inhaltliche Aussage damit machen, sondern eine Aussage über Aussagen, eine Aussage über die Organisation von Aussagen, die unter der Berücksichtigung dieses Denkgesetzes bestimmbar, und das heißt: verifizier- oder falsifizierbar werden. Der aristotelischen Logik vorzuwerfen, sie sei ohne Inhalt, geht an ihrem Prinzip vorbei; und mit dieser Feststellung sind denn auch die Logiker immer wieder zur Tagesordnung übergegangen, leugnend, daß ihre Prinzipien von der Dialektik auch nur berührt worden seien.[29]

Hegel aber geht es gar nicht um den Aussage-Inhalt der logischen Grundsätze, sondern darum, ob die Aussagen über Aussagen, deren Wahrheit sie prüfen wollen, selbst den Maßstäben gerecht werden, die sie setzen. Und da hat Hegel seine Zweifel[30]:

So ist [es] die leere Identität, an welcher diejenigen festhangen bleiben, welche sie als solche für etwas Wahres nehmen und immer vorzubringen pflegen, die Identität sei nicht die Verschiedenheit, sondern die Identität und die Verschiedenheit seien verschieden. Sie sehen nicht, daß sie schon hierin selbst sagen, *daß die Identität ein Verschiedenes ist*; denn sie sagen, die *Identität sei verschieden* von der Verschiedenheit; indem dies zugleich als die Natur der Identität zugegeben werden muß, so liegt darin, daß die

Identität nicht äußerlich, sondern an ihr [d. h. an sich] selbst, in ihrer Natur dies sei, verschieden zu sein.

Hegel zeigt, und zwar durch sprachkritische Analyse, daß die aristotelischen Denkgesetze, die Eindeutigkeit organisieren wollen, selbst zweideutig verfahren und sich also widersprechen. So sagt auch der Satz der Identität in seiner tautologischen Verdopplung von zwei A, daß sie miteinander identisch seien, obwohl er das doch gerade ausschließen will. Ebenso zeigt sich die Identität nur bestimm- und definierbar über ihr Gegenteil, die Verschiedenheit.[31]

Hegel, der Idealist, schließt aus dem Sachverhalt: die Sprache hindere daran zu sagen, was eigentlich gemeint ist, die Sprache stehe der gemeinten Sache im Wege und bringe sie nicht zur Sprache; deshalb sei es notwendig, die Widersprüche in das Denken aufzunehmen und die Analyse von ihnen leiten zu lassen. Brecht dagegen kehrt den Sachverhalt um, meinend, daß die Zweideutigkeiten der Sprache, daß ihre Ungenauigkeit Ausdruck der äußeren Realität seien – von der Realität aufgezwungen, dem Denken aufgeprägt – und sie es also ermöglichten, die Realität so zu erfassen, wie sie wirklich ist. Und so folgert Brecht aus der neuen Logik unter der Verwendung von Bacons Satz: »Aber diese Ungenauigkeit [...] fehlt dem bedachten Ding nicht, und unser Denken ist so nicht mangelhaft, wenn es [...] ungenau ist, sondern richtig, indem es gerade dadurch die Aussicht hat, der Natur zu befehlen, daß es ihr gehorcht« (12, 494). Indem das Denken der Natur gehorcht, hat es Aussicht, ihr auch befehlen, sie beherrschen zu können: in ihrer realistischen Deutung wird die Unschärferelation zu einer Bestätigung realer Dialektik, die ihren Sinn darin gesehen hat und sieht, ihre Gegenstände und Methoden, ihre Muster und Kategorien nicht aus einer ihnen vorgeordneten, sie überhaupt erst »konstituierenden« Theorie zu beziehen, sondern aus der Sache, aus der Realität selbst. Daß übrigens Brechts Versuch, die Unschärferelation mit der Dialektik in Zusammenhang zu bringen, keine Sottise ist, kann vielleicht ein Satz Heisenbergs bezeugen, der freilich an die idealistische Verallgemeinerung im Sinne der Kopenhagener Deutung denkt: »Außerdem enthält die erkenntnistheoretische Analyse der Quantentheorie besonders in der Form, die Bohr ihr gegeben hat, manche Züge, die an die Methoden der Hegelschen Philosophie erinnern.«[32]

Die Analyse von Brechts Deutung der Heisenbergschen Unschärferelation zeigt nicht nur, daß es eine Möglichkeit gibt, sie realistisch zu wenden, sondern auch, daß sie gegen Reichenbachs Verdikt verallgemeinerbar ist; und Brecht bestand auf der Verallgemeinerung, den Physikern, insbesondere Reichenbach selbst, vorhaltend, sie wüßten ihre eigenen Ergebnisse nicht zu nutzen: »Was mich lachen macht«, notiert Brecht im Zusammenhang mit der Ausarbeitung der zweiten Fassung des *Galilei*-Stücks, »ist die Art, wie diese Leute ihre Resultate verallgemeinern oder – wie sie sie nicht verallgemeinern. Es ist lustig, zu sehen, wie sie einerseits die Philosophen auffordern, Konsequenzen daraus zu ziehen, daß bei ihnen, in der Atomphysik, die Kausalität aussetzt, und wie sie andererseits versichern, sowas komme eben nur bei ihnen, nur in der Atomphysik, vor und gelte keineswegs für das Abbraten von Rumpsteaks von seiten normaler Kleinbürger.«[33] Das scheinbare Abgleiten vom Thema am Ende weist auf die Tendenz von Brechts Beurteilung: die Physiker halten ängstlich fest an dem, was einmal gesichert erscheint; sie lassen sich – als unnormale Kleinbürger – ihre erworbenen Sicherheiten nicht in Frage stellen, und wenn schon Neues anerkannt sein muß, dann nur mit beschränkter Gültigkeit, die nicht antastet, was schon gewonnen ist. Für Brecht dagegen lag die Möglichkeit, naturwissenschaftliche Entdeckungen zu verallgemeinern, offen auf der Hand, und ich will versuchen, sie im folgenden an zwei Beispielen zu erläutern.

III

Als erstes Beispiel – das scheint bei diesem Thema wohl obligatorisch zu sein – wähle ich das *Leben des Galilei*, dabei freilich anders betonend, als es die Forschung bisher getan hat. Es handelt sich um das Motiv des Sehens, genauer: des neuen Sehens, das Brecht so über das ganze Stück verteilt hat, daß es zu seinem entscheidenden Leitmotiv wird. Es beginnt damit, daß Galilei seinem Schüler Andrea, der meint, man sehe doch, daß sich die Sonne um die Erde drehe, vorhält:

> Du siehst! Was siehst du? Du siehst gar nichts. Du glotzt nur. Glotzen ist nicht sehen (3, 1235).

Die Möglichkeit, das neue Sehen, das Galilei Andrea im Experiment vorführt, auch beweisen zu können, erhält Galilei durch das Fernrohr, von dem er Sagredo gegenüber äußert:

Ich werde sie bei den Köpfen nehmen und sie vor das Rohr schleifen. Auch die Mönche sind Menschen, Sagredo. Auch sie erliegen der Verführung durch Beweise. Der Kopernikus, vergiß das nicht, hat verlangt, daß sie seinen Zahlen glauben, aber ich verlange nur, daß sie ihren Augen glauben. Wenn die Wahrheit zu schwach ist, sich zu verteidigen, muß sie zum Angriff übergehen. Ich werde sie bei den Köpfen nehmen und sie zwingen, durch dieses Rohr zu schauen (3, 1260).

Während Galilei eben nur an den physikalischen Beweis denkt und sich um seine mögliche Bedeutung nicht kümmert, warnt Sagredo vor den Konsequenzen; er sehe Galilei »auf einer furchtbaren Straße«, sagt er, es sei »eine Nacht des Unglücks, wo der Mensch die Wahrheit« sehe, und eine »Stunde der Verblendung, wo er an die Vernunft des Menschengeschlechts« glaube. Sagredo fragt Galilei: »Von wem sagt man, daß er sehenden Auges geht? Von dem, der ins Verderben geht« (3, 1260). Die physikalische Frage nach der Wahrheit hat ihre erste Erweiterung erfahren: die Sichtbarmachung des Unsichtbaren – durch das Fernrohr – bedeutet, nach einer Wahrheit zu streben, die für den Menschen nicht ist; und der Versuch dazu muß ins Verderben führen. Dementsprechend vertrauen die Florentiner Gelehrten den angestammten Autoritäten und weigern sich, durchs Fernrohr zu sehen. Einer von ihnen sagt: »Lieber Galilei, ich pflege mitunter, so altmodisch es Ihnen erscheinen mag, den Aristoteles zu lesen, und kann Sie dessen versichern, daß ich da meinen Augen traue« (3, 1269).

Das Motiv erfährt eine Erweiterung, die seinen ganzen ideologischen Umfang andeutet, wenn im Collegium Romanum der »sehr alte Kardinal«, der sich nicht mehr auf den eigenen Beinen halten kann und deshalb von einem Mönch gestützt werden muß, sich von seiner Stütze löst und, scheinbar festen Schrittes umhertanzend, sagt:

Ich gehe auf einer festen Erde, in sicherem Schritt, sie ruht, sie ist der Mittelpunkt des Alls, ich bin im Mittelpunkt, und das Auge des Schöpfers ruht auf mir und auf mir allein. Um mich kreisen, fixiert an acht kristallenen Schalen, die Fixsterne und die gewaltige Sonne, die geschaffen ist, meine Umgebung zu beleuchten. Und auch mich, damit Gott mich sieht. So kommt sichtbar und unwiderlegbar alles an auf mich, den

Menschen, die Anstrengung Gottes, das Geschöpf in der Mitte, das Ebenbild Gottes, unvergänglich und ... *Er sinkt zusammen* (3,1282).

Der sehr alte Kardinal verkörpert buchstäblich das ptolemäische System, das nur noch auf schwachen Füßen steht. Das alte Sehen, das der Kardinal vorführt, besteht darin, daß nicht der Mensch sieht, sondern daß er von Gott gesehen wird. Die ganze sichtbare Welt – Natur und Geschichte – ist dem Menschen als dem ausgeleuchteten Mittelpunkt der Welt zugeordnet; darum aber ist die Welt, und zwar so, wie sie ist, in ihrer unmittelbaren Evidenz, Zeichen Gottes, Ausdruck seiner Ordnung. Das Unsichtbare, das das neue Sehen von Galilei einfach zeigen, sichtbar machen will, ist im ptolemäischen System bestimmt als das, was dem Menschen grundsätzlich entzogen, was intelligibel ist. Nur was der Mensch unmittelbar sieht und was Galilei zum bloßen Augenschein degradieren will, ist für den Menschen, und es findet seine Bedeutung darin, Ausdruck der göttlichen Weltordnung zu sein. Insofern ist das neue Sehen nicht bloß eine Umkehr des alten Sehens, es zerstört vielmehr auch das alte Sichtbarkeitspostulat, wonach das Unsichtbare nicht für den Menschen, ihm grundsätzlich entzogen ist. Zeigt sich aber, daß das Unsichtbare dem Menschen sichtbar werden kann, so werden nicht nur die ptolemäischen Sphären abgeschafft, es gerät auch die ganze göttliche Weltordnung ins Wanken: auf sie, ihre Unverbrüchlichkeit, ist kein Verlaß mehr. Es gibt Unsichtbares, das dem Menschen nicht verschlossen bleibt. Die schöne Geschlossenheit der alten Welt, ihre Endlichkeit, ihr Demonstrationscharakter und ihr verbindlicher Sinn gehen verloren. So kann der Inquisitor sagen, daß das alte Weltbild gegenüber dem neuen bloß ein »Bildchen« sei, das »man um einen so entzückenden Hals wie den gewisser junger Mädchen legen könnte«, während bei dem neuen die Sorge bestünde, daß »auf so ungeheuren Strecken«, die sich mit ihm eröffneten, »ein Prälat und sogar ein Kardinal leicht verlorengehen« könnten, und: »Selbst ein Papst könnte vom Allmächtigen da aus den Augen verloren werden« (3, 1292).

Von hier aus ist es nur noch ein Schritt zur Aufnahme der Schauspielmetapher, nach der das Weltgeschehen ein Theater ist, das die Menschen vor Gott aufführen und in dem jeder seine festgelegte Rolle zu spielen hat. So sagt der kleine Mönch von seinen Leuten, den armen Bauern der Zeit:

Es ist ihnen versichert worden, daß das Auge der Gottheit auf ihnen liegt, forschend, ja beinahe angstvoll; daß das ganze Welttheater um sie aufgebaut ist, damit sie, die Agierenden, in ihren großen oder kleinen Rollen sich bewähren können. Was würden meine Leute sagen, wenn sie von mir erführen, daß sie sich auf einem kleinen Steinklumpen befinden, der sich unaufhörlich drehend im leeren Raum um ein anderes Gestirn bewegt, einer unter sehr vielen, ein ziemlich unbedeutender! Wozu ist jetzt noch solche Geduld, solches Einverständnis in ihr Elend nötig oder gut? (3, 1294 f.)

Erkenntnis durch bloße Anschauung, durch Evidenz, durch bloße Wiedergabe des Gegebenen wird durch das neue Sehen des Galilei außer Kraft gesetzt; das bedeutet nicht, daß Anschauung grundsätzlich täuschte, aber die Wahrheit erweist sich jetzt als komplex, vermittelt.[34] Was der Mensch unmittelbar vor Augen sieht, ist Schein, Augenschein, was Wahrheit schien, ist bloße Einbildung, durch den Standort bedingt. Entsprechend fallen auch die alten Zuordnungen der alten Evidenz weg – und darin zeigt sich eben die ideologische und gesellschaftliche Bedeutung des neuen Sehens: Die Zuordnung der Welt zum Menschen als dem Akteur im *theatrum mundi* erweist sich ebenfalls als Schein und läßt den Menschen aus seiner – angeblich festgelegten – Rolle frei; was vorher von außen bestimmt erschien, wird nun bestimmbar durch den Menschen, und das heißt: er muß es tun, denn die physikalische Tatsache läßt keinen anderen Weg offen. Mit dem Versagen der unmittelbaren Anschauung muß nun der Mensch selbst bestimmen, was Welt und Natur sind, und: er muß für sich selbst sorgen, nach sich selbst sehen, anstatt sich passiv der Vorsorge Gottes zu überlassen. Einmal mehr erweist das Motiv des Sehens seine Tragfähigkeit und Komplexität, wenn der kleine Mönch auf die gesellschaftlichen Konsequenzen des neuen Sehens aufmerksam macht: »Es liegt also kein Auge auf uns, sagen sie [die armen Leute]. Wir müssen nach uns selber sehen« (3, 1295).

Das neue Sehen hat aber auch noch eine erkenntnistheoretische Konsequenz: wenn es Unsichtbares gibt, das sichtbar zu machen ist, und zugleich das, was sichtbar ist oder sichtbar gemacht worden ist, sich als bloßer Augenschein erweist oder erweisen kann, dann gibt es keine Gewißheit mehr dafür, daß das neue Sehen auch zugleich das richtige Sehen ist. Auch dieses Sehen kann sich wieder als Augenschein erweisen, und die Entdeckungen der

Naturwissenschaften, zum Beispiel die des Mikrokosmos, beweisen, daß dies auch der Fall ist. Setzt Anschauung zwar nicht grundsätzlich aus, so hat der Begriff der vermittelten Anschauung zugleich den der vermittelten Wahrheit zur Konsequenz; das neue Sehen, das ja erst das eigentlich menschliche Sehen ist, versieht sich von Beginn an mit dem Mangel des Zweifels, ob es auch wirklich das richtige Sehen, das Sehen der »eigentlichen« Realität ist. Um sich vor den Konsequenzen, die jedes neue Sehen mit sich bringt, zu drücken (wie immens sie sein können, sollte das Galilei-Beispiel zeigen), hat man immer wieder diesen Sachverhalt ausgenutzt, um zu behaupten, daß deshalb alles Sehen falsch sei und der Mensch eben nichts wisse – wie sich denn auch von hier aus die geisteswissenschaftliche Grundlegung der Moderne als bloß modifizierte Ausführung des alten Problems erweist. Ein solcher Schluß aber hieße, die ganze Menschengeschichte ad acta zu legen und ihr den Stempel der Sinnlosigkeit und Beliebigkeit aufzudrücken; in Umkehrung des sokratischen Satzes, daß wir wüßten, nichts zu wissen, ein Satz, von dem Brecht höhnisch bemerkte, der Beifall, den er ausgelöst habe, sei so immens gewesen, daß jedes weitere Wort unmöglich gewesen sei, ließe sich sagen: nicht wissend, wissen wir, nicht sehend, sehen wir.

Galilei widerrief sein neues Sehen, und es brauchte noch eineinhalb Jahrhunderte, ehe sich gegen die herrschende und verordnete Ideologie die gesellschaftlichen Konsequenzen des neuen Sehens durchzusetzen begannen – während die Naturwissenschaften in der Isolation weiterarbeiteten, ihrer Wissenschaft, wie der von der Inquisition gefangengesetzte Galilei, wie einem Laster frönend; aber sie setzten sich durch, und in der zweiten Fassung des Stücks schaut das kalte Auge der Wissenschaft auf den Verräter.

Als zweites Beispiel soll der Roman *Die Geschäfte des Herrn Julius Cäsar* dienen. Im Gegensatz zum *Galilei* scheint hier der naturwissenschaftliche Zusammenhang nicht einleuchten zu wollen; dennoch hat Brecht mit dem Roman eine der Konsequenzen, die aus der Unschärferelation – in ihrer realistischen Verallgemeinerung – folgten, umgesetzt. Die Aufzeichnungen des *Arbeitsjournals*[35] zeigen, daß die Notizen zur neuen Physik und die Arbeit am Roman nicht nur parallel laufen, sondern sich auch überschneiden. Einen Hinweis, wie diese Umsetzung erfolgt, gibt ein von Max Planck übernommenes Zitat und Brechts Notiz dazu[36]:

›das gesetz der reflexion der elektronen an dem kristall ist also ein statisches. es bestimmt nur das verhalten einer großen anzahl von elektronen, es versagt aber bei der frage nach dem verhalten eines einzelnen elektrons.‹ [...] auch der historische materialismus weist diese ›unschärfe‹ in bezug auf das individuum auf.

Diese Interpretation des physikalischen Faktums wird gestützt durch eine weitere Aufzeichnung im *Arbeitsjournal* [37]:

das einzelne individuum folgt höchst unscharf (nur mit statistischer kurve versehbar) der bewegung seiner massenhaften formation. es fällt steff immerhin auf [es handelt sich um Brechts Sohn Stefan, der einen Aufsatz über die englische Revolution im 17. Jahrhundert schreibt und sich dabei u. a. vom Cäsar-Roman leiten läßt], daß er den könig dann als masse behandeln muß (wenn er mit klassen verhandelt, kämpft usw). [...] so stößt er auf die erfahrung, daß die dialektische methode es immer mit massen zu tun hat, alles in massen auflöst, das individuum nur als massenteil behandelt, wenn es dasselbe nicht ebenfalls in eine masse zerlegt.

Brecht überträgt die Unbestimmbarkeit des Einzelteilchens in der Quantenmechanik auf das Individuum in der Massengesellschaft, und den physikalischen Massenbegriff wandelt er in den soziologischen um. Dabei ergibt sich, daß das Individuum, das nach außen hin als Einheit – als das Unteilbare – auftritt, nur als »eine mehr oder minder kampfdurchtobte Vielheit« darzustellen ist, und entsprechend werde das große Individuum nur verstehbar, »wenn es mit großen Bewegungen großer Klassen verknüpft werden kann« (20,62). Damit ist der Bezug zum *Cäsar*-Roman hergestellt, der im römischen Kapitalismus spielt, mit dem catilinarischen Aufstand eine der frühen Massenbewegungen ins Zentrum stellt und Cäsars unaufhaltsamen Aufstieg als ein Lavieren zwischen den Parteien vorführt. Cäsar wird dabei als Politiker und historische Person immer nur in dem Maß faßbar, in dem er seine Geschäfte betreibt bzw. in dem mit ihm Geschäfte betrieben werden, und zwar dergestalt, daß Cäsars Bedeutung um so mehr wächst, je größer seine Schulden werden, Schulden, die darauf zurückzuführen sind, daß er es grandios versteht, es immer mit der sieglosen Partei zu halten. Aber da das kapitalistische Eigentumsgesetz intakt ist, nach dem man seine Schulden wert ist, steht Cäsars Aufstieg nichts im Weg: seine Schulden sind immens. Bereits der Titel stellt das »welthistorische Individuum« in den Genitiv, der sowohl als subjectivus als auch als objectivus zu lesen ist: die

Geschäfte, die Cäsar macht, und die, die mit ihm gemacht werden. Das Individuum Cäsar, das in der bürgerlichen Historiographie als der große Geschichtemacher auftritt – in den *Fragen eines lesenden Arbeiters* wird danach gefragt: »Cäsar schlug die Gallier./Hatte er nicht wenigstens einen Koch bei sich?« (9, 656) –, objektiviert sich nach Brecht allein in seinen Geschäften: nur in der Teilbarkeit, in der Dividualität, manifestiert sich die Individualität des großen Caius Julius; er setzt keine Patina an, seine Biographie kommt nur als kollektive zustande.[38]

Die der Forschung bekannte Wendung Brechts gegen die bürgerliche Historiographie, die das historische Geschehen, ihren eigenen Prämissen folgend, als Taten großer Männer, die Geschichte machen, beschreibt, erhält hier eine ergänzende naturwissenschaftliche Begründung: das Individuum als vorausgesetzte »Einheit« zeigt sich als das Unbestimmte und Unbestimmbare, und das heißt: Geschichte wird nur aus den überindividuellen, intersubjektiven, massenhaften Bewegungen deutbar und beschreibbar; Historiographie dagegen, die sich an die Unteilbarkeit des Individuums heftet, liefert sich dem Zufall und der Sinnlosigkeit aus. Für Brecht kommt die neue Möglichkeit der Historiographie nicht von ungefähr: seit der Mitte des 19. Jahrhunderts beginnt die »Masse« – im soziologischen Sinn – eine geschichtliche Macht zu werden, die zu einer neuen und erweiterten Sicht auf die Geschichte zwingt, zwingen sollte: dieses neue Sehen ist noch zu lernen.

Überdies hat der *Cäsar*-Roman eine poetologische Konsequenz: indem Brecht die Roman-Form wählt, die bürgerliche Epopöe, stellt er dem modernen Roman, der das Individuum noch einmal rettet, indem er es als den einzigen Garanten für Realität im Angesicht der zerfallenden Objektwelt vorführt, den realistischen Typus gegenüber, der das Zentrum des alten Romans auflöst, das Individuum, indem er es in der Außenwelt, in der Darstellung der gesellschaftlichen Vorgänge und Geschäfte objektiviert, so die Grenze zwischen Außen- und Innenwelt von der Objektseite her aufhebend. So gesehen, kann der *Cäsar*-Roman einen ersten Hinweis auf eine Alternative geben, die der Literatur der »Moderne«, die unter dem Vorzeichen des subjektiven Idealismus angetreten ist, entgegenzustellen wäre: es geht um die Widersprüche unserer eigenen Zeit.

IV

Die Beispiele aus Brechts Werk haben, wie ich hoffe, wenigstens ansatzweise zeigen können, daß es nicht nur Zusammenhänge zwischen Natur- und Geisteswissenschaften gibt, daß vielmehr auch die Voraussetzung, auf der die Trennung der Wissenschaft in die beiden großen Wissenschaftszweige beruht, kein immergültiges Dogma sein muß und von der Objektseite her auflösbar ist. Die Voraussetzung der Trennung wurde benannt als »ontologische Differenz von Sein und (geschichtlichem) Bewußtsein«[39]: unbemerkt blieb die mit der Differenz gemachte idealistische Vorentscheidung, die zwar nicht wie der moderne Idealismus das »Sein« als Bewußtseinsprodukt ausweist, die aber dem Bewußtsein eine primär andere Qualität zuweist, indem sie eine grundsätzliche Andersartigkeit und damit Unabhängigkeit von Natur und Geist, von Realität und Denken behauptet. Brechts Werk verstärkt die Verdachtsmomente entschieden, daß die Trennung der Natur- und Geisteswissenschaften im 19. Jahrhundert, die ein Produkt der Geisteswissenschaften ist, die sich gegenüber den Naturwissenschaften emanzipieren wollten, auf bloß sekundären Merkmalen beruht, die als primäre ausgegeben worden sind, wobei die Ergebnisse der Naturwissenschaften und die Geschichte ihrer Bewährung in dem Maß mißachtet wurden, in dem sich der Geist Autonomie zuwies. Die Geschichte der Naturwissenschaften zeigt nicht, daß der Realität nicht zu trauen ist und der menschliche Geist nicht aus ihr seine Gesetze, seine Formen beziehen könnte, sie zeigt vielmehr, daß der Begriff der ganzen Natur, der ganzen Realität, den wir sprachlich und »logisch« voraussetzen, unbekannt und also immer nur das vorläufige Resultat der Wissenschaft ist. Wie das neue Sehen des Galilei den alten Überblick über die Welt – wie sie in mittelalterlichen Darstellungen überliefert ist –, ihre Begrenzung, ihre ausgelotete, bestimmte Ganzheit beseitigt hat und an seine Stelle die menschliche Perspektive setzte – die auf einmal vieles von dem verdeckt, was vorher bekannt und evident erschien –, eine Perspektive, die jetzt zwar auf die Realitäten sah, die Realität aber nicht mehr übersah, so sind die Wissenschaften auf einen Weg gewiesen, der zwar als Ziel den Überblick und die Ganzheit anstrebt, von dem aber gar nicht bekannt ist, ob er ein solches Ziel hat und haben kann. Nichts aber berechtigt deshalb dazu, den bisherigen Weg als Irrtum oder als beliebig, als Geschichte menschlicher Falsifikationen anzusehen. Im Gegenteil: die Wahrheit der wissenschaftlichen Erkenntnis ist die Geschichte ihrer Bewährung.

Das aber heißt: auch die Naturwissenschaften haben eine historische Perspektive, insofern sich die Natur im historischen Bewußtsein des Menschen manifestiert. Das soll nicht bedeuten, daß die primäre Natur deshalb zum geschichtlichen Produkt erklärt würde, der Mensch nur sich selbst in der Natur begegnete, es meint vielmehr, daß dem Menschen die Natur nur in der Vermittlung zu sich selbst erklärbar und erkennbar wird (insofern auch »seine« Leistung ist) und sich so in der Aneignung durch den Menschen (und sein jeweilig historisches Vermögen) als geschichtliche zeigt. Daraus aber resultiert wiederum nicht die Beliebigkeit und mögliche Falschheit der wissenschaftlichen Erkenntnis, sondern ihre mögliche historische Überholbarkeit, die Einschränkung ihrer Gültigkeit durch neue Erkenntnisse; die Geschichte kann nicht falsch machen, was nicht schon geschichtlich falsch gewesen ist. So gesehen, erweisen sich die jeweiligen wissenschaftlichen Erkenntnisse und Ergebnisse in ihrer Bewährung als notwendige Schritte der menschlichen Entwicklung, die gelernt werden muß, wenn sie nicht neu erfahren werden soll.

Freilich ist inzwischen auch der Entwicklungsbegriff nicht nur auf geisteswissenschaftlichem Weg suspekt geworden; auch der Fortschritt der Naturwissenschaften, ihre Zuversicht, scheint an ein Ende gelangt zu sein: Energiekrise, das Schlagwort von der »Plünderung unseres Planeten«, der wachsende Widerstand gegen die Atomkraft und anderes sind Ausdruck davon. Auch die Literatur hat darauf schon reagiert: Gerhard Zwerenz nannte seinen letzten Roman *Die Erde ist unbewohnbar wie der Mond*, bei Thomas Brasch heißt es: *Vor den Vätern sterben die Söhne*, Wolf Biermann veröffentlichte gerade seinen ersten Nachlaß, und Karin Struck findet wieder einmal oder noch immer, daß »Lieben« eigentlich Sterben bedeute – wobei das Ergebnis in einer Rezension spöttisch als Todgeburt eingestuft wurde.[40] Die Krise der Modernität scheint total zu sein, und zugleich scheint es, als erhalte die idealistische Deutung von heute aus doch noch recht.

Ich möchte eine letzte Antwort versuchen, indem ich auf den Aufruf zur Mondlandung der Geisteswissenschaften zurückkomme, die ja – wenn es einen Zusammenhang zwischen den Wissenschaften gibt – möglich erscheint. Vor dem Countdown ist freilich zu überlegen, welches Ergebnis der Mondflug überhaupt mit sich gebracht hat: stellt er zwar auf der einen Seite zweifellos die Realisation von utopisch anmutenden menschlichen Projekten dar, so hat er auf der anderen Seite doch ein höchst zweifelhaftes und paradoxes Ergebnis gehabt, das vergleichbar ist mit dem des neuen Sehens bei Galilei: in dem Moment, wo der Mensch sich tatsächlich von der Erde entfernte, mußte er feststellen, daß ihn die Erde nicht loslassen würde, daß es keine kosmische Alternative zur Erde gibt; auch dies ist ein Ergebnis der Naturwissenschaften, das doch erst ein Geisteswissenschaftler bewußt gemacht hat; Hans Blumenberg schreibt dazu: »die relativistische Physik hat, ihrem Titel zuwider, die absolute Grenze gezogen, vor der jede technische Finesse ohnmächtig wird und angesichts derer schon unser Milchstraßensystem die Größenordnung für kommunikative ›Gleichzeitigkeit‹ bei weitem überschreitet. Diese Überlegung beschließt als ›greulichen Cynismus‹ der Natur, was als Selbsttröstung der Vernunft begonnen hatte [nämlich im Universum nicht allein gelassen zu sein]. Die unübersteigliche Mauer der Lichtgeschwindigkeit erst verweigert dem Menschen eine kosmisch erhebliche Existenz.«[41] Wie endgültig man diese Aussage auch immer auffaßt – die Geschichte der Wissenschaften legt es nahe, nie nie zu sagen, sie kann helfen, die Krise der Modernität objektiv zu deuten, als Ausdruck nämlich einer notwendig gewordenen Neuorientierung, die den Blick auf die Erde zurücklenkt, und das heißt: in die Geschichte zurückwendet. Der Verdacht ist begründet, die Krise der Modernität sei nicht zuletzt auch Zeugnis davon, daß die Wissenschaften, anstatt miteinander zu arbeiten, isoliert voneinander vorgingen, daß die Naturwissenschaften glaubten, auf die historische Perspektive verzichten zu können, und die Geisteswissenschaften glaubten, ohne die Anwendung der Ergebnisse der Naturwissenschaften auskommen zu können. Nur so konnten die Naturwissenschaften den Schein eines immerwährenden Fortschritts an sich reißen, wie die Geisteswissenschaften die Wirklichkeit damit bewältigen konnten, indem sie sie kurzerhand beseitigten.

Rückwendung in die Geschichte heißt nicht Rückzug; es gibt keinen Rückzug, der nicht Rückfall wäre, wie es auch keine Erhaltung des Status quo gibt, dem wir die Patina unserer Konservierungsmittel ebenso überkleistern könnten wie den historischen Werken, die erst so wirklich beseitigt werden: die Geschichte an ihnen wird getilgt. Rückwendung kann nur heißen, auch dem technischen und naturwissenschaftlichen Fortschritt, auf den wir angewiesen sind, seine historischen und damit menschengemäßen Dimensionen zurückzugeben, die Naturwissenschaften daran zu erinnern, daß alles, was sie tun, auch gesellschaftliche Bedeutung hat, zu zeigen, daß es die Isolierung der Wissenschaften ist, die es ermöglicht, auch ihre Ergebnisse zu isolieren und damit jedem politischen Zweck verfügbar zu machen. Die Rückwendung hat freilich nur dann Aussicht auf Erfolg, wenn sich die Geisteswissenschaften auf die Möglichkeit der Objektivität besinnen, die sie mit den Naturwissenschaften teilen, und ihre Kräfte nicht weiterhin im sinnlosen Anrennen an die selbsterstellten Grenzen der Erkenntnis vergeuden. Insofern besteht die mögliche Mondfahrt der Geisteswissenschaften gerade im Verzicht auf sie.

Die Zukunft wird aber abhängen
Von der Erledigung
Der Vergangenheit.
(Bertolt Brecht)

Anmerkungen

1 *Uni-Information Karlsruhe*, hrsg. von der Universität Karlsruhe (November 1976), S. 8 f.

2 Vgl. Ulfert Ricklefs, *Hermeneutik*, in: *Literatur* II, Erster Teil, hrsg. von Wolf-Hartmut Friedrich und Walther Killy, Frankfurt 1965, S. 278.

3 Peter Krausser, *Kritik der endlichen Vernunft. Diltheys Revolution der allgemeinen Wissenschafts- und Handlungstheorie*, Frankfurt 1968, S. 44.

4 Wilhelm Dilthey, *Gesammelte Schriften*, Bd. 7: *Der Aufbau der geschichtlichen Welt in den Geisteswissenschaften*, Stuttgart 1958, S. 278.

5 Norbert Mecklenburg, Harro Müller, *Erkenntnisinteresse und Literaturwissenschaft*, Stuttgart 1974, S. 71.

6 Silvio Vietta, Hans-Georg Kemper, *Expressionismus*, München 1975, S. 212; vgl. auch S. 146–150. Der Expressionismus erscheint hier als der eigentliche Beginn der Moderne.

7 Heinz Brüggemann, *Literarische Technik und soziale Revolution. Versuche über das Verhältnis von Kunstproduktion, Marxismus und literarischer Tradition in den theoretischen Schriften Bertolt Brechts*,

Reinbek 1973, S. 133.

8 Der Begriff wurde in Abgrenzung zu dem der »erzählten Zeit« von Günter Müller, *Morphologische Poetik. Gesammelte Aufsätze*, Tübingen 1968, entwickelt. Eine eingehende und präzis formulierte Kritik an diesen literaturwissenschaftlichen Ansätzen (Stanzels, Müllers u. a.) liefert Jürgen Schramke, *Zur Theorie des modernen Romans*, München 1974, S. 15 ff. Schramke benutzt freilich den Begriff der Moderne auch widerspruchsfrei.

9 Schramke, S. 137.

10 Horst B. Hiller, *Die modernen Naturwissenschaften*, Stuttgart 1974, S. 118.

11 Vgl. Hiller, S. 66 und Heisenberg, *Schritte über Grenzen*, München 1971, S. 28 f.

12 Brecht, *Arbeitsjournal*, S. 397.

13 Heisenberg, *Das Naturbild der heutigen Physik*, Hamburg 1955, S. 17 f.

14 Michael Hochgesang, *Mythos und Logik im 20. Jahrhundert. Eine Auseinandersetzung mit der neuen Naturwissenschaft, Literatur, Kunst und Philosophie*, München 1965, S. 21.

15 Es führte zu weit, hier alle zu nennen; einen Teil davon habe ich besprochen und verarbeitet in: *Bertolt Brecht. Ein kritischer Forschungsbericht. Fragwürdiges in der Brecht-Forschung*, Frankfurt 1974, S. 152–164. Hinzugekommen sind u. a. Karl-Heinz Ludwig, *Bertolt Brecht. Philosophische Grundlagen und Implikationen seiner Dramaturgie*, Bonn 1975, S. 59 ff. und Karen Ruoff, *Tui oder Weiser. Zur Gestalt des Philosophen bei Brecht*, in: *Brechts Tui-Kritik*, Karlsruhe 1976, S. 17–52 (Argument-Sonderband 11). Ruoff geht zwar nicht explizit auf die Unschärferelation ein, bestimmt aber die Erkenntnis (mit Brecht) als Veränderung: »Sollten wir nicht einfach sagen, daß wir nichts erkennen können, was wir nicht verändern können, noch das, was uns nicht verändert?« (20, 140).

16 Meinhard Adler, *Brecht im Spiel der technischen Zeit. Naturwissenschaftliche, psychologische und wissenschaftstheoretische Kategorien im Werk Bertolt Brechts. Ein Beitrag zur Literaturpsychologie*, Berlin 1976, S. 191.

17 Werner Mittenzwei, *Brecht und die Naturwissenschaften*, in: *Brecht 73. Brecht-Woche der DDR*, hrsg. von Werner Hecht, Berlin 1973, S. 151–196. Ich habe mir erlaubt, in der Titelgebung an Mittenzwei anzuknüpfen in der Meinung, daß Mittenzwei mit dem »und« des Titels noch nicht ernst genug gemacht hat und daß dieser deshalb noch einmal aufzunehmen war.

18 Hiller, S. 76 f.

19 Vgl. Brechts *Arbeitsjournal*, S. 305, 387, 389, 398; die Verbindung bleibt bis 1945 bestehen, vor allem im Zusammenhang mit der Erarbei-

tung der zweiten Fassung des Galilei-Stücks; vgl. ebd. S. 510, 517, 597, 714, 765.

20 Hans Reichenbach, *Der Aufstieg der wissenschaftlichen Philosophie,* Braunschweig 1968, S. 302.

21 Ebd.

22 *Arbeitsjournal,* S. 218.

23 Ebd., S. 289 ff.

24 Ebd., S. 218.

25 *The Works of Francis Bacon,* vol. I, London 1858, S. 157.

26 Galilei, *Sidereus Nuncius,* hrsg. von Hans Blumenberg, Frankfurt 1965, S. 18 f.

27 Vgl. dazu Peter Bulthaup, *Zur gesellschaftlichen Funktion der Naturwissenschaften,* Frankfurt 1973, S. 48 ff. Die Problematik ergibt sich nicht aufgrund etwa falscher Erkenntnisvoraussetzungen, sondern wegen der Reproduzierbarkeit der naturwissenschaftlichen Verfahren und ihrer kommerziellen Verwertung.

28 Georg Wilhelm Friedrich Hegel, *Werke 6. Wissenschaft der Logik* II, Frankfurt 1969, S. 41.

29 Vgl. z. B. Roland Simon-Schaefer, *Dialektik. Kritik eines Wortgebrauchs,* Stuttgart-Bad Cannstatt 1973, der – von Popper ausgehend – die Dialektik bloß als eine Methode u. a. auffaßt und ihr so gerecht zu werden meint (bes. S. 33 ff.); vgl. dazu meine Kritik in: *Philosophischer Literaturanzeiger 28* (1975), H. 3, S. 158–160.

30 Hegel, S. 41.

31 Hegel nennt die Suche nach den Identitäten (und die Beruhigung durch sie) »wiederkäuende Unterhaltung« (S. 44). Deshalb sind in der Phänomenologie Hegels in der Nacht – die die Leere an Erkenntnis bildlich fassen soll – alle »Kühe« schwarz und nicht, wie Hans Mayer vermutet hat, die Katzen grau (vgl. meinen Forschungsbericht, Anm. 15, S. 178); es geht ums Wiederkäuen.

32 Heisenberg, *Schritte über Grenzen,* S. 31.

33 *Materialien zu Brechts ›Leben des Galilei‹.* Zusammengestellt von Werner Hecht, Frankfurt 1963, S. 21–24. In meinem Forschungsbericht, s. Anm. 15, S. 160 f., habe ich mich als normaler Kleinbürger erwiesen, indem ich mit Reichenbach für eine strikte Abgrenzung plädiert habe; das sei hiermit ausdrücklich widerrufen.

34 Vgl. dagegen Gerhart Schröder, *Die Exploration des Möglichen,* in: *Literaturmagazin 6. Die Literatur und die Wissenschaften,* Hamburg 1976, S. 87–107.

35 *Arbeitsjournal,* S. 151, 241, 294, 617.

36 Ebd., S. 397.

37 Ebd., S. 241.

38 Vgl. meine detaillierteren Ausführungen dazu unter dem Titel: *Ohnmacht der Macht oder Buchhaltung ohne Geschäftsführer. Historiogra-*

phie in Brechts Cäsar-Roman. In: *Der Deutschunterricht* 27 (1975), H. 3, S. 18–32.

39 Vgl. Anm. 3.

40 Michael Zeller in: FAZ, 14. 5. 1977.

41 Hans Blumenberg, *Die Genesis der kopernikanischen Welt,* Frankfurt 1975, S. 793.

Ernst Schumacher
Form und Einfühlung

Brecht hat vom Standpunkt der Dramaturgie des epischen Theaters aus von Anfang an Einwände gegen sein Stück *Leben des Galilei* erhoben. In einer ersten Tagebuchaufzeichnung über die Fertigstellung des neuen Stückes, am 23. November 1938, schrieb er: »Das ›Leben des Galilei‹ abgeschlossen. Brauchte dazu drei Wochen. Die einzigen Schwierigkeiten bereitete die letzte Szene. Ähnlich wie in der ›Johanna‹ brauchte ich am Schluß einen Kunstgriff, um auf jeden Fall dem Zuschauer den nötigen Abstand zu sichern. Selbst der unbedenklich sich Einfühlende muß zumindest jetzt, auf dem Weg der Einfühlung selber in den Galilei, den V-Effekt verspüren. Bei streng epischer Darstellung kommt eine Einfühlung erlaubter Art zustande.«

Am 25. Februar 1939 notierte er: »›Leben des Galilei‹ ist technisch ein großer Rückschritt, wie ›Frau Carrars Gewehre‹ allzu opportunistisch. Man müßte das Stück vollständig neu schreiben, wenn man diese ›Brise, die von neuen Küsten kommt‹, diese rosige Morgenröte der Wissenschaft haben will. Alles mehr direkt, ohne die Interieurs, die ›Atmosphäre‹, die Einfühlung. Und alles auf planetarische Demonstrationen gestellt. Die Einteilung könnte bleiben, die Charakteristik des Galilei ebenfalls. Aber die Arbeit, eine lustige Arbeit, könnte nur in einem Praktikum gemacht werden, im Kontakt mit einer Bühne. Es wäre zuerst das ›Fatzer‹-Fragment und das ›Brotladen‹-Fragment zu studieren. Diese beiden Fragmente sind der höchste Standard technisch.«

Geben wir noch die anderen Äußerungen Brechts über die formalen Mängel des Galilei-Stückes wieder; sie datieren wesentlich später, aus der Zeit der Umarbeitung und Neuerarbeitung der amerikanischen Fassung.

Am 16. Januar 1945 reflektierte Brecht: »Im ›Galilei‹ mit seinen Interieurs und Stimmungen wirkt die dem epischen Theater entnommene Bauart der Szenen merkwürdig theatralisch.«

In einer Eintragung vom 30. Juli 1945 äußerte er: »Im Formalen verteidige ich dieses Stück nicht besonders kräftig.« Zum Schluß der Aufzeichnung heißt es: »So ist der ›Galilei‹ in meiner Produktion immerhin interessant als Gegenbeispiel zu den Parabeln. Dort werden Ideen verkörpert, hier eine Materie gewisser Ideen entbunden.«

Der Kern der Einwände, die Brecht gegen das Stück hatte, blieb über die Jahre hinweg der gleiche: das Stück ermögliche eine Einfühlung im Sinne der aristotelischen Dramatik und besitze keinen ausgesprochenen Demonstrationscharakter, wie er vom Standpunkt des epischen Theaters aus notwendig ist. Die Charakterisierung mit »Interieurs«, »Atmosphäre«, »Einfühlung«, »theatralisch« läßt das »Opportunistische«, das Brecht kritisiert, gleichsam als Zugeständnis an die Realismus-Kriterien Georg Lukács' erscheinen, gegen die Brecht in der Theorie Sturm lief. Es erhebt sich die Frage, warum Brecht diesem »Opportunismus« nachgab und nicht einmal bei der Umarbeitung in Amerika »alles auf planetarische Demonstration« abstellte, die er für wünschenswert hielt, aber in der ersten Fassung nicht praktiziert hatte ...

Warum mußte sich Brecht »opportunistisch« verhalten und auf die konsequent demonstrative Spielweise in seinem Galilei-Stück verzichten? Die Antwort kann nur darin gefunden werden, daß er es nicht mit einer erdachten, sondern mit der wirklichen Geschichte zu tun hatte, die er zur Verdeutlichung der gegenwärtigen Geschichte benützte. Brecht bediente sich zur Verfremdung aktualer Geschehnisse – der mangelnden Verantwortung der Wissenschaft gegenüber der Gesellschaft, des komplizierten Anbruchs einer neuen Zeit, der widerspruchsvollen Durchsetzung der Vernunft –, also zur »Historisierung«, der Historie. Im Leben Galileis fand er eine analoge »Situation mit Modellcharakter« für das aktuale Geschehen. Aber dieses Modell besaß eine unveränderliche Konsistenz, es ließ sich nur ganz begrenzt »experimentell« manipulieren. Der Bericht, der vom Leben Galileis auf der Bühne gegeben wurde, ließ es sich nur in eben dem Maße »einrichten«, als es die technisch bedingten Umstände der Bühne erfordern. Die Geschichte konnte gerahmt werden, aber sie ließ sich nicht montieren wie die erdachten Geschichten. Die Grundhaltung, der gesellschaftliche Gestus, war durch die Geschichte vorgegeben und konnte nicht »gestellt« werden. Es war nicht möglich, eine »Gestentafel« zu entwerfen (als solche bewertete Brecht die Szenen von *Furcht und Elend des Dritten Reiches* – Tagebucheintragung vom 15. August 1938 –, wenn die Gesten auf der Tafel der Geschichte vorgezeichnet waren. Es ließen sich nur bedingt gesellschaftliche Konstellationen und Situationen erdenken; vielmehr hatte das Denken mit gegebenen überlieferten Konstellationen und Situationen zurechtzukommen. Die Umschläge konnten nicht geleitet, dirigiert, herbeigeführt, sondern mußten abgeleitet werden. Die »Anordnung der Materie« war fixiert und nur bedingt manipulierbar, nämlich nur im Sinne der dramatischen Notwendigkeit, das Leben Galileis zu komprimieren und die Schwerpunkte in eine dramaturgische Proportionalität zu bringen. Dabei blieb nicht das Prinzip der Montage, sondern einer »organischen« Bauweise entscheidend. Gerade aus der epischen, referierenden Struktur des Stückes ergab es sich, daß die Anlage der Handlung dem »alten Schema« von Exposition – Schürzung des Knotens (Peripetie) – überraschende Lösung glich, da der Ablauf von Galileis Leben, dem die Handlung folgte, eine solche Beschaffenheit besaß. Nicht der Dramatiker, sondern die Geschichte hatte die entsprechenden Grundsituationen konstruiert.

Die Geschichte, wie sie war, nicht wie sie erfunden wurde, erlaubte daher nur eine Illustration, keine Demonstration, wenn sie als Medium für die Bewußtmachung aktualer Probleme benützt wurde. Da Brecht in seinen kritischen Bemerkungen zum Galilei-Stück auf die *Heilige Johanna der Schlachthöfe* verwies, darf der fundamentale Unterschied zwischen beiden Stücken in Erinnerung gebracht werden. Im einen Fall benützte Brecht zur Verdeutlichung der Gegenwart die wirkliche Geschichte, im anderen bediente er sich nur geschichtlicher Formen. Im Fall Galilei mußte er daher der Geschichte folgen, im Fall Johanna brauchte er sich nicht um sie zu kümmern. Als er 1952 den »Prozeß der Jeanne d'Arc zu Rouen 1431« nach dem Hörspiel von Anna Seghers bearbeitete, folgte er wie im *Leben des Galilei* der wirklichen Geschichte. Während daher die Verfremdungseffekte in der *Heiligen Johanna der Schlachthöfe* ihre Funktion, Aktuales zu »historisieren«, das heißt, es als veränderbar ins Bewußtsein zu heben, auf demonstrative Weise erfüllen konnten, konnten sie in *Leben des Galilei* nur dazu dienen, Vergangenes so zu »enthistorisieren«, daß die Analogie zur Gegenwart bewußt wurde; sie übten primär die Funktion aus, die Illustration zu verfremden.

Daß Brecht die von ihm entwickelten Verfremdungsmittel nur in diesem Sinne verwenden konnte, geht aus den »Anmerkungen« zur Aufführungsweise hervor, die er für die amerikanische Inszenierung verfaßte und dann ins Deutsche übertrug. Brecht konzedierte darin: »An und für sich kann ›Leben des Galilei‹ ohne größere Umstellung des zeitgenössischen Theaterstils aufgeführt werden, etwa als ein historischer ›Schinken‹ mit einer großen Rolle. Eine konventionelle Aufführung (die übrigens den Aufführenden keineswegs als konventionell zum Bewußtsein zu kommen brauchte, um so weniger, wenn sie originelle Einfälle aufwiese) müßte jedoch die eigentliche Kraft des Stückes beträchtlich schwächen.«

Brecht mußte dieses Zugeständnis machen, eben weil der überlieferte geschichtliche Stoff, der bereits zur Verfremdung aktualer Vorgänge diente, nicht noch in sich selber auf die gleiche demonstrative Weise verfremdet werden konnte wie eine erdachte Geschichte. Eine solche zweite Verfremdung wäre theoretisch möglich, wenn nach dem Prinzip des klassischen chinesischen Singspiels verfahren würde, von dem Brecht eingestandenermaßen für die Entwicklung des Verfremdungseffekts gelernt hat.[1] Aber der Verfremdungseffekt auf der chinesischen Bühne ist rein formaler Natur; er dient nicht dem Zweck, dem Zuschauer ein reales Bewußtsein der dargestellten gesellschaftlichen Gegenstände zu vermitteln. Wenn Brecht seinem Zuschauer gerade ein solches Bewußtsein über die Galilei-Situation der Gegenwart vermitteln wollte, konnte er die Verfremdung durch die geschichtliche Modellsituation vornehmen, konnte aber diese nicht so behandeln wie eine erfundene Geschichte. Die Verfremdungsmittel konnten nur zur Verdeutlichung der gesellschaftlichen Kausalität der vergangenen Geschichte benützt werden. Sie konnten nur teilweise, nicht als Ensemble zur Verwendung kommen. Von den Verfremdungsmitteln konnte Brecht nicht die direkte Vorstellung der handelnden Personen und die referierende Einführung brauchen. Er mußte die Figuren vielmehr durch Handlung exponieren. Er konnte die handelnden Personen nicht aus der Handlung heraustreten und sie moralisieren und kommentieren lassen. Die kritischen Gesichtspunkte mußten sich aus dem Verhalten der geschichtlichen Figuren ergeben. Sogar in der Form des Bänkelsängerliedes blieben sie ein organischer Bestandteil der ungebrochenen, ununterbrochenen Handlung. Auch dort, wo sie »unorganisch« waren, nämlich in der Form tendenziöser Gedanken und Überlegungen, waren sie dem Dialog hinzugefügt, nicht »einmontiert« und dadurch herausgehoben. So wenig es angebracht sein konnte, die Figuren aus der Handlung heraustreten zu lassen, so wenig konnte der geschichtliche Stoff durch nicht in die Handlung einbezogene Chöre kommentiert werden. Die verschiedenen Szenen besaßen einen relativ geschlossenen Charakter, aber sie folgten nicht wie Nummern aufeinander, sondern waren notwendige Teile eines organischen, gewordenen Ganzen. Sogar die ausgesprochen demonstrativen Elemente besaßen nicht die Funktion der Demonstration, wie sie das streng epische Theater bestimmt. Sie besaßen lediglich eine erläuternde, illustrierende Funktion, wie die Verwendung des Astrolabs zur Verdeutlichung des ptolemäischen Weltsystems sowie eines Stuhls, einer Waschschüssel und eines Apfels zur Verdeutlichung des kopernikanischen Weltbildes beweisen. Die Demonstration mit den schwimmenden Körpern bildet einen organischen Teil der Handlung, sie tritt nicht aus ihr hervor.

Alle anderen Verfremdungsmittel dienen wie diese demonstrierenden Elemente der Kennzeichnung und Verdeutlichung der historischen Umwelt, in welcher sich Galilei zu bewähren hatte, nicht der gegenwärtigen. Am besten läßt sich das aus den *Anmerkungen* ersehen, die Brecht für die Inszenierung des Stückes verfaßte.[2]

Die von Brecht in diesem Zusammenhang nicht erwähnten projizierten Titel enthielten die gesellschaftliche Pointe der vergangenen Geschichte. Die Lieder der Sängerknaben heben das Chronikartige hervor und geben Hinweise auf die Beurteilung Galileis und am Schluß auf den aktuellen Bezug. Alle Verfremdungsmittel dienten dazu, das Historische zu »historisieren«, indem sie halfen, die gesellschaftliche Kausalität und Beziehungshaftigkeit zu verdeutlichen.

Durch die formalen Mittel der Verfremdung konnte die geschichtliche Modellsituation ins Bewußtsein gehoben werden, aber die Gegenwart, auf die die Situation Bezug hatte, konnte nicht in dem Sinne verfremdet werden, wie es die Theorie des Verfremdungseffekts bestimmte. Wenn Brecht im *Kleinen Organon* die Funktion des Theaters dahingehend definierte, »daß lebendige Abbildungen von überlieferten oder erdachten Geschehnissen zwischen Menschen hergestellt werden, und zwar zur Unterhaltung«, so beweist das Galilei-Stück, daß sich die konsequent demonstrative Spielweise nur bei der Abbildung von erdachten, nicht von überlieferten Geschehnissen durchführen ließ. Im Galilei-Stück konnten die formalen Verfremdungsmittel nur zur Verfremdung im Sinne der geschichtlichen Bewußtmachung einer historischen Illustration für ein gegenwärtiges Geschehen verwendet werden. Die von Brecht gewünschte »planetarische« Demonstration konnte nicht vollzogen werden.

Durchaus folgerichtig drängte es sich Brecht in der Aufzeichnung vom Juli 1945, die eingangs zitiert wurde, auf, der *Galilei* sei ein »Gegenbeispiel zu den Parabeln«: »Dort werden Ideen verkörpert, hier eine Materie gewisser Ideen entbunden.«

Brecht beschrieb damit genau den Unterschied zwischen einer realistischen Nach- und Abbildung geschichtlich-gesellschaftlicher Vorgänge und einer veranschaulichenden Vorführung (Demonstration) solcher Geschehnisse. Es ist der Unterschied zwischen realistischen Geschichtsdramen von der Art des *Galilei* und der *Tage der Commune* und den Parabeln von der Art der *Rundköpfe und Spitzköpfe*, des *Guten Menschen von Sezuan*, des *Kaukasischen Kreidekreises.*

Brecht hatte kein »reines Interesse« an der Geschichte, auch wenn er dies in seinen Aufzeichnungen über das Galilei-Stück erwähnte, vielmehr war seine geschichtsmaterialistische Einstellung auf die Beeinflussung der geschichtlich-gesellschaftlichen Verhältnisse gerichtet; er schrieb also seine Stücke nicht nur unter deren Einfluß, sondern auch in der Absicht der Einflußnahme. Wenn Brecht vom Galilei-Stoff »an sich« fasziniert war, was bekannt ist, so bildete er ihn doch nur ab, um damit die aktuale Galilei-Situation zu veranschaulichen. Er hatte also bestimmte »Ideen«, wenn man darunter Erkenntnisse, gezogen aus der Beobachtung und Bewertung aktualer Prozesse, sowie Vorstellungen über die weitere Entwicklung versteht. Aber es machte allen Unterschied, ob für die Veranschaulichung dieser »Ideen« dramatische Situationen geschaffen oder durch die Geschichte geschaffene Situationen als Analogie gebraucht wurden. Wenn die geschichtliche Analogie zur Veranschaulichung der »Idee« verwendet wurde, mußte die Veranschaulichung am überzeugendsten, einleuchtendsten wirken, wenn die »Idee« organisch-naturwüchsig aus der Abbildung des geschichtlichen Vorbildes hervorging und nicht durch eine Zurechtbiegung und nachträgliche Montage des Geschichtsstoffes abgeleitet werden mußte. Wenn es erlaubt, weil zweckmäßig ist, zur Bewußtmachung aktualer Vorgänge eine »experimentelle« dramatische Situation zu schaffen, so muß das Konstruktive, Experimentelle um so stärker zurücktreten, falls zur Veranschaulichung eine geschichtliche Modellsituation dient. Brecht hat, was bei einer solchen Art der Verfremdung erlaubt ist, ausgezeichnet in einer Tagebucheintragung vom 26. Oktober 1941 über die Shakespeareschen Historien ausgedrückt: »Der Realität am nächsten erschienen mir immer solche Stücke wie die *Shakespeare*schen Historien, die Dramatisierungen von Chronikkapiteln. Da ist keine ›Idee‹, da wird kein plot geformt, da ist kaum Aktualität. Es ist nur eine Durchleuchtung von Verbürgtem mit gelegentlichen Korrekturen nach der Richtung ›anders ist es kaum denkbar‹. Kurse über Dramatik müßten beginnen mit einem Vergleich etwa des *König Johann* mit der Chronik, aus der er vermutlich geschöpft ist. Fortsetzung: die *Strindberg*schen Königsdramen. Selbstverständlich wäre zu studieren, wo die Glorifizierung oder Deglorifizierung praktiziert wird.«

Eben um der »naturwüchsigen« Ableitung der »Idee« willen konnte Brecht am vorgegebenen geschichtlichen Stoff nur Korrekturen in der Richtung »anders ist es kaum denkbar« vornehmen, aber ihn nicht der »demonstrierenden« Behandlung unterziehen. Die »Idee« bedurfte der organischen »Entbindung« aus der geschichtlichen Situation, um »vollkommen« zu sein. Die Geschichte stellte die Modellsituation, die geschichtlichen Figuren, die analogen Verkörperungen aktualer gesellschaftlicher Kräfte dar, wenn von der Notwendigkeit ausgegangen wurde, ein aktuales Problem zu veranschaulichen. Die Methode, »Ideen« durch eine Parabel zu verkörpern, war am vollkommensten, wenn sie mit Hilfe der demonstrativen Spielweise erfolgte. Die »Entbindung« der Ideen aus dem Geschichtsstoff war am vollkommensten, wenn die Darstellung der geschichtlichen Vorgänge »gebunden« blieb, das heißt: nicht der demonstrativen Spielweise unterworfen wurde.

Der zweckmäßig erscheinende, wenn nicht erzwungene Verzicht auf die Anwendung der konsequent demonstrativen Verfremdung durch eine »experimentelle Situation« und den vollen Einsatz aller Verfremdungsmittel führte dazu, daß die Einfühlung der Zuschauer nicht in dem Maße behindert und verhindert werden konnte, wie es Brecht in der Theorie notwendig erschien. Die »mittelbare Wirkung« der dramatischen Darbietung ließ sich nicht erzielen, wenn die unmittelbaren Elemente der Verfremdung nicht wirksam werden konnten. Die Titel, Lieder, das Bühnenbild und die Musik, die epische Struktur des Stückes reichten nicht aus, die Einfühlung der Zuschauer in die Person des Helden zu unterbinden. Gerade die Herausarbeitung der geschichtlichen Umstände durch die Berücksichtigung der historischen Fakten und ihre Veranschaulichung mit Hilfe der formalen Verfremdungsmittel ließ Galilei mehr als Opfer denn als Schuldigen erscheinen und bestärkte damit die »angeborene« Neigung der Zuschauer, sich mit dem Helden zu identifizieren oder seine Schuld und Läuterung mitzuempfinden.

Als Brecht das Galilei-Stück schrieb, nahm er bereits eine wesentlich dialektischere Stellung zum Problem der Einfühlung und der Auslösung von Gefühlen durch Bühnenvorgänge ein als in den Anmerkungen zu den vor 1933 entstandenen Stücken. In den Anmerkungen zu *Mahagonny* hatte er erklärt, die epische Form des Theaters strebe »Ratio«, die dramatische Form »Gefühl« an, und hatte so einen Antagonismus konstruiert. In den dreißiger Jahren wollte er diese Gegenüberstellung nur als Akzentverschiebung verstanden wissen. Rückblickend auf die »mittelbare Wirkung« der epischen Darstellungsweise in Deutschland, stellte er in der *Neuen Technik der Schauspielkunst* fest: »Was das Emotionelle betrifft, so ergaben die Versuche mit dem V-Effekt in den deutschen Aufführungen des epischen Theaters, daß auch durch diese Spielweise Emotionen erregt wurden, wenn auch Emotionen anderer Art als die des üblichen Theaters. Eine kritische Haltung des Zuschauers ist eine durchaus künstlerische Haltung.«[3]

Zu einer Darstellung des epischen Theaters erklärte er wenig später – Tagebucheintragung vom 4. März 1941 –: »Es wird mir klar, daß man von der Kampfstellung ›hie Ratio und hie Emotio‹ loskommen muß. Das Verhältnis von Ratio zu Emotio in all seiner Widersprüchlichkeit muß exakt untersucht werden, und man darf den Gegnern nicht gestatten, episches Theater als einfach rationell und konteremotionell darzustellen. Die ›Instinkte‹, welche, automatisierte Reaktionen auf Erfahrungen, zu Gegnern unserer Interessen geworden sind. Die verschlammten, eingleisigen, vom Verstand nicht mehr kontrollierten Emotionen. Andererseits die emanzipierte Ratio der Physiker mit ihrem mechanischen Formalismus. Jedenfalls, selbst wenn sich die Interessen der Künstler nicht in besonders emotioneller Form äußern sollten – wahrscheinlich tun sie es –, sie äußern sich eben doch in emotioneller Form. Die epischen Prinzipien garantieren eine kritische Haltung des Publikums, aber diese Haltung ist eminent emotionell.«

Als ein Schauspieler, mit dem Brecht in der Emigration in

Finnland beisammen war, statt »Verfremden« den Ausdruck »Objektivieren« verwandte und damit eine »Darstellung ohne Gefühle« meinte, berichtigte Brecht: »Das gibt mir Gelegenheit, einen wohl leicht möglichen Irrtum zu klären. Einerseits kommt nämlich der *Einfühlungsakt* auch unter Verwertung rationeller Elemente vor, andererseits kann der V-Effekt auch rein gefühlsmäßig gesetzt werden. Stanislawski benutzt für die Einfühlung lange Analysen, und bei den Panoramengemälden der Jahrmärkte (›Nero betrachtet den Brand Roms‹, ›Erschießung des Anarchisten Ferrer‹, ›Das Erdbeben von Lissabon‹) ist der V-Effekt reines Gefühl. In dem aristotelischen Theater ist die Einfühlung auch eine geistige, das nichtaristotelische Theater benutzt auch gefühlsmäßig Kritik.« (Tagebucheintragung vom 17. Oktober 1940)

In einer anderen Notiz aus dieser Zeit – Tagebucheintragung vom 15. November 1940 – suchte Brecht nach einer Lösung für den Aufbau einer Emotionenreihe auf einer anderen Grundlage als der Einfühlung und der Katharsisfunktion: »Da für gewöhnlich *nichtaristotelisches Theater* als besonders intellektualistisches Theater definiert wird und damit schlecht definiert wird, sollte man es vielleicht einmal zur Abwechslung in den emotionellen Kategorien darstellen. Das ist ohne weiteres möglich, da ja auf dem epischen Theater bei Spieler wie Zuschauer die emotionelle Linie und die intellektuelle Linie identisch bleiben. Es gälte, auf den Grundlagen von Neugierde und Hilfsbereitschaft eine Emotionenreihe aufzubauen, welche der auf den Grundlagen von Furcht und Mitleid die Waage hält. Es gibt natürlich noch andere Grundlagen für Emotionen. Da ist vor allem die menschliche Produktivität, die vornehmste von allen. (Selbst Anpassung, Einfügung, Geduld müssen auf dieser Grundlage der menschlichen Produktivität aufgebaut werden.)«

Brecht bemühte sich also um die Klarstellung, daß auch das epische Theater Emotionen ermöglicht habe, daß es sie anstrebe und hervorrufe, und zwar in einem kritischen Sinn. Er wehrte sich dagegen, nichtaristotelisches Theater sei intellektualistisches Theater. Er gestand zu, daß auch der Einfühlungsakt unter Verwertung von rationellen Elementen zustande kommt, wie andererseits der V-Effekt rein gefühlsmäßig gesetzt werden kann. Im epischen Theater fallen, so behauptete Brecht, die intellektuelle und die emotionale Ebene zusammen. Das Ziel war gleichsam das kontrollierte Gefühl und die Kritik gefühlsmäßiger Art. Für die

Veränderung der Welt mußten sowohl der Verstand als auch das Gefühl vom Theater angesprochen werden. Der Zuschauer sollte nicht mehr die »traumbefangene, passive, in das Schicksal ergebene Haltung« einnehmen, er »sollte nicht mehr aus seiner Welt in die Welt der Kunst entführt, nicht mehr gekidnappt werden; im Gegenteil sollte er in seine reale Welt eingeführt werden, mit wachen Sinnen«, also auch auf emotionale Weise, wie Brecht in einem Vortrag – *Über experimentelles Theater* – vor den Stockholmer Studenten im Mai 1939, eben zur Zeit der Fertigstellung des Galilei-Stückes, darlegte.[4]

Der Verfremdungseffekt hat somit nicht nur die Einfühlung zu verhindern, sondern auch die richtigen Gefühle auszulösen. Er hat nicht nur den verstandesmäßigen, sondern auch den gefühlsmäßigen Anteil beim Zustandekommen eines kritischen Bewußtseins auf künstlerische Weise herbeizuführen. Bei der Ausarbeitung des *Messingkaufs*, des Vorläufers des *Kleinen Organons*, stellte Brecht folgende Überlegung an – Tagebucheintragung vom 2. August 1940 –: »Die Frage ist nun, ob es überhaupt unmöglich ist, die Abbildung der wirklichen Vorgänge zur Aufgabe der Kunst zu machen und damit die kritische Haltung des Zuschauers zu den wirklichen Vorgängen zu einer kunstgemäßen Haltung. Bei dem Studium dieser Frage ergibt sich, daß zur Herbeiführung dieser großen Wendung die Art des Verkehrs zwischen Bühne und Zuschauerraum geändert werden müßte. Die Einfühlung verlöre ihre beherrschende Stellung in der neuen Kunstausübung. Dagegen wird nunmehr der Verfremdungseffekt (V-Effekt) hervorgebracht, der ebenfalls ein Kunsteffekt ist und zu einem Theatererlebnis führt. Er besteht darin, daß die Vorgänge des wirklichen Lebens auf der Bühne so abgebildet werden, daß gerade ihre Kausalität besonders in Erscheinung tritt und den Zuschauer beschäftigt. Emotionen kommen auch durch diese Kunst zustande, und zwar ist es die Meisterung der Wirklichkeit, welche, durch diese Vorführungen ermöglicht, den Zuschauer in Emotion versetzt. Der V-Effekt ist ein altes Kunstmittel, bekannt aus der Komödie, gewissen Zweigen der Volkskunst und der Praxis des asiatischen Theaters.«

Brecht berichtigte seine frühere Gegenüberstellung von Erlebnis und Weltbild: auch die Vermittlung eines Weltbildes kann ein Erlebnis sein. Er ließ die Emotionen jedoch auf der Erkenntnis, der Einsicht in die gesellschaftliche Kausalität basieren und folgerte, die stärksten Gefühle würden ausgelöst durch das Bewußtsein, die Wirklichkeit zu meistern. Entscheidend ist, daß die Emotionen einer prinzipiell kritischen Haltung dienlich sind, da die Einfühlung einer solchen Haltung im Wege steht.

Wie aber kann eine solche Einstellung kritischer Art erzielt werden, wenn die formalen Verfremdungsmittel nicht ausreichen, die Einfühlung zu verhindern, wie es im Galilei-Stück der Fall ist? Die Antwort gab Brecht auf doppelte Weise. In der erwähnten Aufzeichnung über die Fertigstellung des *Galilei* vom November 1938 spricht er von einem »Kunstgriff«, den er am Schluß des Stückes – gemeint ist die vorletzte Szene, in der Galilei seinem früheren Schüler Andrea die *Discorsi* aushändigt – gebraucht habe, »um auf jeden Fall dem Zuschauer den nötigen Abstand zu sichern«.

Worin besteht dieser »Kunstgriff«? Er besteht in der Selbstbezichtigung Galileis, daß er die Wissenschaften verraten, weil er sich nicht um die gesellschaftlichen Folgen der Wissenschaft gekümmert habe. Das »folgerichtige« Verhalten Galileis erscheint mit einem Schlag als »folgenfalsch«. Der Held muß sich selber als Verräter bezeichnen, da sein Verstand intakt genug blieb, sein eigenes Verhalten wissenschaftlich zu bewerten. Die »Geradlinigkeit« wird unterbrochen, sie weist einen »Sprung« auf. Wer sich mit dem Helden identifiziert hat, wird zumindest des Dualismus teilhaft, der jetzt sichtbar gemacht ist. Was Hinnahme war, was Hingabe war, kann es nicht mehr bedingungslos sein, nachdem die Bedingungen deutlich geworden sind. »Selbst der unbedenklich sich Einfühlende muß zumindest jetzt, auf dem Weg der Einfühlung selber in den Galilei, den V-Effekt verspüren.« Die Verfremdung also wird durch die Tendenzierung des abgebildeten historischen Vorgangs erreicht, von der wir wissen, daß durch sie der Bezug zur aktualen Problematik hergestellt wurde. Diese Verfremdung nun wurde in den späten Fassungen des Stückes dadurch verstärkt, daß die Selbstbezichtigung und Selbstverurteilung Galileis nicht mehr, wie in der ersten Fassung, *vor*, sondern *nach* Übergabe der *Discorsi* an Andrea erfolgt, da dieser Akt nichts an dem prinzipiellen Versagen des Gelehrten ändern kann. Wie wir eben sahen, erfolgte die »Historisierung« der aktualen Bedeutsamkeit nicht auf demonstrative Weise wie in den *Fatzer-* und *Brotladen*-Fragmenten, sondern auf illustrative Weise durch die geschichtliche Modellsituation. Diese Situation ließ sich durch die artistischen Verfremdungsmittel »historisch« machen, will sagen: ins Bewußtsein heben. Sie konnte als Analogie zur Gegenwart gekennzeichnet werden. Aber die Verfremdungsmittel konnten nicht die Einfühlung der Zuschauer vor allem in den Helden des Stückes verhindern, da sie die »Geradlinigkeit«, das »lineare Geschehen«, die »evolutionäre Zwangsläufigkeit« der Chronik nicht in dem Maße manipulieren konnten wie in einem erdachten Stoff. Um dem Galilei-Problem den positivistischen Affektwert zu nehmen, blieb nur übrig, die Durchbrechung von innen her, eben durch Galilei selber, vornehmen zu lassen. Durch die tendenziöse Selbstbeschuldigung und Selbstverurteilung wurde die Selbstverständlichkeit zur Verständlichkeit gemacht, die Logik des Verhaltens ihrer Folgerichtigkeit beraubt. Der Anachronismus stellte die Korrektur der Chronik in der Richtung »es ist anders denkbar« dar. Wer sich der Konsequenz der Haltung Galileis durch die Einfühlung hingegeben hat, dem drängt sich durch die Tendenzierung eine kritische Beurteilung auf. Er kann sein Mitgefühl mit dem Gelehrten bewahren, aber er kann sich ihm nicht bedingungslos hingeben.

Brecht sprach von einer »Einfühlung erlaubter Art«, die auf diese Weise »bei streng epischer Darstellung« zustande komme. Unter welchen Bedingungen sie erlaubt ist, verdeutlicht eine weitere Tagebucheintragung Brechts vom 12. Januar 1941, die anzuführen auch deshalb angebracht ist, weil sie wie die Mitteilung vom November 1938 über die Fertigstellung des Galilei-Stückes die *Heilige Johanna der Schlachthöfe* zur Exemplifizierung anführt: »Bei keiner Betrachtung dürfte vergessen werden, daß *nichtaristotelisches Theater* zunächst nur *eine* Form des Theaters darstellt; es dient bestimmten gesellschaftlichen Zwecken und hat keine usurpatorische Bedeutung, was das Theater im allgemeinen angeht. Ich selber kann aristotelisches Theater bei gewissen Aufführungen neben nichtaristotelischem verwenden. Bei einer heutigen Aufführung etwa der *Heiligen Johanna der Schlachthöfe* kann es vorteilhaft sein, mitunter eine Einfühlung in die Johanna herbeizuführen (zuzulassen, vom heutigen Standpunkt aus), da diese Figur ja einen Erkenntnisprozeß durchmacht, so daß der einfühlende Zuschauer von diesem Punkt aus sehr wohl die Hauptpartien der Geschehnisse überblicken kann. Jedoch wird es heute schon immer Zuschauer geben, welche es vorziehen, diese Figur von außen zu betrachten. Ihnen ist mit nichtaristotelischem Theater besser gedient.«

Eine »Einfühlung erlaubter Art« ist also dann möglich, wenn die Gestalt, in die der Zuschauer – da er in ihr den »positiven Helden« erblickt – sich einzufühlen geneigt ist, einen Erkenntnisprozeß durchmacht, der, vom Zuschauer nachvollzogen, diesem Zuschauer eine kritische Bewertung der abgebildeten gesellschaftlichen Vorgänge abnötigt und die »Nutzanwendung« für die angestrebte Veränderung der Wirklichkeit gestattet. Der Zuschauer, der sich in die *Heilige Johanna der Schlachthöfe* einfühlt, wird dadurch zur Erkenntnis geführt, daß der religiöse Reformismus, der Reformismus insgesamt, nur der gesellschaftlichen Reaktion von Nutzen ist. Der Zuschauer, der sich in den Galilei einfühlt, muß erkennen, daß die Entscheidung Galileis, auf Papst und Großherzog zu vertrauen, statt die Hilfe des Bürgers Vanni (Matti) anzunehmen, falsch war und daß die Abschwörung einem sozialen Verrat gleichkommt, der durch nichts aufgewogen werden kann (so die Konsequenz der amerikanischen und späten deutschen Fassung des Stücks).

Die Feststellung, es sei erlaubt, sich in eine Person einzufühlen, die einen Erkenntnisprozeß durchmacht, berichtigte die undialektische Auffassung, die Brecht am schroffsten in dem Vortrag *Über experimentelles Theater* vertreten hat: »Einfühlung in änderbare Menschen, vermeidbare Handlungen, überflüssigen Schmerz usw. ist nicht möglich.«

Brecht hat die frühere Antithetik von Ratio und Gefühl so aufgelöst, daß er es für möglich erklärte, den gesellschaftlichen Zweck der dramatischen Abbildung, nämlich beizutragen zu einem realen Bewußtsein von der Welt, nicht nur auf rationalem, sondern auch emotionalem Weg zu erreichen. Gerade das Mitfühlen, wenn nicht sogar Einfühlen in Menschen, die den komplizierten Weg der Erkenntnis durchmachen (selbst wenn sie die Erkenntnis nicht mehr in die Tat umzusetzen in der Lage sind), kann dieser Herausbildung eines solchen Bewußtseins nützen. Voraussetzung dazu ist, der Dramatiker vermag Sicherungen gegen eine »folgenlose« Einfühlung einzubauen, damit das kritische Element des Bewußtseins angesprochen wird. Der sich Einfühlende muß über seine Gefühle zu einer kritischen Haltung veranlaßt werden. Diese Gefühle müssen anderer Art sein als Furcht und Mitleid, nämlich Gefühle, die für die Veränderbarkeit der Welt, für die Vermenschlichung der Welt eine positive, weil aktivierende Rolle spielen. Grundlegend für diese Gefühle könnte eine neugierige und hilfsbereite Haltung sein, die durch Einfühlung herbeigeführt werden kann, schrieb Brecht in seiner Überlegung vom November 1940; in seinem Vortrag *Über experimentelles Theater* definierte er die möglichen grundlegenden Haltungen mit »Wissensbegierde« an Stelle der Furcht und mit »Hilfsbereitschaft« an Stelle von Mitleid.

Brecht hielt es aber in seinen *Anmerkungen* für notwendig, dieser Einfühlung auch noch durch die besondere Darstellung der Figur des Galilei vorbauen zu lassen:

»7. Die Darstellung des Galilei sollte nicht darauf ausgehen, ein sympathisierendes Sicheinfühlen und Mitgehen des Publikums zu stabilisieren; vielmehr sollte dem Publikum eine mehr staunende, kritische und abwägende Haltung ermöglicht werden. Er sollte dargestellt werden als ein Phänomen wie etwa Richard III., wobei die emotionelle Zustimmung des Publikums durch die Vitalität dieser fremden Erscheinung erreicht wird.«

Das bedeutete die Aufforderung, das positive Interesse an Galilei, beruhend auf seiner Haltung und Bedeutung im gesellschaftlichen Kampf, zu neutralisieren und auf den »Typ«, den vitalen Kerl, zu konzentrieren, um die kritische Einstellung zu seinem Tun und Lassen zu ermöglichen. Der »Kunstgriff« der Selbstverurteilung Galileis erscheint dem Dramatiker als noch nicht ausreichend genug, der bedingungslosen Einfühlung entgegenzuwirken. Das Sicheinfühlen muß primär von der kraftvollen Erscheinung Galileis ausgelöst und absorbiert werden, damit eine kritische Beobachtung und Bewertung des Entscheidenden, nämlich seiner Handlungsweise, möglich ist. Die Einfühlung wird auf das Sekundäre gelenkt, damit sich das kritische Bewußtsein auf das Primäre konzentriert. Einfühlung und Gefühle haben im Dienst des Bewußtseins zu stehen, die Einfühlung hat ein Hilfsmittel zu bleiben, auf das besser verzichtet würde.

Faßt man zusammen, ergibt sich folgendes:

Brecht vermerkte kritisch, das Galilei-Stück weise statt der wünschenswerten »planetarischen Demonstrationen« »Interieurs«, »Atmosphäre«, »Theatralisches« auf und ermögliche damit die Einfühlung im aristotelischen Sinne. Er drückte seine Überzeugung aus, dieser »Schönheitsfehler« im Sinne des epischen Theaters lasse sich durch das Praktikum mit einer Bühne beheben.

Da dies vor dem Krieg nicht möglich war, verwendete er zur Verhinderung der totalen Einfühlung in den Helden des Stückes dessen Selbstanklage und Selbstverurteilung, also einen dramatischen, keinen artistischen »Kunstgriff«. Er deklarierte nunmehr die mögliche Einfühlung als »erlaubt«, da sie zu einem Erkenntnisprozeß führe.

Aber als er, zumindest bei der Erarbeitung der späten deutschen Fassung des Stückes, Gelegenheit gehabt hätte, im Praktikum mit seiner Bühne das Stück im Sinne der wünschenswerten »planetarischen Demonstrationen« zu bearbeiten, beließ er es bei der alten Form. Die konsequent »demonstrative« Dramatik und Spielweise, wie sie Brecht als vorbildlich in dem *Fatzer*- und *Brotladen*-Fragment entwickelt sah, läßt sich nur bei der Verfremdung aktualer Vorgänge mit Hilfe erdachter Geschichten, nicht mit Hilfe der überlieferten Geschichte anwenden. Das Ensemble der Verfremdungseffekte(mittel), die zur Herbeiführung des Verfremdungseffekts, der »Historisierung« des aktualen Gesellschaftszustandes oder bestimmter Vorgänge, benützt werden, kann nur bei erdachten Fabeln zur vollen Wirkung gelangen.

Anmerkungen

1 Vgl. den Essay *Verfremdungseffekte in der chinesischen Schauspielkunst*, in: GW 16, S. 619 ff.
2 Vgl. S.55 ff. dieses Bandes.
3 S. GW 15, S. 347 f.
4 S. GW 15, S. 285 ff.

Werner Mittenzwei
Gestaltungsprobleme des sozialistischen Realismus in *Leben des Galilei*

In der Sickingen-Debatte, diesem für die marxistische Ästhetik so außerordentlich bedeutenden Briefwechsel der Klassiker mit Lassalle, schrieb Engels über die Forderung an das moderne Drama: »... die volle Verschmelzung der größeren Gedankentiefe, des bewußten historischen Inhalts, die Sie nicht mit Unrecht dem deutschen Drama zuschreiben, mit der shakespeareschen Lebendigkeit und Fülle der Handlung, wird wohl erst in der Zukunft, vielleicht nicht einmal durch die Deutschen erreicht werden. Darin sehe ich allerdings die Zukunft des Dramas.«[1] Die bewußt historische Erfassung des Stoffes, die Engels als eine Hauptforderung an das moderne Drama herausstellte, war auch der Ausgangspunkt für Brechts Schauspiel *Leben des Galilei*.

Brechts Arbeit an diesem Stück gingen sehr umfangreiche und gründliche historische sowie naturwissenschaftliche Studien voraus. Leider läßt es sich heute nicht mehr genau feststellen, welche Bücher Brecht in seine Studien einbezog. Er ließ sich, wie aus dem Nachlaß hervorgeht, Bücher aus dänischen Bibliotheken kommen. Das Schauspiel selbst verrät eine sehr genaue Kenntnis der Schriften Galileis. Aber auch fast alle bedeutenden Arbeiten der Galilei-Forschung, insbesondere der deutschen Gelehrten, waren Brecht bekannt. So ließ er sich solche Standardwerke wie das Buch Emil Wohlwills *Galilei und sein Kampf für die Copernicanische Lehre* (Hamburg und Leipzig 1909) und Karl von Geblers *Galileo Galilei und die Römische Curie* (Stuttgart 1876), die er offenbar in der Emigration nicht erwerben konnte, photokopieren. In dem Buch *Galilei und seine Zeit* von Leonardo Olschki, das Brecht in seiner Bibliothek hatte, befinden sich Unterstreichungen, aus denen ersichtlich ist, daß er sich besonders für die philosophischen Ansichten Galileis interessierte. Brechts Bibliothek enthält überhaupt viele Bücher über Fragen der modernen Naturwissenschaft, meistens in englischer Sprache; inwieweit diese mit zur Galilei-Vorbereitung gehören, läßt sich nicht mit Sicherheit sagen, denn Brecht arbeitete später an einem Stück über Albert Einstein und sammelte dazu Material.

Marx und Engels verstanden unter der Erfassung des »historischen Inhalts« nicht nur die genaue Kenntnis der historischen Tatsachen und Fakten, das war für sie eine selbstverständliche, unabdingbare Voraussetzung, sondern vor allem die Einsicht in die Klasseninteressen und Klassenkämpfe der jeweiligen historischen Periode. Sie wiesen durch ihre Analyse der heute zu Recht vergessenen Tragödie Lassalles darauf hin, daß die dramatische Kollision eines Werkes Ausdruck der großen Klassenkonflikte sein muß.

So hat sich auch Brecht bei der Sichtung und Verarbeitung des Materials nie in interessante historische Details verloren. Ihm dienten die einzelnen geschichtlichen Vorgänge dazu, die großen Auseinandersetzungen der Klassen in der Periode der italienischen Spätrenaissance herauszuarbeiten. Brecht mußte und konnte dabei auf manche Ergebnisse der Galilei-Forschung verzichten. Wenn man bedenkt, daß er zu der Zeit, als er sein Stück schrieb, keine Galilei-Monographie marxistischer Historiker zur Verfügung hatte, muß man die Klarheit und Einsicht in die historische Gesetzmäßigkeit jener Zeit, mit der Brecht seine Fabel anlegte, um so mehr bewundern. Brechts Galilei ist gerade als Repräsentant des jungen Bürgertums in seiner klassenmäßigen Wertung sehr genau und differenziert erfaßt. Er schließt den revolutionären Drang und die Kompromißbereitschaft wie schließlich das Versagen der italienischen Bourgeoisie in sich ein. So gebührt Brecht allein schon das Verdienst, ein neues, historisch-kritisches Galilei-Bild geschaffen zu haben, das der Größe und dem Versagen dieses Gelehrten gleichermaßen gerecht wird. Schätzen doch bürgerliche Galilei-Forscher den Widerruf Galileis noch völlig unkritisch ein. So schrieb z. B. Karl von Gebler: »Man mag die Unterwerfung Galileis im Hinblick auf dessen sittliche Größe bedauern, jedenfalls ist aber der Wissenschaft daraus ein größerer Nutzen erwachsen, als wenn er infolge einer stolzen, unsere Begeisterung erweckenden Standhaftigkeit vielleicht auf dem Scheiterhaufen vorzeitig geendigt hätte oder doch sicherlich in den Kerkern der Inquisition bald zugrunde gegangen wäre. *Hat er doch seine unsterblichen ›Dialoghi della Nuove Scienze‹ erst nach seinem berühmten Prozesse der Welt zum Geschenk gemacht!*«[2] Eine solche Auffassung – im Stück vertritt sie Andrea – kritisierte Brecht, indem er auf die gesellschaftlichen Auswirkungen und Folgen des Widerrufs hinwies. Dadurch wurden die historische Größe Galileis und sein Verdienst um eine moderne Naturwissenschaft keineswegs geschmälert.

Die gründlichen und umfangreichen Studien Brechts könnten unter Umständen den Eindruck erwecken, als habe er die Probleme seines Stückes mehr aus der Historie als aus der Gegenwart geschöpft. Tatsächlich spielt aber die Zeitproblematik eine große Rolle, aus der heraus der *Galilei* entstanden ist. Für einen großen Teil der bürgerlichen Literaturkritik sind jedoch bewußt historische und gegenwartsverbundene Gestaltung einander entgegengesetzte Pole. Solche Literaturhistoriker stehen dann auch ziemlich ratlos vor Brechts *Galilei* und wissen nicht, wie sie dieses Werk »einordnen« sollen. So schrieb Günter Rohrmoser: »Als Historienspiel kann es auch nicht gedeutet werden, denn es ist von bedrängender Aktualität. Den Parabelstücken kann es nicht zugerechnet werden, denn die Gestalt Galileis und sein Schicksal sind unlöslich an ihre historische Konkretion gebunden. Von einem ›Lehrstück‹ kann schon gar nicht gesprochen werden, da das ›Beispiel‹ den Charakter der unwiederholbaren Einmaligkeit hat, die so nicht übertragbar oder gar anwendbar ist«.[3]

Eine wirklich historische Darstellung, die die Klasseninteressen und die Konstellation der Klassenkräfte aufdeckt, wird bei einem entsprechenden Gegenstand auch immer eine Behandlung bestimmter Probleme der Gegenwart ermöglichen. Darauf machte Marx in der Sickingen-Debatte schon Lassalle aufmerksam, als er ihm schrieb, daß er bei einer richtigen historischen Gestaltung hätte »auch in viel höherm Grade die modernsten Ideen in ihrer reinsten Form sprechen lassen können«.[4] Gewiß, die Geschichte kennt keine Wiederholungen. Aber die richtige historische Darstellung dessen, wie zum Beispiel die bürgerliche Klasse ihren Kampf gegen die feudale Ausbeutung führte, die Erfahrungen ihrer Siege und Niederlagen sind für eine revolutionäre Klasse von großem Nutzen. An einer solchen Gestaltung lassen sich auch bestimmte Probleme der Gegenwart entwickeln, ohne die historischen Ereignisse und Gestalten zu vergewaltigen und zu verzerren. Selbstverständlich kann es Fälle geben, wo die Probleme der Gegenwart nicht organisch in den geschichtlichen Begebenheiten aufgehen, wo sie oktroyiert wirken. Das Kriterium besteht auch hier in einer tiefen wahrhaftigen historischen Gestaltung. Je enger sich der Autor dabei an die Geschichte hält, desto mehr wird es ihm gelingen, wie Marx sagt, »die modernsten Ideen« der Zeit zum Ausdruck zu bringen.

Gerade Brechts *Galilei* ist dafür ein anschauliches Beispiel. Es kam ihm anfangs darauf an zu zeigen, daß die Wahrheit in den Zeiten der Unterdrückung mit List verbreitet werden muß. Die Parallele zur Hitlerdiktatur war ganz deutlich. Von diesem Aspekt aus betrachtete Brecht zunächst auch den Widerruf Galileis. Je gründlicher er aber bewußt historisch gestaltete, desto mehr ging er von der anfänglichen Vorstellung ab, in dem Widerruf Galileis nur eine List zu sehen. Damit erfaßte er die historische Wahrheit des Stoffes tief und allseitig, zugleich aber gewannen auch die Probleme der Gegenwart deutlichere Konturen. Diese konsequent historische Gestaltungsweise hob die aktuellen Gedanken des Stückes erst richtig in den Mittelpunkt. Gleichzeitig aber bewahrte sie Brecht davor, daß das Werk einen Parabelcharakter annahm. [...]

Brechts Gestaltungsweise wird oft dahingehend mißverstanden, daß es ihm vor allem darauf angekommen sei, bestimmte »Verhaltensweisen«, aber nicht lebendige Charaktere zu formen. Eine solche Auffassung ist nicht richtig. Tatsache ist, daß Brecht für seine Arbeit den Terminus »Verhaltensweisen« prägte. Er verstand darunter die Herausarbeitung des klassenmäßigen Merkmals einer bestimmten Situation, die Erfassung des gesellschaftlich Typischen. Brecht ging es darum, aus der Vielfalt der Erscheinungen die Seiten auszuwählen, die den Klassencharakter einer Figur oder einer Situation am besten kennzeichnen. Bei einem solchen Prozeß kam es aber nicht nur darauf an, diese Seiten einfach auszuwählen oder herauszugreifen, sondern sie dialektisch aufzuheben. Das heißt, in die durch den Abstraktionsprozeß hervorgehobene Seite ging auf einer höheren Stufe die ganze Vielfalt und Fülle der Erscheinung mit ein.

Gleichzeitig darf man nicht vergessen, daß Brecht, als er den Ausdruck »Verhaltensweisen« für seine Arbeit anwandte, sich damit von der Schreibweise bürgerlicher Schriftsteller abgrenzen wollte, denen die »Lebendigkeit« einer Figur alles bedeutet, die aber nicht danach fragen, welchen gesellschaftlichen Inhalt eine solche »Lebendigkeit« ausdrückt. Wenn nämlich Fülle und Vielschichtigkeit in einer Figur zum Selbstzweck werden, wird jeder Realismus aufgehoben. Brecht versuchte also, mit seinem Terminus »Verhaltensweisen« die gesellschaftliche, politische Komponente seiner Gestaltungsmethode zu betonen. Diese Seite herauszuarbeiten war damals besonders wichtig, denn sie machte Front gegen eine gesellschaftlich leere Dichtung, gegen psychologische Raffinements, die eine wirklich lebenswahre Menschengestaltung zerstörten. Daraus aber die Schlußfolgerung zu ziehen, wie das Walter Hinck und Herbert Lüthy in ihren Arbeiten tun, und zu behaupten, Brecht vollziehe »die Absage an den psychologischen Charakterhelden« und strebe die »Konzeption eines weithin funktionalisierten Menschen«[5] an, ist eine glatte Verfälschung Brechts und bedeutet nichts anderes, als bestimmte Gedanken der spätbürgerlichen Philosophie in sein Werk hineinzutragen, einer Philosophie, die der Marxist Brecht sein ganzes Leben lang ablehnte und bekämpfte. Man verkehrt die Tatsachen, wenn man bei Brecht den Begriff »Verhaltensweisen« der Charaktergestaltung entgegenstellt; es führt zu einer falschen Vorstellung von dem, was Brecht in seinen Stücken tatsächlich geschaffen hat. [...]

Brecht zählte seinen *Galilei* zu den Versuchen einer nichtaristotelischen Dramatik. Dennoch kommen die Kritiker, die in Brechts Werken lediglich den formalen Effekt suchen, nicht auf ihre Kosten. Sie vermissen in diesem Stück das »Epische« und bezeichnen den *Galilei* oft als ein konventionelles Werk. Nun könnten sich solche Kritiker auf eine Äußerung Brechts berufen, der am 25. Februar 1939 in sein Arbeitsjournal eintrug: »LEBEN DES GALILEI ist technisch ein großer rückschritt, wie FRAU CARRARS GEWEHRE allzu opportunistisch. man müßte das stück vollständig neu schreiben, wenn man diese ›brise, die von neuen küsten kommt‹, diese rosige morgenröte der wissenschaft, haben will. alles mehr direkt, ohne die interieurs, die ›atmosphäre‹, die einfühlung. und alles auf planetarische demonstrationen gestellt. die einteilung könnte bleiben, die charakteristik des galilei ebenfalls. aber die arbeit, eine lustige arbeit, könnte nur in einem praktikum gemacht werden, im kontakt mit einer bühne. es wäre zuerst das FATZERfragment und das BROTLADENfragment zu studieren. diese beiden fragmente sind der höchste standard technisch.«[6]

Es ist bekannt, daß Brecht über seine eigenen Arbeiten oft sehr extreme Urteile fällte, die sich die Literaturgeschichtsschreibung nicht in jeder Hinsicht zum Maßstab nehmen kann. Was Brecht an der Technik des *Galilei* »opportunistisch« nannte, bezieht sich auf die Möglichkeit einer Einfühlung im Sinne Aristoteles'. Tatsächlich sind in diesem epischen Werk die Neuerungen in viel stärkerem Maße mit den Elementen des traditionellen Theaters verbunden als in anderen nichtaristotelischen Stücken. Aber gerade das wirkte sich, wie die Wirkungsgeschichte des *Galilei* beweist, nicht zum Nachteil des Stückes aus. Als Brecht später den »Kontakt mit einer Bühne« besaß, nahm er auch keine Änderungen vor, die auf das *Fatzer*-Fragment und das *Brotladen*-Fragment orientierten. Er schrieb das Stück nicht »völlig neu«. Die Praxis bestätigte ihm die Richtigkeit der angewandten Gestaltungsweise. Die Neuerungen, die er in den beiden Fragmenten ausprobierte und die, wie er bemerkte, technisch den »höchsten Standard« darstellen, erwiesen sich für das praktische Theater erst in höchstem Grade fruchtbar, als er sie mit traditionellen Elementen verband. In jedem einzelnen Werk Brechts vollzog sich diese Verbindung von Tradition und Neuerertum auf verschiedene Weise. Das war jeweils vom Stoff und der politischen Wirkung, die er erzielen wollte, abhängig. So war der Einfluß traditioneller Technik im *Galilei* stärker als beispielsweise in dem später geschriebenen Werk *Der aufhaltsame Aufstieg des Arturo Ui*, in dem Brecht ganz andere Mittel brauchte, um seine politische Absicht sichtbar zu machen. In fast allen seinen späteren Werken wandte Brecht die neue Technik nie so absolut an, wie er sie in den beiden Fragmenten herausgearbeitet hatte. Das Experimentelle, das Technisch-Formale der Fragmente wurde in den großen Werken der dreißiger und vierziger Jahre dialektisch aufgehoben.

Eine Betrachtungsweise, die das Werk nur von formalen Aspekten zu erschließen trachtet und womöglich innerhalb des Brechtschen Gesamtwerkes eine scharfe Trennungslinie zwischen den aristotelischen und nichtaristotelischen Stücken ziehen möchte, wird Brecht nicht gerecht, weil eine solche Auffassung nicht den gesellschaftlichen Ausgangspunkt erfaßt, von dem jeder dramaturgische Schritt Brechts bestimmt wurde. In einer Notiz vom 12. Januar 1941 betonte Brecht nachdrücklich: »Bei keiner Betrachtung dürfte vergessen werden, daß *nichtaristotelisches Theater* zunächst nur *eine* Form des Theaters darstellt; es dient bestimmten gesellschaftlichen Zwecken und hat keine usurpatorische Bedeutung, was das Theater im allgemeinen angeht. Ich selber kann aristotelisches Theater bei gewissen Aufführungen neben nichtaristotelischem verwenden.«[7] Aber gerade den »gesellschaftlichen Zweck« verlieren die bürgerlichen Kritiker – mehr oder weniger bewußt – aus dem Auge. Auch Brechts Werke vom Begriff des Epischen her erschließen zu wollen, führt zu Mißdeutungen. Brecht betonte das selbst und hat wiederholt darauf hingewiesen, daß der Begriff »episch« nur der Ausdruck für einen materialistisch-dialektischen Inhalt sei.[8] Ein solcher Inhalt kann aber nur von den gesellschaftlichen und politischen Problemen her begriffen werden. [...]

Brechts Schauspiel, das keine reiche äußere Handlung besitzt, bezieht seine starke Wirkung auch aus der sprachlichen Gestaltung. Was Brecht hier geschaffen hat, ist nicht nur ein Höhepunkt seiner eigenen Entwicklung, sondern der gesamten deutschen Literatur. Die sprachliche Formung des Galilei-Stoffes stellte Brecht vor keine geringen Schwierigkeiten; denn die Gedankengänge Galileis über die beiden Wissenschaften Physik und Astronomie, die im Schauspiel gestaltet werden mußten, hatten bereits in den Schriften Galileis eine bewunderungswürdige sprachliche Darstellung erfahren. Galileis Werke nehmen ja in der Geistesgeschichte nicht nur einen so bedeutenden Rang ein, weil in ihnen erstmalig neue naturwissenschaftliche Entdeckungen niedergelegt wurden, sondern auch wegen ihrer künstlerisch-literarischen Gestaltung. Der Begründer der modernen Physik war auch der Schöpfer einer neuen Prosa seines Landes. Leonardo Olschki, der die enge, untrennbare Verbindung von wissenschaftlicher und literarischer Arbeit im Werk Galileis untersuchte, schrieb über die literarische Bedeutung Galileis: »Zwischen Machiavelli und Manzoni ist Galilei der Meister der italienischen Prosa und der Schöpfer ihres klassischen Stils. Wer an den Urquell der neueren Kunstprosa Italiens gelangen will, muß ihn in Galileis Schriften suchen.«[9] Brecht lernte Galileis Schriften hauptsächlich in den Übersetzungen Arthur von Oettingens kennen. Es läßt sich unschwer erraten, daß Brecht an der Schreibweise Galileis, die fern aller Mystik und Allegorie die schöne Einfachheit und Exaktheit besaß, die die sorgfältige Hand des Technikers und Handwerkers verriet und die dabei nie die Eleganz und Leichtigkeit verlor, die voller Humor, Witz und Satire war, seine Freude und sein Vergnügen gehabt haben wird.

Brecht kam es darauf an, für seinen Galilei eine Diktion zu finden, in die die großartige Prosa der *Discorsi* einging, ohne daß er an die direkte Wiedergabe Galileischer Texte gebunden war oder in eine einfache Kopie der Galileischen Schreibweise geriet. Brecht hat diese Aufgabe in bewundernswerter Weise gelöst. Wenn man seinen Galilei sprechen hört, so schwingt der Ton der *Discorsi* mit, ohne daß Brecht Galilei zitiert. Jeder Satz bleibt stets unverwechselbarer Brecht. Das vermag nur ein Dramatiker, der über eine ungewöhnliche sprachschöpferische Gestaltungskraft verfügt. Diese sprachliche Durchdringung und Formung der Galilei-Dialoge durchlief mehrere Stufen. In den ersten Entwürfen verwandte Brecht noch ganze Textstellen Galileis, die er in seinen Dialog mit einbezog. So ist interessant, wie er den Anfang von Galileis Schrift *Unterredungen und mathematische Demonstrationen über zwei neue Wissenszweige, die Mechanik und die Fallgesetze betreffend* verarbeitete. In Galileis *Discorsi* heißt es da zwischen Salviati und Sagredo:

»SALVIATI Die unerschöpfliche Tätigkeit Eures berühmten Arsenals, Ihr meine Herren Venetianer, scheint mir den Denkern ein weites Feld der Spekulation darzubieten, besonders im Gebiet der Mechanik: da fortwährend Maschinen und Apparate von zahlreichen Künstlern ausgeführt werden, unter welch letzteren sich Männer von umfassender Kenntnis und von bedeutendem Scharfsinn befinden.

SAGREDO Sie haben vollkommen recht, mein Herr; und ich, der ich (von Natur) wißbegierig bin, komme häufig hierher, und die Erfahrung derer, die wir wegen ihrer hervorragenden Meisterschaft ›die ersten‹ (Proti) nennen, hat meinem Verständnis oft den Kausalzusammenhang wunderbarer Erscheinungen eröffnet, die zuvor für unerklärbar und unglaublich gehalten wurden: und wirklich war ich oft verwirrt und verzweifelt darüber, daß so viele Dinge der Erfahrung nicht erklärt werden konnten, Dinge, die sogar sprichwörtlich bekannt sind, wie denn manche vulgäre Meinung geäußert wird, um etwas über Dinge zu sagen, die die guten Leute selbst nicht fassen können.«[10]

Ein Entwurf Brechts für die Arsenal-Szene soll hier des Vergleichs wegen angeführt werden. Er begann folgendermaßen:

»GALILEI Die unerschöpfliche Tätigkeit Eures berühmten Arsenals, Ihr meine Herren Venetianer, scheint mir den Denkern ein weites Feld der Spekulation zu eröffnen, besonders im Gebiet der Mechanik. Könntet Ihr Eure Doktoren der Philosophie und der Theologie hierherbringen, so würden sie mancherlei wunderbare Erscheinungen beobachten können, die zuvor für unerklärbar und unglaublich gehalten wurden, bis die Erfahrung selber sie für möglich erfand. Viele Sätze aber, die durchaus sicher erschienen, sind hier elend zusammengefallen, das könnte manchem eine Lehre sein.«[11]

Der erste Satz ist fast wörtlich Galileis Werk entnommen, aber Brecht setzte dann die Rede eigenständig fort, ohne den ganz bestimmten Tonfall von Galileis Schriften zu verlieren. Zugleich aber wurde der Dialog gestisch und rhythmisch reicher. Wo Brecht auch die Diktion Galileis aufnahm, goß er sie sofort in eine neue Qualität um. In der weiteren Arbeit verwandte Brecht dann kaum noch Texte Galileis. Er entwickelte die Sprache seiner Titelgestalt selbständig aus der Handlung des Stückes. Den Tonfall der *Discorsi* mischte der Dichter jedoch in die verschiedenen Ausdrucksweisen und Temperamentsentladungen seines Helden. Er erreichte dadurch jene Geschlossenheit der sprachlichen Gestaltung, die auch die widersprüchlichsten Seiten Galileis mit einbezog.

Es überhaupt erstaunlich, wie vielfältig, wie reich an sprachlichen Nuancen Brechts Galilei ist. Dieser Reichtum wurde jedoch nicht allein durch die Kunst der Sprache geschaffen; denn eine dramatische Figur läßt sich nur dann sprachlich formen, wenn sie aus einer konfliktreichen und gedankenträchtigen Handlung hervorgeht. Ist diese nicht vorhanden, so vermag ein sprachgewaltiger Dichter dem Dialog wohl einigen literarischen Glanz zu geben, aber eine wirklich tiefe, ergreifende Sprache entsteht dadurch nicht. Wenn hier also von der Sprachkunst Brechts die Rede ist, so muß sie immer aus der Gesamtheit seiner dramatischen Gestaltung verstanden werden. Man betrachte nur, mit welcher sprachlichen Einfachheit und Klarheit Brecht die erste Szene gestaltete. Der spröde Stoff ist ohne jeden literarischen Schnörkel dargestellt, mit dem großen Sinn für das Echte, Schlichte und Schöne. Nichts ist aufgeputzt! Die Sprache allein charakterisiert schon die klare, zweckgerichtete Welt des Naturwissenschaftlers. Und wieviel Heiterkeit und Humor steckt darin, ein Humor, der aus dem tiefen und fröhlichen Denken und Betrachten hervorgeht. Brecht steigerte diese Szene zu einem aufrüttelnden Loblied auf das Denken und auf die Vernunft, wenn er seinen Galilei sagen läßt: »... Und es ist eine große Lust aufgekommen, die Ursachen aller Dinge zu erforschen: warum der Stein fällt, den man losläßt, und wie er steigt, wenn man ihn hochwirft. Jeden Tag wird etwas gefunden. Selbst die Hundertjährigen lassen sich noch von den Jungen ins Ohr schreien, was Neues entdeckt wurde ... Ich sage voraus, daß noch zu unsern Lebzeiten auf den Märkten von Astronomie gesprochen werden wird. Selbst die Söhne der

Fischweiber werden in die Schulen laufen. Denn es wird diesen neuerungssüchtigen Menschen unserer Städte gefallen, daß eine neue Astronomie nun auch die Erde sich bewegen läßt.«[12] Die Sprache verselbständigt sich jedoch niemals, auch nicht, wo sie fast lyrisch hervortritt, immer charakterisiert sie, fordert sie die schauspielerische Geste heraus.

So einfach, klar und durchsichtig die Sprache in den wissenschaftlichen Werken Galileis ist, der historische Galilei schrieb seine Briefe an die Fürsten und Vertreter der Kirche größtenteils in jenem höfischen Stil, der durch barocke Überladenheit und weitschweifige Perioden auffällt. In der zweiten Szene, in der Galilei das Fernrohr an die Republik Venedig überreicht, bediente sich Brecht dieses Stilelements. In der Art, wie Brecht diesen Stil verwandte, bekam er eine ungewöhnliche Ausdruckskraft. Er charakterisierte, daß Galilei die hochtrabenden Redewendungen als nichts Ungewöhnliches aussprach, sondern als eine Geste empfand, die man im Leben vor den Mächtigen machen muß. Zugleich aber enthielt diese Sprache eine Ironie, die gesellschaftlich entlarvte, weil sie das Unwürdige und die auf den Kopf gestellten Verhältnisse offenbarte.

Diese Ironie steigerte sich in der vierten Szene, in dem Disput Galileis mit den Hofgelehrten zur bissigen, aber eleganten und glanzvollen Satire. Die Parteien sind sprachlich so gezeichnet, daß jeder Ton, jede Satzperiode und Redewendung die ganze Weltanschauung und den Charakter des Redners entblößt. So der ölige, gleisnerische Ton des Philosophen, der seine ganze scholastische Borniertheit und Buchstabengelehrtheit zelebriert, wenn ihn Brecht beginnen läßt: »Herr Galilei, bevor wir Ihr berühmtes Rohr applizieren, möchten wir um das Vergnügen eines Disputs bitten. Thema: ›Können solche Planeten existieren?‹« Oder: »Und, ganz absehend von der Möglichkeit solcher Sterne, die der Mathematiker (er verbeugt sich gegen den Mathematiker) zu bezweifeln scheint, möchte ich in aller Bescheidenheit als Philosoph die Frage aufwerfen: Sind solche Sterne nötig? Aristotelis divini universum ...«[13] Und auf der anderen Seite Galilei, mit seinem einfachen, das Zweckmäßige und Vernünftige betonenden Satz: »Ich dachte mir, Sie schauen einfach durch das Fernrohr und überzeugen sich?«[14] Brecht steigerte den Disput sprachlich, indem er den mühsam zurückgehaltenen Zorn Galileis ungehemmt zum Ausdruck kommen ließ, wobei Galilei alle höfische Konvention, alle Taktik und Vorsicht vergißt und seinen Gegnern den kraftvollen, leidenschaftlichen Satz entgegenschleudert: »Es scheint, daß man heute, um die hohe Neugierde zu finden, die den wahren Ruhm des alten Griechenland ausmachte, sich in die Schiffswerften begeben muß.«[15] Das ist eine neue Art von Pathos, das nicht in privatem Gefühl steckenbleibt, sondern gesellschaftliche Einsichten und Parteinahme vermittelt.

Gefühlsäußerungen werden bei Brecht nicht durch einen hochgespannten Ton mit übersteigerten sprachlichen Bildern erfaßt, sondern sie gehen aus der dramatischen Situation selbst, aus dem radikalen Zuendedenken aller Möglichkeiten hervor. Der Kontrast zwischen einer starken, bezwingenden Situation und der verhaltenen, nach Fassung und Mäßigung suchenden Sprache schafft eine außerordentliche emotionale Wirkung. Brecht bevorzugt mehr die leisen, verhaltenen Töne, die Maßlosigkeit des Wortes und die laute Selbstentäußerung sind ihm fremd.

Brechts sprachliche Meisterschaft beweist sich vor allem in der vierzehnten Szene. Hier, in der großen Unterredung Galileis mit seinem ehemaligen Schüler, gewann Brecht dem Dialog mehrere Dimensionen ab, entwickelte er Ausdrucksmöglichkeiten, die der Szene die starke innere Spannung gaben. Der Dialog bekam einen hintergründigen Ton, der die beabsichtigte Aussage aber nicht zwielichtig werden ließ, sondern im Gegenteil, sie noch verdichtete. Man betrachte nur den Beginn der Unterredung zwischen Galilei und Andrea.[16] Brechts Galilei spricht hier eine Sprache, die für die ihn bespitzelnde Tochter unverdächtig klingen soll, mit der er aber auch Andrea aus seiner kühlen Zurückhaltung herauslokken will. Deshalb hat seine Sprache einen provokatorischen Klang. Gleichzeitig verrät jedoch jeder Ton sein wahres, unverstelltes Denken. Das: »Ich fürchte, daß die verurteilten Lehren dort weitergefördert werden«, ist im Grunde ein verkleidetes, antwortheischendes »ich hoffe«; es klingt im ganzen Satz unüberhörbar mit. Eine solche Sprache ergibt im wahrsten Sinne des Wortes einen dramatischen Dialog, der den Schauspieler zu mimischer und gestischer Ausdeutung anreizt und dem Wort geradezu etwas Plastisches, etwas Körperhaftes verleiht.

Die Sprache des historischen Galilei war bei aller Exaktheit, Eleganz und Würde, mit der er seinen Stoff vortrug, oft von ungestümen Temperamentsausbrüchen durchsetzt, bei denen es an zornigen, sarkastischen Ausdrücken, ja Schimpfworten nicht fehlte. Brecht hat bei allem sprachlichen Reichtum und bei aller Vieltönigkeit seines Galilei starke kontrastierende Töne vermieden. Sein Galilei spricht im Grunde nur die Sprache des Gelehrten, wenn auch in den verschiedensten Abstufungen und vielfachen Ausdrucksmöglichkeiten. In anderen Werken hat Brecht den herzhaft groben Ton und die Schimpfrede als Stilelement nicht gescheut und oft virtuos gehandhabt. Eine solche Sprache jedoch, wenn auch als charakterisierendes Moment, in die geistige Welt der Galilei-Fabel hineingetragen, wäre keine Bereicherung gewesen, denn sie hätte die strenge sprachliche Form des Werkes beeinträchtigt. Es gibt deshalb im Stück auch nur eine Stelle, an der die klare, exakte Gelehrtensprache des Galilei jäh in einen anderen Ton umschlägt. Es ist die Szene, in der Andrea seinem Lehrer verkündet, die Wissenschaft kenne nur ein Gebot, und das sei der wissenschaftliche Beitrag. Darauf ruft ihm Galilei zu: »Willkommen in der Gosse, Bruder in der Wissenschaft und Vetter im Verrat! Ißt du Fisch? Ich habe Fisch. Was stinkt, ist nicht mein Fisch, sondern ich. Ich verkaufe aus, du bist ein Käufer. O unwiderstehlicher Anblick des Buches, der geheiligten Ware! Das Wasser läuft im Munde zusammen, und die Flüche ersaufen. Die Große Babylonische, das mörderische Vieh, die Scharlachene, öffnet die Schenkel und alles ist anders! Geheiliget sei unsre schachernde, weißwaschende, todfürchtende Gemeinschaft!«[17] Diesen jähen Wechsel in Tonfall und Vokabular verwandte Brecht klug als dramaturgisches Mittel, um die Ablehnung von Andreas These mit aller Wucht und Eindeutigkeit herauszuarbeiten. Diese Stelle ist auch ein Beispiel dafür, wie die Sprache der Brechtschen Gestalten überall szenisch wirksam wird.

Anmerkungen

1 F. Engels, Brief an Lasalle vom 18. Mai 1859, in: Marx/Engels, *Über Kunst und Literatur*, Berlin 1949, S. 114.
2 K. von Gebler, *Galileo Galilei und die römische Curie*, Stuttgart 1876, S. 318.
3 G. Rohrmoser, *Brecht – »Leben des Galilei«*, in: B. von Wiese, *Das deutsche Drama*, Bd. II, Düsseldorf 1958, S. 413.
4 K. Marx, Brief an Lasalle vom 19. April 1859, in: Marx/Engels, *Über Kunst und Literatur*, Berlin 1949, S. 112.

5 W. Hinck, *Probleme der Dramaturgie und Spielweise in Bert Brechts epischem Theater*, Göttingen 1956, S. 288.
6 Bertolt Brecht, *Arbeitsjournal*, Bd. 1, Frankfurt 1974, S. 32.
7 Bertolt Brecht, *Arbeitsjournal*, S. 169.
8 Siehe: K. Rülicke, *Gegen neue Mißverständnisse*, in: *Theater der Zeit*, Berlin 1959, H. 7, Beilage Nr. 12.
9 L. Olschki, *Galilei und seine Zeit*, Halle 1927.
10 G. Galilei, *Unterredungen und mathematische Demonstrationen über zwei neue Wissenszweige, die Mechanik und die Fallgesetze betreffend*, Übersetzung von Arthur von Oettingen, Leipzig 1917, S. 3.
11 BBA 426/01.
12 GW 3, S. 1233 f.
13 GW 3, S. 1266.
14 Ebd.
15 GW 3, S. 1270 f.
16 GW 3, S. 1334, s. auch: S. 24 dieses Bandes.
17 GW 3, S. 1339.

Anhang

Zeittafel

1542 Neubegründung der Inquisition als Sanctum Officium.

1543 Kopernikus gestorben. Kurz vor seinem Tode Veröffentlichung des Werkes *De revolutionibus orbium coelestium*, in dem das kopernikanische Weltsystem begründet wurde.

1548 Giordano Bruno geboren.

1553 Michael Servet, Entdecker des Lungenkreislaufs, wegen Bekämpfung der Dreieinigkeitslehre als Gotteslästerer verbrannt.

1559 Einrichtung der Bücherverbote durch Papst Paul IV. Der erste Index librorum prohibitorum erschien 1559, der zweite 1564 unter Pius IV.

1564 Bekenntnisverpflichtung für Geistliche und Konvertiten, erlassen von Papst Pius IV., in Zusammenhang mit einem Beschluß des Tridentiner Konzils.

1564 Michelangelo gestorben. Galilei in Pisa geboren.

1572 Ermordung von etwa 2000 Hugenotten in der Bartholomäusnacht.

1572 Abfall der Niederlande von Spanien.

1584 Giordano Bruno: Londoner Schriften.

1589 Galilei Professor an der Universität Pisa. Erforschung der Gesetze des freien Falls, die er in den *Sermones de motu gravium* bekanntmachte (1854 gedruckt).

1592 Galilei Professor an der Universität Padua. Erfindung des Proportionalzirkels. Vorrichtung zur genaueren Bestimmung der Wärme (Thermoskop).

1598 Edikt von Nantes. Religionsfriede in Frankreich.

1600 Giordano Bruno nach siebenjähriger Gefangenschaft in Rom verbrannt.

1605 Galilei erregt Aufsehen, als er die Bewegungsbahn eines Sternes als Beweis gegen die aristotelische Lehre von der Unveränderlichkeit des Himmels benutzt.

1609 Beobachtungen mit nachgebautem Fernrohr. Entdeckung der Unebenheiten der Mondoberfläche.

1610 Galilei entdeckt Jupitertrabanten. Berufung durch Cosimo II. von Medici nach Florenz als »Erster Großherzoglicher Mathematiker und Philosoph«. Phasen der Venus entdeckt.

1611 Galilei stellt fest, daß Planeten keine selbstleuchtenden Himmelskörper sind und daß sich Venus und Merkur um die Sonne drehen. Lehre von der Achsendrehung der Sonne.

1613 Verteidigung der kopernikanischen Lehre in der Schrift über Sonnenflecke. Galilei in Brief an seinen Schüler Castelli: die Theologie habe zuzusehen, daß sie die Bibel in Übereinstimmung mit den festgestellten Tatsachen der Naturwissenschaften bringe.

1615 Lucilio Vanini schreibt *Von den Wundern der Natur, unserer Herrin und Göttin.*
1615 Denunziation Galileis durch den Dominikanerpater Lorini bei der römischen Inquisition.
1616 Galilei freiwillig nach Rom zum Inquisitionsprozeß gegen die kopernikanische Lehre. Elf Theologen, die »Qualifikatoren des Heiligen Offiziums«, erklären zwei der Grundsätze Galileis für philosophisch absurd und ketzerisch [1. »Die Sonne ist der Mittelpunkt der Welt und darum unbeweglich«, 2. »Die Erde ist nicht der Mittelpunkt der Welt und nicht unbeweglich, sondern sie bewegt sich täglich, auch um sich selbst«].
1617 Galilei fügt sich der Ermahnung Kardinal Bellarmins, die kopernikanische Lehre aufzugeben.
1618 Beginn des Dreißigjährigen Krieges.
1619 Kepler: *Harmonia mundi.* Descartes: *Analytische Geometrie.* Verbrennung von Lucilio Vanini als Ketzer.
1620 Francis Bacon: *Novum organum.*
1623 Streitschrift Galileis gegen den Jesuiten Grassi. Nachdem Urban VIII., ein früherer Bewunderer Galileis, den Päpstlichen Stuhl bestiegen hat, schreibt Galilei an seinem Hauptwerk.
1630 Vollendung des Hauptwerks *Dialogo di Galileo Galilei*, in Gesprächsform abgefaßte Verteidigung des kopernikanischen Weltsystems.
1632 Publikation der *Dialoge.* Anklage wegen Ungehorsams gegen einen Befehl des Heiligen Offiziums. Verbot des Verkaufs der *Dialoge.* Vorladung Galileis nach Rom. Vier Verhöre, 23tägige Haft im Inquisitionspalast.
1633 Galilei schwört feierlich ab. Urban VIII. verwandelt das Urteil über Galilei von Kerkerhaft auf unbestimmte Zeit um in einstweiliges Verbleiben in Rom. Ende des Jahres durfte Galilei in seine Villa nach Arcetri bei Florenz zurück.
1637 Galilei erblindet.
1638 Die *Dialoghi della nuove scienze* und die *Discorsi e dimostrazioni matematiche* erscheinen in Leiden.
1641 Galilei unternimmt Versuche, den Uhren als Regulator ein Pendel beizugeben.
1642 Galilei gestorben.
1643 Newton geboren.

Daten zu *Leben des Galilei*

1933	Plan Brechts, den Prozeß des Galilei für ein Panoptikum-Theater zu dramatisieren.
1938	Brecht studiert Materialien, die ihn mit dem Galilei-Stoff bekannt machen, besonders: Emil Wohlwill, *Galilei und sein Kampf für die copernikanische Lehre*, 2 Bde., Hamburg und Leipzig 1909, 1926; Henri Mineur, *Eléments de statique mathematique applicables à l'étude de l'astronomie stellaire*, Paris 1934; James Jeans, *Die Wunderwelt der Sterne*, Stuttgart, Berlin 1934; A. S. Eddington, *Das Weltbild der Physik und ein Versuch seiner philosophischen Deutung*, Braunschweig 1931; Galileo Galilei, *Unterredungen und mathematische Demonstrationen über zwei neue Wissenszweige, die Mechanik und die Fallgesetze betreffend* (»Discorsi«), 2 Bde., Leipzig 1890, 1891; Franz Bacos *Neues Organon*, Berlin 1870; Schriften Montaignes und Horaz'.
April 1938	Szene *Physiker 1935* für *Furcht und Elend des Dritten Reiches*.
23. 11. 1938	Abschluß der ersten Niederschrift (»Brauchte dazu drei Wochen«). Der ursprüngliche Titel lautete: *Die Erde bewegt sich*.
November 1938 bis März 1939	Mehrfache Umarbeitung des Schauspiels (zusammen mit Margarete Steffin), das nun den Titel erhält *Leben des Galilei*. Brecht verschickt abgezogene Textexemplare an Freunde.
9. September 1943	Uraufführung von *Leben des Galilei* am Schauspielhaus Zürich (Regie: Leonard Steckel). »Steckel, der auch die Hauptrolle spielte, betonte vor allem Galileis Glauben an die Vernunft. Er wollte ein zutiefst optimistisches Stück geben. Und das ist ihm sehr eindrucksvoll gelungen. Vor allem in der Unterredungsszene des alten Galilei mit seinem Schüler erreichte Steckel eine persönlich zurechtgemachte epische Spielweise. Er sprach die großen Passagen der Unterredungsszene wie ein Gelehrter, der einen Vortrag hält. Die eigne schmerzliche Erfahrung der Figur wurde so in eine historisch gültige Erkenntnis verfremdet.« (Mittenzwei, *Exil in der Schweiz*, Leipzig 1978, S. 376 f.)

Dezember 1944 bis Februar 1945	Arbeit an einer Übersetzung des *Galilei* zusammen mit dem Schauspieler Charles Laugthon für eine geplante amerikanische Aufführung. Wegen Filmarbeiten Laughtons wird die Arbeit im Februar 1945 unterbrochen.
August 1945	Wiederaufnahme der Arbeit am *Galilei.* Durch die Atombombenabwürfe auf Hiroshima und Nagasaki erscheint das Stück in anderem Lichte und wurde in einigen Passagen in der angelegten neuen Tendenz, Galileis negative Züge kräftiger zu entfalten, umgearbeitet.
1. Dezember 1945	Fertigstellung der neuen (»amerikanischen«) Fassung des Stücks in englischer Sprache.
1946	Die geplante Aufführung kann 1946 noch nicht realisiert werden. Brecht fügt die Epigramme vor den Szenen ein, die von einem Kinderchor gesungen werden sollten, Hanns Eisler komponiert dazu die Musik.
30. Juli 1947	Aufführung von *Galileo* mit Charles Laughton in der Titelrolle am Coronet Theatre in Beverly Hills (Regie: Joseph Losey).
1953/1954	Übersetzung der amerikanischen Fassung (mit Hilfe von Elisabeth Hauptmann und Benno Besson) ins Deutsche und Überarbeitung sowie Ergänzung des Schauspiels für eine Drucklegung.
1955	Publikation in *Versuche 19*, Heft 14, mit folgendem editorischen Vermerk: »Das Schauspiel ›Leben des Galilei‹ (19. Versuch) wurde 1938/39 im Exil in Dänemark geschrieben. Die Zeitungen hatten die Nachricht von der Spaltung des Uran-Atoms durch deutsche Physiker gebracht. Mitarbeiter: M. Steffin.«
16. April 1955	Erste deutsche Aufführung des Stücks an den Bühnen der Stadt Köln (Regie: Friedrich Siems).
14. November 1955 bis 27. März 1956	Brecht leitet die Proben für eine Aufführung des Stücks am Berliner Ensemble (Galilei: Ernst Busch), Grundlage dazu bildet eine für das Berliner Ensemble hergestellte Bühnenfassung.
15. Januar 1957	Aufführung des Schauspiels am Berliner Ensemble unter der Regie von Erich Engel, der nach Brechts Tod die Arbeit am Stück übernommen hat.

Verzeichnis der Aufführungen von *Leben des Galilei*

Besetzungsverzeichnisse

Besetzung der Uraufführung am Zürcher Schauspielhaus
(Premiere: 9. September 1943)

Leben des Galilei
von Bertolt Brecht
Musik von Hanns Eisler
Regie: Leonard Steckel
Bühnenbild: Teo Otto

Galileo Galilei	Leonard Steckel
Virginia, seine Tochter	Erika Pesch
Frau Sarti, seine Haushälterin	Mathilde Danegger
Andrea, ihr Sohn	Robert Bichler
Kurator der Universität Padua	Wolfgang Heinz
Doppone	Erwin Parker
Sagredo, Freund Galileis	Lukas Ammann
Doge	Karl Delmont
Cosmo di Medici, Großherzog v. Florenz	Wolf Süsstrunk
Hofmarschall	Eugen Jensen
Ein Theologe	Hermann Wlach
Ein Philosoph	Fritz Delius
Ein Mathematiker	Friedich Braun
Lakai	Reinhold Jaeger
1. Nonne	Marcelle Turian
2. Nonne	Maria Vanoni
Bäcker	John E. Schmid
Frau	Angelika Arndts
Soldat	Charles F. Vaucher
Alte Frau	Traute Carlsen
Vermummter Mann	Enzo Erzini
Prälat	Hans Fehrmann
Ein Gelehrter	Erwin Parker
Ein Mönch	Robert Freitag
Ein Astronom	Emil Stöhr
Dünner Mönch	Friedrich Braun
Kardinal	Ernst Ginsberg
Clavius	Charles F. Vaucher

Junger Mönch	Karl Paryla
Torhüter	Karl Delmont
Inquisitor	Kurt Horwitz
Ludovico, Verlobter der Virginia	Marcelle Barth
Mucius	Hans Grimm
Junger Gelehrter	Hermann Frick
Rektor Gaffone	Hans Fehrmann
Papst Urban VIII.	Hermann Wlach
Alter Diener	Friedrich Braun
Ein Beamter	Fritz Delius
Hafner	Wolfgang Langhoff
Arzt Busciate	Eugen Jensen

Besetzung der amerikanischen Erstaufführung
am Coronet Theatre in Beverly Hills
(Premiere: 30. Juli 1947)

Galileo
von Bertolt Brecht
Musik von Hanns Eisler
Regie: Joseph Losey
Bühnenbilder und Kostüme: Robert Davison
Choreographie: Lotte Goslar

Sänger	Burton Karson
	Albert Reid
	James Adkins
Der Junge, der den Vorhang zieht	Donald Pietro
Galileo	Charles Laughton
Andrea (der Junge)	Ray Malkin
Frau Sarti	Eda Reiss Merin
Ludovico Marsili	Herbert Anderson
Priuli	Ken Jones
Sagredo	Kenneth Patterson
Virginia	Frances Heflin
Senatoren	Nick Volpe
	Victor Wood
	Larry Clawson
	Sam Sebby
Ein Philosoph	Morgan Farley
Der Herzog von Florenz	Billy Potts
Eine ältere Hofdame	Elizabeth Ross
Federzoni	David Clarke

Ein Mathematiker	Allyn Daley
Der Hofmarschall	Victor Wood
Ein Schüler	Sandy Siegel
Zwei Mönche	Sam Sebby
	James Goddard
Ein fanatischer Mönch	Gordon Giffen
Ein sehr alter Kardinal	Peter Brocco
Ein Mönch, der den Kardinal stützt	David Anderson
Christopher Clavius	Nick Volpe
Ein kleiner Mönch	Mickey Knox
Zwei Sekretäre	Martin Lowell
	Henry Coleman
Kardinal Bellarmin	Stephen Brown
Kardinal Barberini	Hugo Haas
Der Kardinal Inquisitor	William Cottrell
Andrea (der Mann)	William Phipps
Giuseppe	Sam Sebby
Matti	Kenneth Patterson
Der Balladensänger	Stephen Brown
Die Frau des Balladensängers	Mascha Beyo
Schusterjunge	Ray Malkin
Eine Prostituierte	Marjorie Nelson
Eine Bauernfrau	Elizabeth Ross
Ein reicher Mann	Larry Clawson
Eine reiche Frau	Patricia Sinnott
Zwei Schildträger	James Goddard
	Sam Sebby
Ein Zwerg	Dena Penn
Ein Krüppel	Sandy Siegel
König von Ungarn	Morgan Farley
Ein Mönch	Allyn Daley
Ein blinder Mann	Henry Coleman
Kinder	Donald Pietro
	Billy Potts
	Wendy Oser
Bildnis des Galileo	Victor Wood
Sakristane	Henry Coleman
	Larry Clawson
	David Anderson
	Nick Volpe
Ein Ausrufer	William Cottrell
Ein Bauer	Nick Volpe

Besetzung der Aufführung des Berliner Ensembles
(Premiere: 15. Januar 1957)

Leben des Galilei
von Bertolt Brecht
Musik: Hanns Eisler
Regie: Erich Engel
Bühnenbild nach Entwürfen von Caspar Neher
Ausführung: Gustav Hoffmann
Arrangement der Fastnachtszene (9. Bild):
Jean Soubeyran und Benno Besson

Galilei	Ernst Busch
Andrea als Knabe	Jochen Scheidler
Frau Sarti	Angelika Hurwicz
Ludovico	Wolfgang Lohse
Kurator	Peter Kiwitt
Der Doge	Kurt Hendrich
General	Nico Turoff
Sagredo	Martin Flörchinger
Virginia	Regine Lutz
Federzoni	Gert Schaefer
Cosmo di Medici, Großherzog von Florenz	Hans-Jürgen Tunk
Hofmarschall	Willi Schwabe
Philosoph	Ralf Bregazzi
Mathematiker	Wolfram Handel
Dünner Mönch	Peter Kalisch
Alter Kardinal	Wolf von Beneckendorff
Dicker Prälat	Friedrich Gnass
Christopher Clavius	Georg-August Koch
Der kleine Mönch	Lothar Bellag
Kardinal Barberini, später Papst Urban VIII.	Ernst-Otto Fuhrmann
Kardinal Bellarmin	Gerd Biewer
Kardinal Inquisitor	Norbert Christian
Andrea als junger Mann	Fred Düren
Mucius	Hans Weniger
Rektor Gaffone	Aribert Grimmer
Balladensänger	Ekkehard Schall
Seine Frau	Betty Loewen
Cosmo di Medici, Großherzog von Florenz, als junger Mann	Peter Voigt
Vanni, Eisengießer	Erik S. Klein
Mönch der Inquisition	Axel Triebel

Aufführungsliste

9. September 1943
Schauspielhaus Zürich
Regie: Leonard Steckel
Galilei: Leonard Steckel

30. Juli 1947
Coronet Theatre, Beverly Hills
R: Joseph Losey
G: Charles Laughton

7. Dezember 1947
Maxine Elliott's Theatre, New York
R: Joseph Losey
G: Charles Laughton

14. Juli 1953
Jupiter Theatre, Toronto
R: Paul Kligman
G: John Drainie

16. April 1955
Bühnen der Stadt Köln
R: Friedrich Siems
G: Kaspar Brüninghaus

20. Mai 1956
Städtische Bühnen Nürnberg
R: Friedrich Siems
G: Helmuth Hinzelmann

7. Juni 1956
Scala Wien
R: Wolfgang Heinz
G: Karl Paryla

15. Januar 1957
Berliner Ensemble, Berlin
R: Erich Engel
G: Ernst Busch

3. Februar 1957
Staatsschauspiel Dresden
R: Hannes Fischer
G: Kurt Steingraf

31. Mai 1957
Státni Divadlo, Brno
R: Mroslav Seemann
G: Arnošt Navrátil

22. Juni 1957
Württembergische Staatstheater Stuttgart
R: Günther Rennert
G: Hans Mahnke

7. Oktober 1957
Teatr Polski, Warszawa
R: Wojciech Maciejewski
G: Zdzisław Mrożewski

11. Januar 1958
Narodne Divadlo, Bratislava
R: Tibor Rakovský
G: Viliam Záborský

26. März 1958
Haiyuza-Theater, Tokyo
R: Koreya Senda/Masao Shimomura

17. April 1958
Städtische Bühnen Bielefeld
R: Friedrich Steig
G: Harry Kalenberg

1. Juli 1958
Akademija zakazališnu umetnost, Zagreb
R: Kosta Spaić/Georgij Paro
G: Zlato Crnković

7. Oktober 1958
Das Theater Meiningen
R: Fritz Bennewitz
G: Kurt Schmengler

20. Dezember 1958
Realistické Divadlo, Prag
R: K. Palouš
G: V. Taub

5. März 1959
Städtische Bühnen Dortmund
R: Rolf Schneider
G: Fritz Brünske

11. März 1959
Kammerspiele München
R: Hans Schweikart
G: Friedrich Domin

27. Mai 1959
Akademija za igralsko umetnost, Ljubljana
R: Branko Gombač
G: Marijan Hlastec

16. Juni 1959
Nationaltheater Mannheim
R: Heinz-Joachim Klein
G: Lothar Firmans

Juni 1959
Studio Rapsodyczne, Gdańsk
R: Malwina Szczepkowska
G: Józef Korzeniowski

8. Juli 1959
Schauspiel Akademie Zagreb
R: Georgij Paro

26. September 1959
Badisches Staatstheater Karlsruhe
R: Wolfgang von Stas
G: Christian Lennbach

24. Januar 1960
Landestheater Halle
R: Gotthard Müller
G: Walter Kröter

9. April 1960
Teatre im Slowackiego, Krakow
R: Bronisław Dąbrowski
G: Eugeniusz Fulde

16. Juni 1960
Mermaid Theatre, London
R: Bernard Miles
G: Bernard Miles

9. Oktober 1960
Odense Teater
R: John Ditlev-Simonsen
G: Claes Gill

19. Oktober 1960
Slovensko Ljudsko Celje, Jugoslawien
R: Branco Gombač

16. April 1961
Teatr Vanemuine Tartu
R: Kaarel Ird
G: Helend Peep

26. April 1961
Den Nationale Scene, Bergen
R: Ellen Isefiaer

27. Mai 1961
Städtische Bühnen Erfurt
R: Walter Beck
G: Herbert Sievers

28. Mai 1961
Bühnen der Stadt Essen
R: Friedrich Siems
G: Helmuth Hinzelmann

Juli 1961
Independent Theatre, Sidney
R: Doris Fitton

20. Oktober 1961
Neo Teatro, Athen
G: W. Diamantopoulos

24. Oktober 1961
Städtische Bühnen Frankfurt/Main
R: Harry Buckwitz
G: Hans Dieter Zeidler

11. Januar 1962
Norddeutscher Rundfunk Hambugg (Fernsehen)
R: Egon Monk
G: Ernst Schröder

Januar 1962
Wageningen Wageningse, Niederlande
R: Ad Hovijkaas

Januar 1962
Nationaltheater Budapest
R: Tamás Major
G: Ferenc Bessenyei

10. März 1962
Städtische Theater Karl-Marx-Stadt
R: Hans Dieter Mäde
G: Wolfgang Sasse

März 1962
Eltham College, London
R: A. Barnard

28. April 1962
Horácké Divadlo Jihlava
R: Karel Neubauer
G: Jaromir Crha

13. Mai 1962
Landestheater Hannover
R: Günther Fleckenstein
G: Kurt Ehrhardt

7. Juni 1962
Deutsches Theater, Göttingen
R: Dieter Munck
G: Eberhard Müller-Elmau

30. Juni 1962
Städtisches Theater Leipzig
R: Heinrich Voigt
G: Erich Gerberding

14. Juli 1962
Cameri Theatre, Tel Aviv
R: Sam Besekov
G: Zalman Lebiush

3. Oktober 1962
Nederlandse Komedie, Amsterdam
R: Ton Lutz
G: Han Bentz van den Berg

10. Dezember 1962
Queen's University, Belfast
R: Gamini Salgado/Sybil Allen
G: Willie M'Shane

Dezember 1962
The Actor's Workshop, San Francisco
R: Herbert Blau
G: Robert Symond

24. Januar 1963
Théâtre National Populaire, Paris
R: Georges Wilson
G: Georges Wilson

22. Februar 1963
Landestheater Württemberg-Hohenzollern, Tübingen
R: Hannes Loges
G: Günter Gube

22. April 1963
Piccolo Teatro, Milano
R: Giorgio Strehler
G: Tino Buazelli

Juli 1963
Mermaid Theatre, London
R: Bernard Miles
G: Joss Ackland

11. November 1963
Civic Theatre, Leeds
G: Peter Cariss

13. November 1963
The Hill Theatre Gambier, Ohio
R: James Michael
G: Andrew Worsnopp

November 1963
A.D.C. Theatre of the University Cambridge
R: Carey Harrison
G: Robert Ellis

12. Dezember 1963
Norwich School, Norwich
R: G. D. Harvey/D. R. Dawes
G: C. J. Wilde

17. Februar 1964
Radio Oslo
R: Ole Grepp
G: Sven v. Düring

19. Februar 1964
Radio France Culture
R: Henry Soubeyran
G: Jacques Dacqumine

29. April 1964
Neues Theater, Bad Kreuznach
R: Fritz Rothardt
G: Albert Hehn

29. April 1964
BBC – 1. Fernsehen London
R: Charles Jarrott
G: Leo McKern

25. Mai 1964
Khandallah Arts Theatre im Victoria University Memorial Theatre, Wellington
R: Pauline McLean
G: John Mahaffey

31. August 1964
Komödie Basel
R: Veit Relin
G: Heinrich Trimbur

11. September 1964
Comedia Nacional del Uruguay im Teatro Solis, Montevideo
R: Ruben Yanez
G: Alberto Candeau

21. Oktober 1964
Cleveland Play House im Euclid-77-th-Theatre, Cleveland/Ohio
R: K. Elmo Lowe
G: Robert Snook

29. Oktober 1964
Arena Stage, Washington
R: Edwin Sherin
G: Dana Elcar

30. November 1964
Teatro de los Independientes, Buenos Aires
R: Onofre Lovero
G: Onofre Lovero

9. Dezember 1964
Center Stage, Baltimore
R: John Marley
G: Tom Toner

Dezember 1964
M.I.T. Dramashop im Kresge Little Theatre, New York
R: Joseph Everingham
G: Joseph Morian

Januar 1965
The Southwark Company im Theatre of the Living Arts, Philadelphia
R: Andre Gregory
G: David Hurst

Januar 1965
Teatro Estudiode la Universidad Nacional, Bogotá
R: Santiago Garcia
G: Santiago Garcia

14. Februar 1965
Mecklenburgisches Staatstheater Schwerin
R: Gert Jurgons
G: Heinrich Schmidt

20. Februar 1965
Stadttheater Bern
R: Michael Hampe
G: Günter Gube

26. März 1965
Stadttheater Göteborg
R: Lars Engström
G: Arne Nyberg

15. Mai 1965
Panstwowy Teatr Nowy, Lodz
R: Tadeusz Minc
G: Janusz Klosinski

15. Juni 1965
Domfestspiele Bad Gandersheim
R: Werner Loges
G: Hans Baur

Juli 1965
Bryanston School, Blandford
R: Kenneth Greenwood
G: Martin Farnell

21. September 1965
Abbey Theatre, Dublin
R: Tomas MacAnna
G: Michael O'Hennessy

September 1965
Royal Lyceum Theatre, Edinburgh
R: Peter Drews
G: Tom Fleming

7. Oktober 1965
Théâtre Populaire des Flandres,
Cille R: Cyril Robichez

12. Oktober 1965
Schillertheater West-Berlin
R: Hansjörg Utzerath
G: Martin Held

4. Januar 1966
Städtisches Theater Mainz
R: Georg Aufenanger
G: Werner Küffe

Januar 1966
Charles Playhouse, Boston, Mass.
R: Michael Murray
G: Tony Van Bridge

3. März 1966
Staatstheater Kassel
R: Horst Antlitz
G: Fritz Brünske

4. März 1966
Stadttheater Dortmund
R: Walter Czaschke
G: Fritz Brünske

20. März 1966
Städtische Bühnen Aachen
R: Bernd Bruns
G: Hans Adalbert Kraus

20. März 1966
Landesbühnen Niedersachsen-Mitte, Verden/Aller
R: Hans W. Loges
G: Hein Reimann

März 1966
Theater an der Taganka, Moskau
R: Juri Ljubimow
G: W. Wysotzki

1. Mai 1966
Goodman Theatre, Chicago
R: Howard Da Silva
G: Morris Carnovsky

16. Juni 1966
Theater der Stadt Bonn
R: Karl Pempelfort
G: Günter Gube

6. September 1966
Repertory Theatre, Birmingham
R: Peter Drews
G: Edward Chapman

20. September 1966
Stadttheater Saarbrücken
R: Rüdiger Renn
G: Fritz Brünske

30. Oktober 1966
Burgtheater Wien
R: Kurt Meisel
G: Curd Jürgens

November 1966
The Manitoba Theatre Centre, Winnipeg
R: Edward Gilbert
G: Tony Van Bridge

12. November 1966
Koninklijke Nederlandse Schouwburg, Antwerpen
R: Walter Tillemans
G: Luc Philips

26. Februar 1967
Schauspielhaus Bochum
R: Hans Schalla
G: Martin Held

5. März 1967
Deutsches Nationaltheater Weimar
R: Fritz Bennewitz
G: Herbert Sievers

6. März 1967
Merseyside Unity Theatre Liverpool
R: Jerry Pawson
G: Tom Garett

Juli 1967
Flinders University Group, Adelaide, Australien
R: Wal Cherry

13. September 1967
Lincoln Center Repertory Company im Vivian Beaumont Theatre, New York
R: John Hirsch
G: Antony Quayle

Oktober 1967
Teatro Jiménez Rueda, Mexico City
R: Ignacio Retes

11. Oktober 1967
Le Centre Dramatique Romand, Lausanne
R: Charles Apothéloz/Alain Knapp
G: William Jacques

31. Oktober 1967
Städtebundtheater Hof
R: Lutz Walter
G: Hans Ulrich Bach

November 1967
Stadttheater Bremerhaven
R: Rolf Schneider
G: Ferdinand Dux

6. Mai 1968
Théâtre National de Belgique
R: Walter Tillemans
G: André Daufel

4. Juni 1968
Beograd Narodno Pozorište
R: Bora Grigorović
G: Branislav Jerinić

Oktober 1968
Teatrul National V. Alecsandri, Jasi
R: Fritz Bennewitz
G: Teofil Váleu

25. November 1968
Bühnen der Freien Hansestadt Bremen
R: Hans Neuenfels
G: Gerhard Winter

5. Dezember 1968
Theatro Oficina, Saõ Paulo, Brasilien
R: José Celso Martine Correâ
G: Claudio Correâ e Castro

Dezember 1968
Alley Theatre, Houston, Texas
R: Nina Vance
G: Tony Van Bridge

11. Januar 1969
Schauspielhaus Zagreb
R: Dino Radojevic
G: Drago Krča

29. Januar 1969
Bühnen der Landeshauptstadt Kiel
R: Joachim Klaiber
G: Wolfgang Heßler

15. März 1969
Západočeske Divadlo, Cheb
R: K. Nováček

21. September 1969
Stadttheater Trier
R: Ernst Brukbauer
G: Erwin Kohlund

3. Oktober 1969
Das Ulmer Theater, Ulm
R: Kurt Hübner
G: Hans Gerd Kübel

15. November 1969
Sargans Kanton-Schule, Schweiz
R: Hans B. Hobi/Hans Angehon
G: Peter Wachter

22. November 1969
Landestheater Linz
R: Walter Czaschke
G: Paul Gordon

15. Dezember 1969
Tokyo-Engeki-Ensemble in der Nikkei Hall
R: Tsunetosh Hirowatari
G: Nobuo Tsukamoto

1969
The Acquinas Dramatic Society and Theatre Workshop, Sri Lanka
R: Percy Collin Thome

30. August 1970
Stadttheater Hildesheim
R: Lutz Walter
G: Harry Walthers

4. September 1970
Stadttheater Braunschweig
R: Horst Stakus
G: Wolf Flüs

September 1970
Städtische Bühnen Heidelberg
R: Peter Stoltzenberg
G: Gerhard Winter

6. Oktober 1970
Stadttheater Norrköping-Linköping, Schweden
R: Torsten Sjöholm
G: Olof Widgren

16. Januar 1971
Landesbühnen Sachsen, Dresden-Radebeul
R: Wolfgang Heidrich
G: Waldemar Walther

20. Januar 1971
Städtische Bühnen Flensburg
R: Walter Ruch
G: Werner Eisert

7. Februar 1971
Jihočeské Divadlo, České-Budějovice
R: Milan Fridrich
G: Antonin Hardt

26. Februar 1971
Csokonai Szinház, Debrecen
R: Jozsef Ruszt
G: Tibor Gerbár

Februar 1971
Norwich School im Maddermarket Theatre, Norwich
G: John Plumstead

12. März 1971
Toneelgroep »Theater«, Arnhem
R: Hans Croiset
G: Max Croiset

14. März 1971
Städtische Bühnen Nürnberg
R: Harry Buckwitz
G: Ernst Schröder

25. April 1971
Stadttheater Gießen
R: Dietrich Taube
G: Reinhold Lampe

26. April 1971
Slezské Divadlo Zdeuka, Nejedlého Opava
R: Stanislav Hohub
G: Vladimir Milek

26. April 1971
Melbourne Theatre Company im Theatre at the Russell Street
R: John Summer

17. September 1971
Citizen's Theatre, Glasgow
R: Keith Hack
G: Ian McDiarmid

28. September 1971
Stadttheater Regensburg
R: Franzjosef Dörner
G: Kurt Hepperlin

5. Oktober 1971
Berliner Ensemble, Berlin
R: Fritz Bennewitz
G: Wolfgang Heinz

16. Oktober 1971
Aarhus Theater, Dänemark
R: Leon Feder
G: Aksel Erhardtsen

25. Oktober 1971
St. Lawrence Centre, Toronto
R: Kurt Reis
G: Anthony Palmer

18. Februar 1972
Theater der Stadt Baden-Baden
R: Günther Penzoldt
G: Gerhard Winter

23. März 1972
Derby Playhouse, Derby
R: Peter C. Jackson
G: Bob Cartland

30. März 1972
Schauspielhaus Zürich
R: Harry Buckwitz
G: Hans Dieter Zeidler

17. April 1972
Northcott Theatre, Exeter
R: John Howell
G: Rhys McConnochie

1. Juni 1972
Städtische Bühnen Augsburg
R: Rudolf Krieg
G: Horst Eisel

23. September 1972
Stadttheater Ingolstadt
R: Heinz-Joachim Klein
G: Adolf Gerstung

27. Oktober 1972
Teatro Stabile di Torino im Teatro Alfieri
R: Fritz Bennewitz
G: Tino Buazzelli

Januar 1973
Vereinigte Bühnen Krefeld-Mönchengladbach
R: Joachim Frontheim
G: Benno Sterzenbach

24. März 1973
Hessisches Stadttheater Wiesbaden
R: Alfred Erich Sistig
G: Hans Josef Eich

März 1973
Freie Waldorfschule Marburg
R: Gisela Frank

1. April 1973
Schloßtheater Celle
R: Heinz-Joachim Klein
G: Eberhard Johnow

17. April 1973
Hratsko Narodno Kazalište,
Split, Jugoslawien
R: Petar M. Teslić
G: Stojan Dečermić

27. April 1973
Stadttheater Lüneburg
R: Max Löhlein
G: Eberhard Zöller

15. Mai 1973
Turun Kaupunginteatteri, Turku,
Finnland
R: Ralf Langbacka
G: Kapo Manto

18. Mai 1973
Städtische Bühnen Freiburg
R: Franzjosef Dörner
G: Adolf Laimböck

6. November 1973
Grenier de Toulouse
R: Maurice Sarrazin
G: Maurice Sarrazin

24. November 1973
Thalia-Theater, Hamburg
R: William Gaskill
G: Gustav Knuth

24. November 1973
Deutsches Theater Göttingen
R: Günter Fleckenstein
G: Eberhard Müller-Elmau

6. Juli 1974
Freilichtspiele Schwäbisch Hall
R: Kurt Hübner
G: Hans Gerd Kübel

14. Juli 1974
Kungl. Dramatiska Teatern,
Stockholm
R: Alf Sjöberg
G: Toivo Pavlo

Oktober/November 1974
Badisches Staatstheater Karlsruhe
R: Horst Braun
G: Günther Epperlein

15. Januar 1975
Teatro Estudio, Havanna
R: Vicente Revuelta/Ulf Keyn
G: Vicente Revuelta

Januar 1975
Pfalztheater Kaiserslautern
R: Konrad Höller
G: Hans Martin

5. Februar 1975
Landesbühne Niedersachsen-Nord,
Wilhelmshaven
R: Michael Röder
G: Kurt Schmengler

9. April 1975
Stadttheater Pforzheim
R: Hartmut Baum
G: Günther Malzacher

Mai 1975
Oblastroj teatr junogo zritelja, Kirow, UdSSR
R: A. Borodin
G: B. Sorokin

9. Juli 1975
Festspiele Wunsiedel, Luisenburg
R: Christian Mettin
G: Hans Dieter Zeidler

30. Juli 1975
Landesbühne Hannover im
Heckentheater Herrenhausen
R: Reinhold Rüdiger
G: Werner Kreindl

September 1975
Stadttheater Koblenz
R: Max Löhlein
G: Eberhard Zöller

4. November 1975
Staatliches Akademisches Künstlertheater (MCHAT), Moskau
R: Wladimir Bogomolov
G: Andrej Popow

1975
Bagdad
R: Ibrahim Abdel Ialal

6. Februar 1976
Community Playhouse, Omaha, USA
R: Charles Jones

26. Februar 1976
Bühnen der Hansestadt Lübeck
R: Tebbe Harms Kleen
G: Hans Pütz

12. März 1976
Städtbundtheater Biel-Solothurn
R: Alex Freihart
G: Hans Martin

12. Mai 1976
Städtische Theater Leipzig, Schauspielhaus
R: Joachim Tenschert
G: Günter Grabbert

14. Mai 1976
Ruhrfestspiele Recklinghausen
R: Liviu Ciulei
G: Hans Dieter Zeidler

22. September 1976
Compagnia José Osuna im Teatro Barceló
R: José Osuna

30. September 1976
Theater in der Tonne, Reutlingen
R: Volker Jeck
G: Peter Bernhardt

4. November 1976
Théâtre en Liberté, Chelles
R: Arlette Téphany
G: Pierre Meyrand

1976
Brechtian Mirror, Neu-Delhi
R: Amitava Dasgupta

29. Januar 1977
Bühnen der Stadt Magdeburg
R: Gert Jurgons
G: Peter Sodann

17. Mai 1977
Experimental Theatre Club, Oxford University

11. September 1977
Städtische Bühnen Osnabrück
R: Wolfgang Schön
G: Benno Sterzenbach

8. Dezember 1977
Bishops Stortford College

1977
Ikebukuro (Kleines Theater), Tokio
R: Kyioshi Seki

2. Februar 1978
University Theatre, Newcastle-on-Tyne

10. Februar 1978
Berliner Ensemble
R: Manfred Wekwerth/Joachim Tenschert
G: Ekkehard Schall

17. Februar 1978
Stadttheater St. Gallen
R: Joachim Engel-Denis
G: Werner Kreindl

4. März 1978
Städtische Bühnen Dortmund
R: Andreas Wieszert
G: Georg v. Manikowski

15. März 1978
Society Hill Playhouse, Philadelphia

20. März 1978
Christ College, Brecon

5. April 1978
Columbia University, New York
R: Rudy Caringi
G: Laurence Luckinbill

16. April 1978
Státni Divadlo Brno
R: P. Hradil

Mai 1978
Teatr na Woli, Warszawa
R: Ludwik René
G: Tadeusz Łomnicki

14. Oktober 1978
Divadlo Vitězného Unora,
Hradec Králove
R: J. Staněk

30. November 1978
New Mexico State University,
Las Cruces
R: James Gilbert
G: Robert Breuler

5. Dezember 1978
Rogaland Teater, Stavanger
R: Stein Winge
G: Thor Hjorth-Jenssen

1978
Recife (Pernambuco), Brasilien
R: Milton Bacarelli

1978
Akademie der schönen Künste,
Bagdad
R: Awni Karoumi
G: Rieckardus Jussef

21. Februar 1979
Württembergische Landesbühne
Esslingen
R: Achim Thorwald
G: Rolf Lansky

31. März 1979
Theater der Jugend, Peking
R: Huang Zou-lin
G: Du Peng

22. Juni 1979
Nimrod Street Company, Sidney
R: Ken Horler
G: John Gaden

5. September 1979
Stadttheater Aachen
R: Horst Antlitz
G: Horst Eisel

16. September 1979
Stadttheater Darmstadt
R: Lothar Trautmann
G: Wolf Flüs

23. September 1979
Vereinigte Bühnen Graz
R: Joachim Tenschert
G: Rainer Hauer

November 1979
Hessisches Staatsschauspiel
Darmstadt
R: Lothar Trautmann
G: Wolf Flüs

30. November 1979
Folketeatret Kopenhagen
R: Preben Neergard
G: Ove Sprogø

21. Mai 1980
Staatstheater Saarbrücken
R: Günter Penzoldt
G: Lothar Rollauer

5. Juli 1980
Festspiele Bad Hersfeld
R: Imo Moszkowitz
G: Will Quadflieg

13. August 1980
National Theatre London
R: John Dexter
G: Michael Gambon

12. September 1980
Landestheater Castrop-Rauxel
R: Chris Alexander
G: Wechselnd

19. September 1980
Staatstheater Oldenburg
R: Gerhard Jelen
G: Claus Boysen

Dezember 1980
Repertory Theatre, Calcutta
R: Fritz Bennewitz
G: Sombhu Mitra

29. Januar 1981
Tampereen Työväen Teatteri, Tampere
R: Mikko Majanlahti
G: Vejo Pasanen

11. November 1981
Volkstheater Wien
R: Herbert Greppel
G: Werner Kreindl

Auswahlbibliographie

Umfangreiche Darstellungen mit zahlreichen weiteren Literaturangaben, Detailgebiete betreffend:

Schumacher, Ernst: *Drama und Geschichte, Bertolt Brechts ›Leben des Galilei‹ und andere Stücke*, Berlin 1965.

Schumacher, Ernst: *Der Fall Galilei, Das Drama der Wissenschaft*, Berlin 1964.

Ausgewählte Bibliographie:

Bunge, Hans: *Fragen Sie mehr über Brecht, Hanns Eisler im Gespräch*, München 1970, S. 244 ff.

Charbon, Rémy: *Die Naturwissenschaften im modernen deutschen Drama*, Zürich und München 1974.

Engberg, Harald: *Brecht auf Fünen, Exil in Dänemark 1933–1939*, Wuppertal 1966, S. 205 ff.

Fischer, G. u. a.: *Brechts ›Leben des Galilei‹, Versuche zur Behandlung in Klasse 12* in: *Deutschunterricht*, Berlin 1960, H. 3, S. 149–158.

Fradkin, I. M.: *Bertolt Brecht, Weg und Methode*, Leipzig 1976.

Hafen, Hans: *Bertolt Brechts ›Leben des Galilei‹*, in: *Der Deutschunterricht*, Stuttgart 1961, H. 4, S. 71–92.

Klein, Johannes: *Ein Thema – zwei Variationen, Galilei bei Bertolt Brecht und Gertrud von Le Fort*, in: *Welt und Wort*, Tübingen 1957, S. 231–234.

Knopf, Jan: *Brecht-Handbuch Theater*, Stuttgart 1980, S. 157 ff.

Kraemer, H.-A.: *Brechts ›Leben des Galilei‹, Versuch einer Interpretation für die Schule*, in: *Deutschunterricht*, Berlin 1959, H. 5, S. 262–293.

Mayer, Hans: *Dürrenmatt und Brecht oder Die Zurücknahme*, in: *Der unbequeme Dürrenmatt*, Basel 1962, S. 97–116.

Mittenzwei, Werner: *Bertolt Brecht, Von der ›Maßnahme‹ zu ›Leben des Galilei‹*, Berlin 1962.

Mittenzwei, Werner: *Brecht und die Naturwissenschaften*, in: *Brecht 73*, hrsg. v. Werner Hecht, Berlin 1973, S. 153 ff.

Rischbieter, Henning: *›Leben des Galilei‹*, in: *Bertolt Brecht II*, Velber 1966, S. 7–20.

Rohrmoser, Günter: *Bertolt Brecht: Das ›Leben des Galilei‹*, in: *Das deutsche Drama*, hrsg. v. Benno v. Wiese, 2. Band, Düsseldorf 1958, S. 401–414.

Rülicke, Käthe: *›Leben des Galilei‹, Bemerkungen zur Schlußszene*, in: *Sinn und Form*, 2. Sonderheft Bertolt Brecht, Berlin 1957, S. 269–321.

Schumacher, Ernst: *Die vernünftige List und die List der Vernunft*, in: *Deutsche Woche*, München 1959, Nr. 12, S. 10.

Ders.: *Geschichte und Wandlung des Galilei-Bildes*, in: *Panorama*, Speyer 1959, Nr. 4, S. 4.

Ders.: *Schöne Literatur im Zeitalter der Wissenschaft*, in: *Neue Deutsche Literatur*, Berlin 1960, H. 2, S. 115–129.
Seiffert, Lothar: *Brechts ›Leben des Galilei‹ in den Physikunterricht*, in: *Mathematik, Physik, Astronomie in der Schule*, Berlin 1958, S. 289–294.
Singerman, Boris: *Das Brecht-Theater*, in: *Sowjetwissenschaft, Kunst und Literatur*, Berlin 1961, H. 5, S. 523–536 und H. 6, S. 626–641.
Szczesny, Gerhard: *Das Leben des Galilei und der Fall Brecht*, Frankfurt/M. 1966.
Zimmermann, Werner: *Brechts ›Leben des Galilei‹, Interpretation und didaktische Analyse*, Düsseldorf 1965.
Brecht in der Kritik, hrsg. v. Monika Wyss, München 1977, S. 234 ff.

Anmerkungen

S. 9. *Fassung 1938/1939 (»Dänische Fassung«).* In Dänemark schrieb Brecht 1938 eine Urfassung des *Galilei*, die er mit dem Titel versah: *Die Erde bewegt sich.* Diese Fassung wurde mehrfach überarbeitet und im Frühjahr 1939 an Freunde verschickt. Der Abdruck folgt der überarbeiteten Fassung, die dem Bertolt-Brecht-Archiv aus dem Nachlaß von Walter Benjamin übergeben wurde (BBA 2168/50–57). In der Abfolge der dänischen Fassung erhielt die Szene damals die Ziffer 13.

S. 21. *Fassung 1954 (»Berliner Fassung«).* Der Abdruck folgt der Werkausgabe. – Die Bühnenfassung des Berliner Ensembles wurde unter der Redaktion von Joachim Tenschert 1970 im Henschelverlag Berlin publiziert.

S. 35. *Notizen zur Entstehen.* Das *Arbeitsjournal* Brechts, dem der erste Teil der Notizen entnommen wurde, erschien 1973 (nochmals 1974) im Suhrkamp Verlag, Frankfurt/Main. Die von Brecht bevorzugte Kleinschreibung wurde beibehalten. Es sind nur Passagen aufgenommen, die sich auf *Leben des Galilei* beziehen. Ergänzungen des Herausgebers innerhalb der Notierungen sind durch eckige Klammern gekennzeichnet. – Die Auszüge aus Brechts *Briefen* sind der Edition der Briefe entnommen, die 1981 im Suhrkamp Verlag erschien.

S. 48 und 55. *Anmerkungen.* Die Texte, die Brecht als Anmerkungen oder als Vorwort geschrieben hat, sind in bezug auf die jeweilige Fassung für diesen Band getrennt worden. Dadurch wurde der von Elisabeth Hauptmann geschaffene Zusammenhang der Anmerkungen (vgl. GW 17, S. 1103 ff.) aufgelöst, aber der historische Bezug wiederhergestellt.

S. 52. *Bedrohung der Menschheit durch Erfindungen und Entdeckungen.* Der Text ist Brechts Vortrag *Über experimentelles Theater* entnommen, den er am 4. Mai 1939 vor Mitgliedern der Studentenbühne in Stockholm hielt; er ergänzte ihn für eine Wiederholung des Vortrags in Helsinki im November 1940.

S. 67. *Zu einzelnen Szenen.* Die Anmerkungen stammen aus verschiedenen Arbeitsphasen. Die Bemerkungen zur 14. Szene wurden größtenteils während der Proben am Berliner Ensemble geschrieben.

S. 77. *Aufbau einer Rolle/Laughtons Galilei.* Der Text wurde während und nach der Arbeit an der kalifornischen Aufführung des *Galilei* geschrieben und zusammen mit zahlreichen Fotos von Ruth Berlau in deren Reihe *Modellbücher des Berliner Ensembles im Henschelverlag Berlin,* herausgegeben von der Akademie der Künste, 1962 in Berlin publiziert.

S. 112. *Brecht probiert ›Leben des Galilei‹.* Der Text ist dem Aufsatz von Werner Hecht *Drei Schwierigkeiten beim Interpretieren Brechts* entnommen, der in dem Band *Sieben Studien über Brecht,* Suhrkamp Verlag, Frankfurt/Main 1972, S. 203 ff., publiziert wurde.

S. 121. *Aufzeichnungen zu ›Galilei‹*. Die Texte von Erich Engel sind dem Sammelband: Erich Engel, *Schriften, Über Theater und Film,* Henschelverlag Berlin 1971, S. 99 ff., entnommen. © Henschelverlag Berlin.

S. 127. *Vorwort zu: Aufbau einer Rolle/Buschs Galilei.* Das oben erwähnte Modellbuch Ruth Berlaus enthält außer der Beschreibung des Laughtonschen Galilei ein Heft, das der Neuinszenierung des *Galilei* durch Erich Engel mit Ernst Busch in der Titelrolle gewidmet ist. In einer Vorbemerkung Hanns Eislers heißt es: »Brecht wollte nach der Arbeit mit Ernst Busch am Galilei ein Büchlein ›Aufbau einer Rolle‹ herausgeben. Auf Vorschlag Helene Weigels habe ich nun diese Arbeit übernommen.« Für diesen Band wurde lediglich Eislers Vorwort verwendet, da die kommentierenden Texte auf Szenendetails geschrieben und ohne Ansicht der im Modellbuch synoptisch angeordneten Fotos nur schwer verständlich sind.

S. 129. *Notizen und Briefe zu ›Galilei‹*. Giorgio Strehlers Anmerkungen und Briefe wurden in dem Band *Für ein menschliches Theater* von Sinah Kessler zusammengestellt und im Suhrkamp Verlag, Frankfurt/Main 1975, herausgebracht, s. S. 98 ff., S. 123 ff. Die Aufführung kam am 22. April 1963 am Piccolo Teatro Milano unter Strehlers Regie mit Tino Buazelli in der Titelrolle und dem Bühnenbild von Luciano Damiani heraus. © Feltrinelli Milano.

S. 141. *Über die Arbeit an ›Galilei‹*. Der Schauspieler Wolfgang Heinz hatte 1943 in der Uraufführung des Schauspiels in Zürich den Kurator gespielt. 1956 inszenierte er am Neuen Theater in der Scala Wien das Stück mit Karl Paryla in der Titelrolle. Auf Wunsch von Helene Weigel übernahm Heinz 1971 die Rolle des Galilei als Gast des Berliner Ensembles in einer Inszenierung, die Fritz Bennewitz nach dem Modell Erich Engels einrichtete. Die Aussage von Wolfgang Heinz, die hier abgedruckt wurde, nennt Probleme des Schauspielers, die ihn vor Beginn der Probenarbeit beschäftigten. Der Text wurde in dem Arbeitsheft Nr. 11, Wolfgang Heinz/Fritz Cremer, *Galileo Galilei, Gestaltung einer Figur auf der Bühne und in der bildenden Kunst,* Berlin 1974 (Schriftenreihe des Präsidiums der Akademie der Künste der DDR), S. 5–8, veröffentlicht.

S. 148. *Galileo Galilei* u. a. Die Beiträge von Werner Mittenzwei und Manfred Wekwerth entstanden während der Neuinszenierung des Stückes am Berliner Ensemble nach Übernahme des Theaters durch Wekwerth als Intendanten (Regie: Manfred Wekwerth/Joachim Tenschert, Bühnenbild: Hans-Ulrich Schmückle, Kostüme: Sylta Busse, Galilei: Ekkehard Schall, Virginia: Simone Frost, Ludovico: Michael Gerber, Bellarmin: Peter Hladik, Barberini: Günter Naumann, Sagredo: Dieter Knaup, Federzoni: Stefan Lisewski, Kleiner Möch: Hans-Peter Reinecke, Andrea Sarti: Thomas Neumann, Frau Sarti: Renate Richter, Kardinal Inquisitor: Arno Wyznewski).

Der Rückgriff auf die dänische Fassung löste in der Theaterkritik unterschiedliche Reaktionen aus. Als Beispiele werden drei Auszüge von Rezensionen angeführt:

Rainer Kerndl, in: *Neues Deutschland*, Berlin, 13. 2. 1978:

»Ich hatte anfangs angenommen, der Rückgriff auf die frühere, 1939 geschriebene Fassung des Stücks könnte in der szenischen Konsequenz kaum mehr als Akzent-Verschiebungen bedeuten gegenüber der bekannten, die von Brecht nach dem amerikanischen Atombombenabwurf über Japan geschrieben wurde und auf die ziemlich rigorose Verurteilung des verräterischen Mißbrauchs wissenschaftlicher Verantwortung zielt, eben jene, die *Das Leben Galileis* überschrieben ist. Ich war überrascht und gestehe es gern: Diese Aufführung des *Galileo Galilei* hieß mich neu hinhören, hinsehen, hieß mich die Figuren, ihre Geschichten, die szenischen Vorgänge herausgefordert, gepackt, betroffen zu verfolgen. Provoziert wurde eine neue, vorbehaltfreie Naivität des Betrachtens. Die Botschaft hat neues Gewicht durch ihren Inhalt.«

Fritz Wolf, in: *Deutsche Volkszeitung*, Düsseldorf, 2. 3. 1978:

»Welche Gründe gibt es für die Wahl der früheren Fassung, da doch Brechts Anlaß längst nicht aus der Welt ist, die Drohung mit der Neutronenbombe als gegenwärtiges Beispiel?

Manfred Wekwerth macht eine andere Lesart geltend. Ihn interessieren an diesem Stück zwei Fragen. Erstens: Wie kann sich Wahrheit durchsetzen? Zweitens: Wie verhält es sich mit der Galileischen List, seiner Gratwanderung zwischen Taktik und Opportunismus? Neue Gesichtspunkte also, die dem *Galilei* bislang wenig beachtete Dimensionen abgewinnen und die für die Entwicklung einer sozialistischen Gesellschaft von aktuellem Belang sind. Diese Akzentverlagerung scheint legitim, wenngleich über ihre Wichtigkeit und Richtigkeit bereits gestritten wird.

Wekwerths Inszenierung ist, was diese seine Absichten betrifft, konsequent. Man hört, sieht und versteht, worauf es ankommt. Sie ist vom gedanklichen Aufbau klar, übersichtlich und klug.«

Ernst Schumacher, in: *Berliner Zeitung*, Berlin, 14. 2. 1978:

»Diese frühe Fassung wird dem historischen Galilei gerechter als die späte. Aber Brecht hatte unter dem Eindruck der A- und H-Bomben als sichtbarster Bedrohungen einer verantwortungslosen Wissenschaft gegenüber der Gesellschaft guten Grund, die Geschichte zu tendenzieren, um die Verantwortung der Wissenschaft auch mit den Mitteln des Theaters ins öffentliche Bewußtsein zu rücken. Angesichts der dritten Eskalation der Erfindungen des Verderbens in der Form der Neutronenbombe und anderer Massenvernichtungsmittel erschiene es mir daher bedenkenwert und aktueller, diese letzte Fassung von *Leben des Galilei* zu spielen. Es erscheint mir weniger wichtig, in diesem historischen Augenblick herauszustellen, daß die Wahrheit und die Vernunft sich unter wesentlich größeren Widersprüchen und auch Zeiträumen durchsetzen, als es gemeinhin angenommen wird (oder wir es gerne hätten). Wichtiger wäre, über die

Erkenntnis: ›Ihr mögt mit der Zeit alles entdecken, was es zu entdecken gibt, und euer Fortschritt wird doch nur ein Fortschreiten von der Menscheit weg sein‹ hinzuweisen auf die Bedeutung der ›Standhaftigkeit‹ gerade auch von großen Geistern und die Möglichkeit, daß sie eine Entscheidungswahl haben. Das ermöglicht die letzte Fassung.«

S. 163. *Bertolt Brecht und die Naturwissenschaften.* Der Aufsatz von Jan Knopf erschien im *Brecht-Jahrbuch 1978,* Suhrkamp Verlag, Frankfurt 1978, S. 13 ff.

S. 189. *Form und Einfühlung.* Der Aufsatz, der für diese Ausgabe gekürzt wurde, erschien zuerst in: *Sinn und Form*, Berlin 1960, H. 4, S. 510 ff. Ernst Schumacher hat ihn später in sein Buch *Drama und Geschichte/ Bertolt Brechts ›Leben des Galilei‹ und andere Stücke,* Berlin 1965, in das Kapitel »Stoff und Form«, S. 245 ff., eingearbeitet.

S. 204. *Gestaltungsprobleme des sozialistischen Realismus in ›Leben des Galilei‹.* Der Beitrag von Werner Mittenzwei ist seinem Buch *Bertolt Brecht, Von der ›Maßnahme‹ zu ›Leben des Galilei‹,* Berlin 1962, S. 318 ff., entnommen. Der Aufsatz wurde für diese Angabe gekürzt.

Nachwort

Mit den *Materialien zu ›Leben des Galilei‹* erschien 1963 erstmals eine Sammlung von Texten Brechts, die Selbstaussagen des Dramatikers und Analysen von Mitarbeitern und Literaturwissenschaftlern anboten. Das große Interesse an dem Band forderte eine gründliche Überarbeitung, die nunmehr in der neuen Zusammenstellung angeboten wird. Der Herausgeber hatte damals Helene Weigels Wunsch respektiert, Auszüge aus dem *Arbeitsjournal* und aus den Briefen erst nach einer Publikation dieser Arbeiten in Buchform zu verwenden. Da mittlerweile beide Komplexe gedruckt vorliegen, konnte das Kapitel der Selbstaussagen Brechts für die neue Ausgabe der *Galilei*-Materialien wesentlich ergänzt werden. In diesen Texten spielt die Arbeit am *Galilei* eine wichtige Rolle, insbesondere sind die Ursachen für die Erarbeitung einer zweiten (»amerikanischen«) Fassung ausführlich dargelegt. Aus diesem Grunde ist dem Band die Szene, in der der gefangene Galilei seinen ehemaligen Schüler Andrea Sarti empfängt, in der ersten und letzten Fassung vorangestellt. Für den Leser ergibt sich dadurch die Möglichkeit, am Beispiel einer – freilich besonders charakteristischen – Szene die Dimension der Änderungen selbst zu beurteilen. Erstmals sind auch die von Elisabeth Hauptmann zusammengestellten Anmerkungen ihrer historischen Entstehung nach sortiert worden. Sie regen in dieser Form den Leser im stärkeren Maße zu einer Lektüre an, die auf die Entstehung, also die Fassungen hin orientiert ist. In diesem Zusammenhang muß allerdings darauf verwiesen werden, daß die hier wiedergegebene »dänische Fassung« bereits Ergebnis mehrerer Bearbeitungen darstellt. Von der ersten Niederschrift an, unter dem Titel *Die Erde bewegt sich*, bis zur »dänischen Fassung«, die an Freunde verschickt wurde, sind vier Arbeitsstufen zu unterscheiden, die – gerade in dieser Szene – erhebliche Abweichungen erkennen lassen. Für diesen Band wurden zur Brechtschen Beschreibung von Laughtons Galilei weitere Texte gestellt, die mit berühmten Aufführungen des Schauspiels bekannt machen. Die Beschäftigung mit *Galilei* zu verschiedenen Zeiten durch verschiedene Theaterleute spiegelt die Rezeptionsproblematik wider und gibt zugleich Anregungen für eigene weiterführende Auseinandersetzung mit dem Stück. Der Interpretationsteil sollte durch Jan Knopfs Erörterung von Brechts Verhältnis zu den Naturwissenschaften eine neue Dimension erhalten.
Es versteht sich von selbst, daß die Dokumentation des Anhangs auf den neuesten Stand gebracht wurde.

Berlin, 14. August 1981 Werner Hecht

Bildnachweis:

S. 36: Bertolt-Brecht-Archiv; S. 78: Berlau/J. Hoffmann, Berlin; S. 113: Suhrkamp Verlag; S. 124: Bertolt-Brecht-Archiv; S. 131: Luigi Ciminaghi; S. 142: Bertolt-Brecht-Archiv; S. 156: Vera Tenschert.

st 2001 Brechts »Leben des Galilei«
Herausgegeben von Werner Hecht

Erstmals vor fast zwei Jahrzehnten erstellte Werner Hecht einen Materialienband zu Bertolt Brechts *Leben des Galilei.* Daß die Rezeption eines literarischen Werkes Bestandteil seiner Geschichte, seines Fortlebens in der Zeit sei, gilt heute wie damals. Die Neubearbeitung des alten Materialienbandes unternimmt die Verbindung des Aktuellen mit der Tradition, indem sie einerseits das Verbürgte und Beständige wieder bezeugt, andererseits Veränderungen in der Einschätzung, Entwicklungen in Forschung und Theaterpraxis sowie neuen philologischen Funden gerecht wird.

st 2002 Thomas Bernhard, Werkgeschichte
Herausgegeben von Jens Dittmar

Bernhards großem und bereits singulärem Werk – seinen Anfängen und seiner Entwicklungslinie – gilt der zweite Band der neuen Materialienreihe des Suhrkamp Verlages: eine Werkgeschichte, die sowohl germanistischen als auch außerfachlichen Ansprüchen Rechnung trägt. Sie erfaßt alle Texte, die als Einzelveröffentlichungen, in Zeitschriften oder Anthologien erschienen sind und gibt eine Auswahl der kritischen Stimmen mit dem Ziel, das Spektrum möglicher Standpunkte, aber auch Stereotypien der Literaturkritik sichtbar zu machen. Die Werkgeschichte dient damit gleichzeitig als Lesebuch und als Bibliographie der Primär- und Sekundärliteratur.

st 2003 Über Martin Walser
Herausgegeben von Klaus Siblewski

Martin Walser hat seit den Anfängen der Bundesrepublik auf deren Entwicklung schreibend reagiert. Darüber eingehend Aufschluß zu geben, hat sich der neue Materialienband über Martin Walser zum Ziel gesetzt. Bei allen literarischen Detailfragen – nach Romanaufbau oder Sprachkritik – steht Martin Walser als ein Autor von Gesellschaftsromanen, von politischen und sozialen Dramen im Vordergrund der hier vorgelegten Untersuchungen. Eingeleitet wird dieser Band mit einem literarischen Porträt. Ihm folgen Interviews und exemplarische Studien zum Roman-Werk und zur Rezeption seiner Dramen sowie des Romans *Jenseits der Liebe*. Die Faksimilierung fast aller Romananfänge in Manuskriptform – darunter der ersten drei Fassungen von Kapitel 1 des *Sturzes* – gewährt erstmals Einblick in die Werkstatt des Dichters.

st 2004 Über Peter Handke
Herausgegeben von Raimund Fellinger

Im deutschen Sprachraum wie international hat das literarische Werk Peter Handkes ein großes Echo hervorgerufen. Im Zentrum des neuen Materialienbandes stehen detaillierte und umfassende Analysen der einzelnen Werke. Ein zweiter Teil gilt einmal der Untersuchung übergreifender Zusammenhänge: der Zusammenhänge zwischen Werken aus einer bestimmten Periode, zwischen Texten verschiedener Genres. Zum andern werden hier aber auch die Unterschiede in den Schreibhaltungen herausgearbeitet. Der dritte Teil gibt ein Bild der bisherigen Rezeptionsgeschichte und ihrer Phasen. Den Band beschließt eine komplette Bibliographie der Primär- und Sekundärliteratur.

st 2005 Über Ödön von Horváth
Herausgegeben von Traugott Krischke

Nach dem Erscheinen des Bandes *Über Ödön von Horváth* vor neun Jahren war es an der Zeit, eine neue Sammlung vorzulegen, die die wichtigsten neuen Fakten und Erkenntnisse in Beiträgen namhafter Wissenschaftler gesammelt präsentiert. Besondere Akzente liegen dabei auf der Prosa Horváths, auf der Frage nach seiner thematischen Beeinflussung, auf Spätwerk und Rezeption: Probleme, die erst in letzter Zeit verstärkt ins Blickfeld getreten sind, Fragestellungen, die das Horváth-Bild wieder aus vorschnellen Festlegungen gelöst haben. Ein ausführlicher Anhang mit der auf den letzten Stand gebrachten Zusammenstellung »Daten und Dokumente« sowie einer ausgewählten Bibliographie unter Berücksichtigung der wichtigsten Sekundärpublikationen bis zum Sommer 1981 schließt den Band ab.

st 2006 Geschichte als Schauspiel
Herausgegeben von Walter Hinck

Eine Wiedereroberung der Geschichte hat begonnen; überall macht sich das Bedürfnis nach Aufklärung über unsere Vergangenheit bemerkbar. Keine literarische Gattung aber vermag Geschichte so unmittelbar zu vergegenwärtigen wie das historische Drama. Gegenstand der – teilweise kritischen – Deutungen dieses Bandes sind bedeutende Beispiele eines Geschichtsdramas, das den vergangenen und den gegenwärtigen Zustand so miteinander verknüpft, daß im Geschichtlichen die Gegenwart zu einem vertieften Verständnis ihrer selbst und zugleich zu einem Ungenügen an sich selbst gelangt, aber auch zu einem Bild oder zur Ahnung möglicher Zukunft. Von Gryphius über Goethe, Schiller und Kleist, Büchner und Grillparzer führt die Reihe zu Brecht und Dürrenmatt, R. Schneider und Hochhuth, P. Weiss und Kipphardt, Hacks, M. Walser und H. Müller.

st 2007 Über Ludwig Hohl
Herausgegeben von Johannes Beringer

Auf ungewöhnliche, auf unbedingte Weise ist Ludwig Hohl dem nachgekommen, was er als seine Berufung erkannt hatte: dem Schreiben. Er hat sich nicht dazu hergeben können, aus solcher Berufung einen Beruf zu machen, hat sich zugleich geweigert, vor der Höhe und Schwierigkeit seiner Aufgabe abzudanken und in eine Nebentätigkeit auszuweichen. Der Band stellt die wichtigsten Aufsätze, Rezensionen und Berichte über Hohl aus einem Zeitraum von vierzig Jahren wieder vor. Eine sorgfältig erarbeitete Bibliographie wird neben den Sekundärtexten erstmals auch den ganzen Umfang von Hohls Schaffen erkennbar machen.

st 2008 Die Strindberg-Fehde 1910–1911
Herausgegeben von Klaus v. See

Mit dieser Dokumentation, ausgewählt aus einer Sammlung von nahezu 500 schwedischen Zeitungs- und Zeitschriftenartikeln, ergänzt durch einige deutsche Texte und illustriert mit etwa zehn zeitgenössischen Karikaturen, philologisch erschlossen durch den Herausgeber, tritt die schwedische Dreyfus-Affäre ins Blickfeld. Mißgunst und Verbitterung sind im Spiel, als Strindberg – zwei Jahre vor seinem Tod – eine Pressekampagne inszeniert, die schließlich alles in Frage stellt, was dem offiziellen, monarchisch-konservativen Schweden lieb und heilig ist. Doch kommt in den persönlichen Querelen sogleich immer wieder Grundsätzliches zum Austrag: die Frage nach der politisch-sozialen Rolle des Dichters in der Gesellschaft, die Frage nach der öffentlichen Verantwortung einer subjektiv wertenden Literaturkritik, die Frage nach den Möglichkeiten einer sozialdemokratischen Kulturpolitik und einer proletarischen Ästhetik.

st 2010, 2011 Rilkes »Duineser Elegien«
Zweiter und dritter Band
Herausgegeben von Ulrich Fülleborn und Manfred Engel

Mit diesen beiden Bänden und dem ersten bereits als st 574 erschienenen liegen die Materialien zu R. M. Rilkes *Duineser Elegien* in einer bisher einmaligen Vollständigkeit und Abrundung vor. Der erste Band belegt zum ersten Mal umfassend und genau die krisenreiche äußere und innere Entstehungsgeschichte von Rilkes lyrischem Hauptwerk und enthält alle Selbstdeutungen des Dichters. Während der zweite Band die Forschungsgeschichte von 1930–1981 dokumentiert und daraus die Konsequenzen für ein angemessenes künftiges Verständnis der Elegien in einem eingehenden Vorwort erarbeitet, gibt der dritte Band eine reiche Auswahl der allgemeinen Rezeption. Wie der zweite Band wird auch dieser dritte durch ein Vorwort erschlossen und enthält überdies eine erschöpfende Bibliographie der internationalen Rezeption.

st 2012 Literarische Utopie-Entwürfe
Herausgegeben von Hiltrud Gnüg

Wie eine bessere Welt als die jeweils gegenwärtige zu denken sei, welche Chance auf heilere Zukunft diese in sich berge, darüber sind die Ansichten verschieden. Von mittelalterlicher Gralsutopie bis zur Utopie-Diskussion unserer Zeit spannt sich der Bogen dieses Materialienbandes von über dreißig Essays und Texten namhafter Literaturwissenschaftler, Philosophen, Literaturkritiker und Autoren, der nicht nur den Utopismus der ›hohen‹ Literatur, sondern auch die politische Perversion utopischer Wunschphantasie, auch Genres wie Science-fiction oder Schlager-Utopien thematisiert.

st 2013 Plenzdorfs »Die neuen Leiden des jungen W.«
Herausgegeben von Peter J. Brenner

1972 in der DDR, 1973 in der Bundesrepublik erstmals erschienen, in der Theaterbearbeitung hüben wie drüben zugleich umstrittenes und umjubeltes Ereignis, hat Plenzdorfs »Neuer Werther« den Erfolg seiner klassischen Vorlage eingestellt. Wie diese 200 Jahre zuvor, so enthält auch Plenzdorfs *Werther* das Gefühl, trägt ihn die Strömung seiner Zeit, artikuliert er einer Generation Trauer und Sehnsucht. Den Mythos von Plenzdorfs Werther historisch und kritisch zugleich zu belegen und aufzuhellen, gleichzeitig aber zum ersten Mal Plenzdorfs Erstling einzuordnen in den größeren Zusammenhang eines umfassenderen Schaffens: dies macht der neue Materialienband sich zur Aufgabe.

st 2014 Horváths »Der Fall E.« oder Die Lehrerin von Regensburg
Herausgegeben von Jürgen Schröder

Horváths Dramenfragment über »Den Fall E.« fußt auf einem Fall von Berufsverbot und seinen tragischen Folgen im Jahre 1930. Die Voraussetzung für das Verständnis von Horváths Arbeitsweise als des »Chronisten« der Weimarer Republik bildet eine möglichst genaue Dokumentation des authentischen Falles. Sie ist in den letzten beiden Jahren fast lückenlos gelungen. Neben der Edition des Dramentextes und aller Varianten, ausführlicher historischer und literaturwissenschaftlicher Interpretation bietet der Materialienband u. a. die umfangreichen Personalakten der seinerzeit zuständigen Kreisregierung, die Protokolle des bayerischen Landtags, ein handschriftliches Tagebuch des Opfers, Fotografien und mündliche Äußerungen noch lebender Zeugen.

st 2015 Über Herbert Achternbusch
Herausgegeben von Jörg Drews

Der Bezeichnungen für Herbert Achternbusch, den Mann und das Werk, sind viele: Den Ungebändigten, Wütenden, den Eigensinnigsten, den Anarchisten hat man ihn genannt, zugleich aber den Schwierigen, den Versponnenen. In seinem Werk, ob Dichtung oder Film, entdeckte man den »Sog des Existentiellen« ebenso wie das Sentimentale, das Satirische wie das Utopische, das Volkstümliche wie das Exzentrisch-Esoterische. Auf eines jedoch wird man sich wohl verständigen: Achternbusch steht in der Reihe der wenigen wirklich großen Unzeitgemäßen, der Schöpfer ihres provokant eigenen Lebens, der wahren Poeten. Der Materialienband von Jörg Drews unternimmt eine Annäherung, ohne hinter den Facetten dieses Autors den großen Nenner, dem er sich und sein Schaffen verweigert, zu suchen.

st 2016 Brechts »Mutter Courage und ihre Kinder«
Herausgegeben von Klaus-Detlef Müller

Mutter Courage und ihre Kinder ist Brechts vermutlich erfolgreichstes, mit Sicherheit aber folgenreichstes Stück. Der neue Materialienband mit dem Bestreben, »Einschüchterung durch Klassizität« zu verhindern, ersetzt und ergänzt die ältere Sammlung von Werner Hecht (edition suhrkamp 50). Der Offenheit und Aktualität von Brechts Werk wird er gerecht durch den Abdruck weiterer Dokumente zur Entstehung des Stücks und bisher unveröffentlichter Varianten, eine Zusammenstellung von Äußerungen Brechts zum Werk und zur Aufführung, eine Dokumentation zur Rezeption, den Wiederabdruck wichtiger Deutungen, Bibliographie und Aufführungsverzeichnis. Er versteht sich als Anregung zu erneuter Auseinandersetzung mit dem Stück in Theater, Universität und Schule.